中国特色社会主义法治理论系列教材
编审委员会

（按姓氏笔画排序）

· 中国特色社会主义法治理论系列教材 ·

黄　进／总主编

法理学

（第二版）

雷　磊／著

中国政法大学出版社

2021·北京

图书在版编目（CIP）数据

法理学/雷磊著. —2版. —北京：中国政法大学出版社，2021.10
ISBN 978-7-5620-9835-5

Ⅰ. ①法…　Ⅱ. ①雷…　Ⅲ. ①法理学　Ⅳ. ①D903

中国版本图书馆CIP数据核字(2021)第186066号

书　　名	法理学　FA LI XUE
出 版 者	中国政法大学出版社
地　　址	北京市海淀区西土城路 25 号
邮　　箱	fadapress@163.com
网　　址	http://www.cuplpress.com (网络实名：中国政法大学出版社)
电　　话	010-58908435(第一编辑部) 58908334(邮购部)
承　　印	固安华明印业有限公司
开　　本	787mm×1092mm　1/16
印　　张	15.75
字　　数	316 千字
版　　次	2021 年 10 月第 2 版
印　　次	2023 年 6 月第 2 次印刷
定　　价	49.00 元

作者简介

　　雷磊，中国政法大学"钱端升学者"、教授、博士生导师。国家万人计划青年拔尖人才入选者（2020）。德国基尔大学（2008-2009）、海德堡大学（2015－2016）、瑞士弗里堡大学（2011）访问学者。中国法学会法理学研究会常务理事、中国逻辑学会法律逻辑专业委员会常务理事、中国立法学研究会常务理事、海峡两岸法学交流促进会常务理事、中国逻辑学会法律逻辑专业委员会副会长。

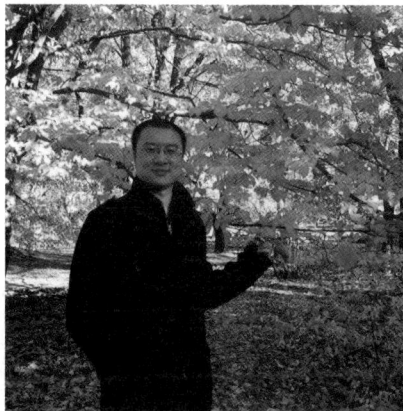

　　主要研究方向为法学理论。迄今为止独立出版专著5部、独著或主编教材6部、译著18部，并于《中国社会科学》《法学研究》《中国法学》《中外法学》《法学家》《台大法学论丛》《政大法律评论》等刊物发表论文110余篇。主持教育部哲学社会科学重大项目后期资助、北京市社会科学重大项目、国家社科基金青年项目、教育部青年项目等数项，参与国家社科基金重点项目、青年项目，教育部重大课题、司法部重大项目十余项。

　　曾获霍英东教育基金会第十六届高等院校青年教师奖，入选2013年北京市高校"青年英才计划"、北京市法学会"百名法学英才"培养计划，入选中国政法大学优秀中青年教师培养支持计划（2016-2018）、校法理学与公法学青年学术创新团队负责人（2018-2020）。

　　科研方面，曾获中国法学会"法学优秀研究奖"三等奖、中国法学会法理学研究会"孙国华法学理论青年优秀学术成果"一等奖、二等奖，中国法学会第七届中国法学青年论坛论文二等奖、第三届和第九届"董必武青年法学成果奖"三等奖，多次获得校"青年教师优秀科研成果奖""科研突出贡献奖""年度核心论文奖"等。教学方面，获第五届北京市高等学校青年教学名师称号（2021），主讲课程《法学方法论》入选首批国家级一流本科课程（2020），和教育部"拓金计划"示范课程，登录"学习强国"平台。主讲课程《法理学》入选第二批国家级一流本科课程（2023）。多次获校学校"优秀教师奖""优秀教学奖""优秀研究生导师"称号。

总　序

经过六十多年的建设发展，中国政法大学作为国家"211 工程""985 工程优势学科创新平台""2011 计划"重点建设大学和"双一流"建设高校，已从一所普通大学成长为如今具有国际影响力的国内一流大学，被誉为"中国法学教育的最高学府"和"中国人文社会科学领域的学术重镇"。法大一直秉承"厚德、明法、格物、致公"的校训精神，坚持"学术立校、人才强校、质量兴校、特色办校、依法治校"的办学理念，以"经国纬政、法治天下""经世济民、福泽万邦"为办学使命，形成了独特的法学教育教学理念，积累了丰富的法学理论研究成果和法治人才培养经验，汇集了一大批自强不息、追求卓越的学术名师。在建设富强民主文明和谐美丽的社会主义现代化强国、实现中华民族伟大复兴中国梦的新征程中，法大正致力于建设开放式、国际化、多科性、创新型的世界一流法科强校，并积极推进国家法治建设和高等教育事业的发展，以卓越的人才培养、科学研究、社会服务推动国家法治昌明、政治民主、经济发展、文化繁荣、社会和谐及生态文明，书写着充满光荣与梦想、开拓与奋进的时代华章。

党的十八大以来，党中央高度重视依法治国，对全面推进依法治国作出决定和部署，民主法治建设迈出重大步伐。十八届四中全会专门研究全面推进依法治国并作出决定，提出全面推进依法治国的总目标是建设中国特色社会主义法治体系，建设社会主义法治国家；提出要在中国共产党领导下，坚持中国特色社会主义制度，贯彻中国特色社会主义法治理论，形成完备的法律规范体系、高效的法治实施体系、严密的法治监督体系、有力的法治保障体系，形成完善的党内法规体系，坚持依法治国、依法执政、依法行政共同推进，坚持法治国家、法治政府、法治社会一体建设，实现科学立法、严格执法、公正司法、全民守法，促进国家治理体系和治理能力现代化；还特别提出要加强法治工作队伍建设，创新法治人才培养机制。党的十九大庄严宣布，经过长期努力，中国特色社会主义进入新时代，这是我国发展新的历史方位。

在新时代，我国社会主要矛盾已经转化为人民日益增长的美好生活需要和不平衡不充分的发展之间的矛盾。人民美好生活需要日益广泛，不仅对物质文化生活提出了更高要求，而且在民主、法治、公平、正义、安全、环境等方面的要求日益增长。因此，坚持全面依法治国是新时代坚持和发展中国特色社会主义的基本方略，要坚定不移走中国特色社会主义法治道路，完善以宪法为核心的中国特色社会主义法律体系，建设中国特色社会主义法治体系，建设社会主义法治国家，发展中国特色社会主义法治理论。党的十九届四中全会专门研究了坚持和完善中国特色社会主义制度，推进国家治理体系和治理能力现代化若干重大问题，进一步强调坚持全面依法治国，建设社会主义法治国家，切实保障社会公平正义和人民权利的显著优势，还要继续坚持和完善中国特色社会主义法治体系，提高党依法治国、依法执政能力，推进法治中国建设。党中央关于全面依法治国的一系列战略部署，为我国新时代法学教育和法治人才培养提供了根本遵循，指明了前进方向。

坚持全面依法治国离不开法学教育和法治人才培养，新时代中国特色社会主义法治建设对法学教育和法治人才培养提出了新使命、新任务、新要求。习近平总书记2017年5月3日考察中国政法大学时就法学教育和法治人才培养强调指出：全面推进依法治国是一项长期而重大的历史任务，全面依法治国是一个系统工程，法治人才培养是其重要组成部分；办好法学教育，必须坚持中国特色社会主义法治道路，坚持以马克思主义法学思想和中国特色社会主义法治理论为指导，立德树人，德法兼修，培养大批高素质法治人才。他特别强调指出：高校是法治人才培养的第一阵地，要为完善中国特色社会主义法治体系、建设社会主义法治国家提供理论支撑，努力以中国智慧、中国实践为世界法治文明建设作出贡献；对世界上的优秀法治文明成果，要积极吸收借鉴，但也要加以甄别，有条件地吸收和转化，不能囫囵吞枣、照搬照抄；要坚持从我国国情和实际出发，正确解读中国现实、回答中国问题，提出标识性学术概念，打造具有中国特色和国际视野的学术话语体系，尽快把我国法学学科体系和教材体系建立起来。为了认真贯彻落实党的十八大、十八届三中和四中全会精神，十九大和十九届四中全会精神，特别是习近平总书记考察中国政法大学重要讲话精神，中国政法大学秉承先进的法学教育教学理念，充分利用学校教师资源、出版资源和数字网络平台优势，深谋远虑、善作善为，积极组织编写和大力推动出版摆在读者面前的这套全新的立体化、数字化法学系列教材。

据我所知，本系列教材的编写人员均为法大在一线从事教学工作多年、拥有丰富法学教学经验和丰硕科研成果、教学特点鲜明的中青年教师，他们在法大深受学生喜爱和好评，有的还连续数年当选"中国政法大学最受本科生欢迎的老师"。本系列教材就是他们立足于法学教育改革和人才培养模式创新的需要，结合互联网资源信息化、数字化的特点，以自己多年授课形成的讲义为基础，根据学生课堂学习和课外拓展的需求与信息反馈，经过细致的加工与打磨，用心编写而成的。本系列教材可以说是各位编写人员一二十年来教学实践与探索的结晶，更是他们精雕细琢的课堂教学的载体和建模。

在我看来，本系列教材在以下几个方面颇具特色：

第一，坚持以中国特色社会主义法治理论为指导。本系列教材定位为马克思主义理论研究和建设工程重点教材的补充教材，教材的编写认真贯彻落实党的十八大、十八届三中和四中全会精神，十九大和十九届四中全会精神，特别是习近平总书记考察中国政法大学重要讲话精神，坚持中国特色社会主义法治道路，坚持以马克思主义法学思想和中国特色社会主义法治理论为指导，坚持"立德树人、德法兼修"的法治人才培养观；坚持从我国国情和实际出发，正确解读中国现实、回答中国问题，提出标识性学术概念，用"中国智慧、中国实践"培养高素质法治人才；坚持全面准确反映中国特色社会主义法治建设丰富实践和法治理论最新理论成果，努力打造具有中国特色和国际视野的法学学术话语体系、学科体系和教材体系，为完善中国特色社会主义法治体系、建设社会主义法治国家提供理论支撑。

第二，知识呈现从整体到细节，巧构法科学习思维导图。法学教育不仅要传授学生法学基础知识，更要帮助学生在脑海中形成脉络清晰的树状知识结构图，对于如何解构法律事实、梳理法律关系、分清主次矛盾、找到解决方法，有一个科学完整的法学方法论，为学生以后从事理论研究或法律实务工作奠定坚实的基础。

第三，重点难点内容突出，主干精炼、枝叶繁茂。得益于数字网络平台的拓展功能和数字设备扫描二维码的方便快捷，本系列教材得以从过去繁缛复杂、全而不精的闭合循环中解脱出来，着力对每个知识点的通说进行深度解读并介绍主要的学术观点，力求提纲挈领、简明扼要。同时，对于每个学科的重点难点内容予以大篇幅的详细对比和研讨，力求重点难点无巨细，使学生通过学习教材能够充分掌握该学科的主要内容，并培养足以应对常见问题的能力。相关知识点的学术前沿动态和学界小众学术观点，则通过二维码栏目向学生打开课外拓展学习的窗口，使学有余力者能够有矿可挖、有据可查、有章可循、有的放矢。

第四，注重理论教学与实践教学相结合，应试教学与实务教学相结合。法学学科是实践性很强的学科，法学教育必须妥善处理理论教学和实践教学的关系。本系列教材充分结合案例教学、情景教学、模拟法庭、法律诊所、社会调查、实习实践、团队研讨和专题研究等教学和学习方法，引导学生探究式学习，从理论走向实践、从课堂走向社会。同时，考虑到学生未来工作或继续深造的发展方向，满足学生准备国家统一法律职业资格考试和研究生入学考试的需要，本系列教材设置了专门的题库和法律法规库并定期更新，通过二维码栏目向学生开放各类考试常考的知识点及其对应的真题、模拟题，并结合法律实务的需求，提供法律法规及案例等司法实务中常用的信息，或跳转到相关资源丰富的实务网站，引领学生从单纯理论知识学习走向理论知识学习与法律实务训练同步、从应对法学考试走向应对法律实务、从全面学习走向深度研究。

第五，加强课堂教学与课下研讨相结合，文字与图表、音视频相结合。本系列教材立意除了强化课堂教学互动外，还在课下为学生提供了丰富、立体的学习资源，既有相关知识点的分析对比图表，也有包含全书的课程讲义PPT。此外，针对重点难点知识，授课教师在PPT的基础上录制讲解视频，并在网络学习平台上开辟师生交流渠道，由教师布置课后作业并通过网络学习平台打分、统计答题信息等方式，有针对性地进行二次讲解和课后答疑，在充分缩短时间和空间距离的前提下，加强师生沟通互动，不断提高教师教学效果和学生学习成效。

本系列教材是中国政法大学中青年教师多年立德树人、教书育人、潜心教学、耕耘讲台的直接成果，也是我国法学法律界同仁长期以来对中国政法大学事业发展关心、支持和帮助的结果。作为系列教材总主编，借此机会，我对法学法律界同仁，对本系列教材编辑委员会的顾问和委员，对所有编写人员和组编工作人员，表示衷心的感谢并致以崇高的敬意！我们相信，本系列教材的出版必将有力地推进中国政法大学法学教学改革创新和法治人才培养质量的提升，也将对我国法学教育起到示范和引领作用。我们也真诚希望海内外广大从事法学教育工作的专家学者能够同我们进行坦诚交流，对本系列教材提出宝贵意见，予以批评指正。

中国政法大学自建校以来，以人为本、尊师重教，薪火相传、筚路蓝缕，淡泊明志、求真务实，崇尚学术、追求真理，开拓创新、放飞梦想，始终奋战在我国法学教育和法治建设的第一线，已经成为我国法学教育和法治人才培养的主力军。法大之所以有今天，是因为有一代又一代法大人自强不息、追求卓越，坚持不懈、努力奋斗。本系列教材的编写、出版，就是今日法大人对法大的贡献，就是今日法大人对法大历史的书写，就是今日法大人承前启后、继往开来的印记。法大的事业乃千秋伟业，胸怀"经国纬政、法治天下"壮志，坚守"经世济民、福泽万邦"情怀的法大人，唯有肩负起时代的使命和人民的重托，同心毕力，奋楫争先，在新的征程上继续砥砺前行！

是为序。

黄　进

2019 年 12 月 1 日修订于蓟门

第二版前言

　　本教材推出第二版，主要是为了响应学校针对本系列教材所召开的编订会议的精神。根据那次会议的修改意见，本教材的变化主要在于三个方面：一是为了统一体例，在各章之前加了"导语"部分，意在对本章的问题和结构作一简要交代，以为引导阅读、激发兴趣之用。二是在第一章第一节第二部分和第二十章第三节吸收了"习近平法治思想"的相关内容，在第二十章第三节全面吸纳了国家哲学社会科学重大委托项目"创新发展中国特色社会主义法治理论体系研究"之最终成果的内容梗概，以及党的二十大报告涉及的相关内容表述。读者当可体察近年来关于法治中国的主流见解与一般法治理论的共性及其特性所在。三是对第十四章"法的渊源"的部分内容作了调整。另外，由于《中华人民共和国民法典》已于 2020 年 5 月 28 日通过，《中华人民共和国刑法修正案（十一）》也于 2020 年 12 月 26 日通过，本教材涉及的相关法条与例证进行了相应变更。此次也一并对第一版中的个别表述作了调整，信息讹误予以更正，个别文献进行了增补。

　　四十年来，法理学的体例与内容发生了巨大的变化。本教材在体例结构和一些内容细节上都不乏作者的个人见解，但大体上还是贯彻了学界通说（除非作者十分肯定特定通说存在讹误）。因为编写教材毕竟不同于撰写专著，当恪守谨慎保守之态度，呈现成熟稳健之定见。所以，对于一些作者尽管有疑问，但尚未完全思考通透之知识点，还是保持了原貌。但也许在数年、乃至数十年之后，由于思考路径的转变和学理工具的更新，现有法理学的知识图景将彻底更新，也未可知。故此，读者诸君切不可将法理学视作一静止不变的教条体系，而应将它看成是提出和争辩法学基本问题的"场域"，以及告诉我们既有的思考止步于何处的"信息源"。

　　最后，与之前一样，本教材的一切文责均由作者担负。

雷　磊

2023 年 5 月

前 言：为什么要学法理学？

人们常说，法理学是处理基本法律概念和原理的理论，是整个法学体系中的基础性学科。但这么说并不足以让我们相信法理学是"有用的"。民法学能帮我们理解日常生活，刑法学能帮我们理解"反社会事件"（犯罪），宪法学能帮我们理解宏观政治现象……那么，法理学能帮到我们什么呢？

第一，法理学是法学体系的粘合剂。马季创作过一个老相声《五官争功》，说的是有个人睡着了，做了个梦，梦到他脸上的五官相互表功：耳朵说它很重要，因为没有它，人就什么也听不到；嘴巴说它很重要，因为没有它，人就会挨饿；眼睛说它很重要，因为没有它，人就看不见万紫千红、百花争艳；鼻子说它很重要，因为没有它，人就呼吸不到空气，也就会死。正当它们争论不休时，眉毛跳出来说，自己才是最重要的："你们想一想，如果没有我，那脸还是人脸吗？"我国台湾地区的一位法学家曾将这个相声放在自己的个人主页上，他指出，法理学就是那条眉毛！平时的确看不出法理学的重要性，但它却是整个法学得以成为一个体系的关键：为什么民法学、刑法学、宪法学等能被说成属于同一个法学体系？因为它们拥有一些共同的概念与原理，而法理学就是来处理这些共同的概念和原理的。

第二，法理学重在提供法学思维和方法。在这套概念和原理的背后，法理学试图要提供的，是一种独特的法学思维和方法。也可以说，正是因为有了这套思维和方法，无论是从事民法、刑法还是宪法研究与实践的人，才能被称为"法律人"。而法学院的主要任务往往不单单在于传授法学的知识，更在于训练法律人思维。有一部经典的美国电影《平步青云》，讲的是一位哈佛大学的法学院新生如何成为法律人的故事。里面有一个 Kinsfield 教授，他在第一堂课上就说了这样一段话："你们自己去教自己法律，我来训练你们的思维。你们来的时候满脑子浆糊，但如果能挺过来，你们走的时候就会像法律人那样去思考。"

第三，法理学在疑难案件中必然会出场。法理学在日常法律实践中的确不经常"出场"，不出场不代表它不存在。只是因为案件事实清晰或者法条提供了足够合理的答案，人们之间不存在争议，因而没有它发挥作用的余地。打个比方，法学体系就像一座冰山，海面以上的部分是部门法学，而隐藏在海面以下的部分则是法理学。平时看得见的只是海面以上的部分，但一旦有朝一日，海平面下降，海面以下的部分就将显露出来。此时人们就会发现，真正决定冰山牢不牢固的原来是这个部分。这个时机就是疑难案件的场合。人类史上曾经多次发生这种疑难案件，它们在数量上相比简单案件虽然不多，却因其影响力而在法学史上占据更重要的位置。所以，法理学就像哲学一样，不是说你"看不到它"它就不存在。法律人只有持这种法理学立场抑或那种法理学立场的问题，而没有要不要法理学的问题。

法理学是重要的，法理学也有自己的问题意识。本教材就试图从这些问题意识出发，去形成法理学的知识结构（见"本书知识结构图"），并基于此来安排编章体例。这就使得本书的体例安排与现有的通例不尽相符。笼统而言，它做了"两增三减"："增"的是法学方法论与法伦理学的大量内容；"减"的关于法的运行、法的历史和法与社会的部分。本书想要向读者传达这样一个意思：法理学不等于法学概论或通论。作为一般理论，它并非包罗万象的杂货铺或部门法学的剩余领域，而有着自己相对确定的处理对象，同时也需要与其他相邻学科一起为部门法学供给养分。作为教材，本书力图做到在知识体系上简单明了、表述平实。在每章的最后，将总结知识梗概、列举相关的参考文献，希望对于读者们把握知识要点和就感兴趣的主题作进一步阅读有所帮助。

本书是作者在近年来授课经验的基础上完成的。撰写教材原本属于大家学者所做之事，非数十载寒暑之功不敢贸然动笔。因为与可以尽情挥洒个人管见的专著不同，教材需要在全面掌握和透彻了解各个主题与各家学说的基础上守中庸之道、持公允之言，尽量客观地将学科的框架和知识体系展现给读者。只是恰逢学校推出"中国特色社会主义法治理论系列教材"之机，笔者基于自己对法理学的学科定位及其构成一直以来的思考，不揣冒昧地完成本书，心下惴惴，唯恐学术不足、力有未逮，但请读者质疑、方家指正。

雷 磊

2019 年 10 月

全书拓展资料不定时更新　　　　全书总码

本书知识结构图

法学

什么是法学?

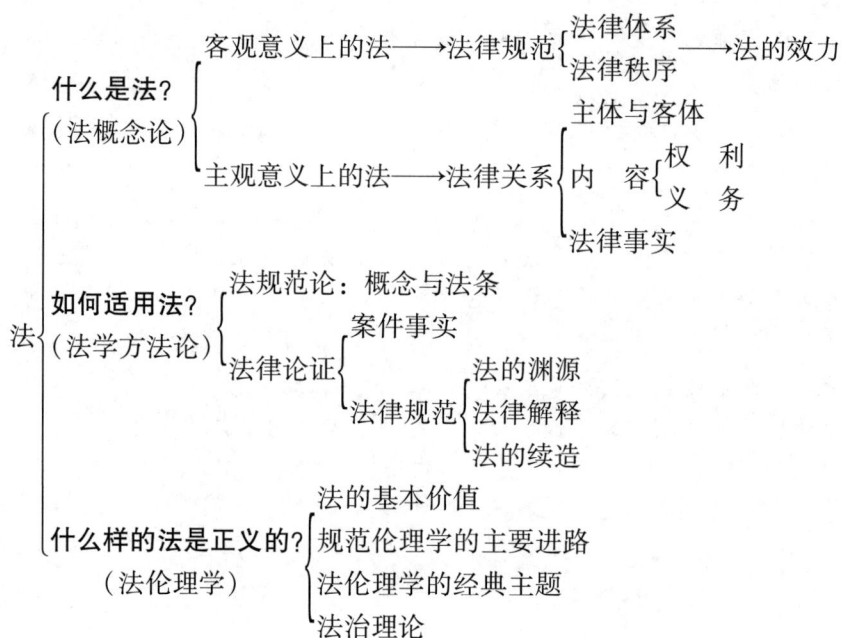

目　录

第一编　法学与法

第二编　法学的基本概念

第三编　法学方法论

第四编　法伦理学

法学与法

　　法理学是关于法与法学的一般法律理论。[1] 所以，它首先要去思考的两个问题就是：什么是法学？什么是法？第一章和第二章就将分别来处理这两个问题。

---

[1]　Robert Alexy and Ralf Dreier, "The Concept of Jurisprudence", *Ratio Juris*, 3 (1990), 2.

第一章

法 学

✉ 导 语

　　法理学是法学的分支学科。要理解法理学，就首先得对法学有所了解。对于法学的了解可以从三个方面进行，即历史、特征与构成。历史让我们懂得法学的"深度"。本章第一节分别处理了西方法学和中国法学的历史，让我们知悉了两者的差异，以及马克思主义法学及其中国化的历程。特征让我们察知法学的"个性"。第二节从法学的性质和法学的思维两个方面呈现出法学有别于其他学科的特征。构成让我们明白法学的"宽度"。第三节告诉我们法学内部由哪些分支学科构成，它们该如何定位。同时也交代了"法理学"一词的起源，以及宽泛意义上的法理学在法学内部所涵盖的范围与指向的问题。

👉 第一节　法学的历史

一、西方法学的历史

　　法学是一门古老的学问，它在西方的发展可以被分为四个阶段。

　　第一个阶段是古希腊时期，这是西方法学的起源时期。西方文明言必称"两希"，即希腊与希伯来。西方的宗教文化源自希伯来，而西方的哲学、艺术、法学则都来自于希腊。古希腊历史上引发法（理）学思考的第一次重大契机是著名的历史事件——苏格拉底之死。苏格拉底是古希腊著名哲学家，以论辩著称。公元前399年，70岁的苏格拉底被人控告有罪，控告他的人指控他腐蚀青年人的心灵和不信城邦认可的神，最终他因拒不认罪和态度傲慢被判罪名成立。在等待死刑执行期间，他的弟子兼好友克力同买通狱卒，劝他逃亡，但被他拒绝了。他的主要理由在于：一是因为他从出生之后就没有离开过雅典，尽管他有这么做的自由，但这就相当于和雅典城邦之间存在一份契约，出逃即是违约；二是在他看来，守法是公民最大的美德，尽管这个法是恶法。这就引发了后世关于恶法之效力和守法义务来源问题的讨论，至今不休。

　　古希腊处于人类文明的早期，知识的分化尚未充分显现，法学也还没有从哲学甚至宇宙论的怀抱中独立出来。法学的思考散见于哲学、政治学、伦理学、文学作品之中，如柏拉图的《理想国》《法律篇》，亚里士多德的《雅典政制》《政治学》《尼各马可伦理学》，荷马史诗，索福克勒斯的《安提戈涅》，等等。在古希腊时期出现了所谓"自然"的观念，与"政治"相对。自然被认为是非人为的、本质性的，不以人的意志为转移的；而政治则是人为的、现象性的。由此也推导出了二元论的法律观：一种是自然法，它看不见摸不着却调整着人类的行为，是永恒不变的，就像自然规律那样（也可以说是自然规律中调整人的行为的那部分）；另一种是实在法，它是由人（城邦的主权者）所颁布的，是可变的。实在法不能违背自然法，否则就将是无效的。古希腊时期对知识本身作出最系统阐述的是亚里士多德。亚里士多德将知识分为理论知识与实践知识，进而将理论知识分为科学知识（episteme）与技术知识（techne），前者探究的是放之四海而皆准的普遍原理，后者涉及的是这些普遍原理对于具体活动（亚里士多德称之为"生产"）的应用。实践知识（phronesis）也被称为实践智慧，研究的是具体情境中的个别知识，其典型的领域为政治学、伦理学，也包括当时作为它们一部分的法学。所以，在古希腊，法是一种实践智慧，而法学是一门实践学问。这是一种作为学术和学问的法学。

　　第二个阶段是古罗马时期，也是西方法学的奠基时期。19 世纪的德国法学家耶林（Jhering）曾说："罗马帝国曾三次征服世界：第一次以武力，第二次以宗教（基督教），第三次以法律。武力因罗马帝国的灭亡而消失，宗教随着人民思想觉悟的提高、科学的发展而缩小了影响，唯有法律征服世界是最为持久的征服。"这一时期有两个特点：一是"法学"作为一门独立的学科得以诞生。专指"法学"的拉丁语"Jurisprudentia"出现了，它由词根 juris（法）和 prudentia（实践智慧）组成。这也体现出它的含义就是"法的实践智慧"。[1] 事实上，最早被称为"法学"的活动，就是当时的一些以诉讼代理和法律咨询为业的人所从事的法律实务活动。它强调的是一种实践的技艺。正如塞尔苏斯所言，法是一种善良与衡平的技艺。这是一种作为技艺的法学，操持这门技艺的人后来慢慢变成了专业人士，这就导致了第二个特点，那就是在古罗马，法学作为职业法律家的活动出现了。古罗马时期出现了职业法律家阶层，其中最著名的是被称作"五大法学家"的盖尤斯、保罗、乌尔比安、帕比尼安和莫德斯蒂努斯。公元 1 世纪到 3 世纪，罗马法学进入鼎盛时期。奥古斯都大帝建立了法学家官方解答权制度，法学获得了相对独立的地位。这一时期，法学一方面与普通的政治活动区分开来，另一方面与由投票决定的民众广场式的司法区分开来。公元 426 年，罗马皇帝颁布《引证法》，赋予了五大法学家的著述以法律效力，使得他们的学说备受尊崇。当时也出现了最早的法学教科书（即盖尤斯的《法学阶梯》）和代表性的法学著作《学说汇纂》。公元 6 世纪，东罗马帝国皇帝优士丁尼组织编纂了《国法大

---

〔1〕　德语 Jurisprudenz、英语 Jurisprudence 就是它的对应词。

全》，标志着古罗马法达到了最发达和完备的阶段。当然，要指出的是，以今天的分类来看，古罗马法学主要是私法学，而不是公法学，法学家们所着力发展并对后世产生巨大影响的也是前者。因为在当时，后者被归入"政治"的范畴，而或多或少被遗留于法学之外。

第三个阶段是中世纪晚期，也是西方法学的接续时期。在西罗马帝国灭亡后，西方社会进入了漫长的中世纪。中世纪以经济上的采邑制、政治上的封建等级制和思想上的神权至上为特征。教会基本垄断了一切知识生产，神学成为至高无上的学问，教士成为最有知识和权力的阶层。而随着战乱，古罗马法的权威文本遗失，谬种流传，争论不休，造成了法学长期受到神学抑制的局面。这一局面在公元 11 世纪开始发生变化。1088 年，近代意义上的第一所大学——意大利的博洛尼亚大学成立，法律系是最早设立的三个系之一。因比萨出土了《学说汇纂》的权威文本，法律系教授伊纳留斯及其学生遂将其带回博洛尼亚大学进行研究。他们逐字逐句地对《学说汇纂》中各个古罗马法学家的观点进行解读，并在行间和页下进行注释，产生了很大的影响。今日之法国、德国等地区的许多诸侯国纷纷派遣学生去博洛尼亚大学留学，将这套知识带回了本国，从而使得罗马法在欧陆大地上重现生机。这就是历史上意义深远的"罗马法的复兴运动"。这场运动的结果是使得罗马法成为欧陆国家的"普通法"，成为民法法系的历史起源。而伊纳留斯和他的学生，如阿佐、阿库修斯，也形成了罗马法复兴运动中的第一个学派，即前注释学派。在继受罗马法的过程中，学者们慢慢发现，仅对古罗马法进行原意的考据和阐释是不够的，因为法律是为了当下的生活而适用的，所以后来又有人结合当时的社会条件去解释罗马法文本。这就出现了后注释法学（评注法学），其代表人物有奇诺、巴特鲁斯等。同时，各国在继受这套知识的同时又形成了不同的研究风格，如意大利风格、法国风格和德国风格。对今天的私法理论和制度影响最大的其实是德国的潘德克顿学派，它对古罗马制度进行了高度抽象的概念加工和体系化作业。

最后一个阶段是近代以后，也是西方法学的鼎盛时期。西方自工业革命之后进入了近代，近代的一个显著特征是工业革命带来的进步及"科学主义"思想的兴起。自然科学因其对于生产力的巨大解放以及对物质条件的明显改善，一举成为知识体系中的王冠学科，它开始向其他学科输送和复制自身的学科预设和模式，甚至成为判断其他学科是不是"真知识"的标准。古老的人文、社会领域开始依照科学模式进行转型，出现了今天所谓的"人文科学""社会科学"。其中最典型的就是（经验）社会学这门完全依照自然科学的模式来构造的学科。法学概莫能外。在潘德克顿法学的基础上，德国的理性自然法学家（如莱布尼兹、沃尔夫）以及后来的概念法学者（如普赫塔、温德沙伊德）都试图仿照几何学的模式来构筑法学体系，也就是从不证自明的"第一原理"出发，经由逻辑演绎推导出具体的法律命题，从而形成法律的公理体系或法学知识的金字塔。这个阶段的法学被视为一门科学，法学也有了另外一个今天更常听到的名字"法律科学"（Rechtswissenschaft，legal science）。这是一种作为科学的法学。尽管后来的很多学派，如自由法运动、利益法学、评价法学等，都对这种公理化法学的追求进行了猛烈的抨击，但"法律科学"之名被保留了下来，批评者无意于挑战法学的科学化趋势本身，最多只是想要走出一条有别于自然科学模式的科学化道路。从整体上说，今日的西方法学依然处于这个阶段，只是更加多元化而已。

二、中国法学的历史

与西方的法学一开始是从哲学等其他学问中分化出来不同，中国的法学自始至终都没有被作为形而上学的学科来对待，而一直是一门应用性的技术，只是到了清末受到欧风美雨的洗礼之后才有所转变。大体来说，中国法学的历史发展可以被粗略分为三个阶段：

第一个阶段是先秦时期，此时的法学被认为是"刑名法术之学"。《左传》言，"国之大事，在祀与戎"，而"刑起于兵、礼源于祭祀"。也就是说，一个国家最大的两件事，一件是祭祀祖先，另一件是战争，这两件事产生了两套重要的社会规范，一套是刑罚，一套是礼。刑罚是用来处置战败者（不服从者）的，礼是用来尊崇受尊敬者（如祖先、君主）的。春秋战国时代，礼崩乐坏，诸子百家争鸣，各家各派都纷纷给出了自己的"药方"。其中，儒家主张恢复旧制，为政以仁，以德治国，通过亲亲、尊尊、父父、子子等伦理纲常来建立一个等级有序、温文尔雅的道德理想国。与此不同，法家则主张用严刑峻法来治国，认为只有通过严格实施掌握在君主手中的法律，有功即赏、有过则罚，才能加强君主专制，在争霸活动中壮大自己。法家在理论上又分为法、术、势三派，分别以商鞅、申不害和慎到为代表。法派主张以严刑厚赏来推行法令，使凡奉法遵令的人无或缺赏，凡犯法违令的人无所逃罚。术派强调人主操纵臣下的阴谋和那些声色不露而辨别忠奸、赏罚莫测而切中事实的妙算。势派主张将政府的威权尽量扩大而且集中在人主手里，使他形成令人恐惧的对象，好压服臣下。后来韩非子兼容并蓄，集三派之大成。总的来说，以法家思想为代表的法学强调的是"治术"而非"治道"，将法律单纯视为治理和壮大国家的手段。这一点给传统中国的法学打下了深深的烙印。

第二个阶段是汉代至清代，此时的法学基本等同于律学。汉兴之后，统治者吸取秦代二世而亡的教训，注重将治理国家的不同手段结合起来。尤其是在汉武帝之后，罢黜百家、独尊儒术，儒学成为封建大一统时代的正统思想，得到了官方的支持和制度上的保障。儒学的昌盛使得法学成为其附庸。所谓"德礼为政教之本、刑罚为政教之用"，明确了道德规范与法律规范的体用关系，或者说目的与手段关系。所谓"出礼则入刑""礼之所去，刑之所取"，明确了二者的适用关系：常态社会适用的是道德规范，只有当道德规范被违反时才需要法律规范（刑）来纠偏。在司法实践中则出现了"春秋决狱",即以《春秋》为代表的儒家经典原理学说来处理刑事案件。后来科举取士,行政官员大多出身儒门,地方行政官员又兼理司法,这又强化了以经释律、以经补律,甚至以经破律的倾向。与此相应的是法学降格为了律学。律学的研究对象是"律",即国家的成文法典(如唐律、明律、大清律等),它的基本内容是对成文法法条的含义进行解释,重考据而轻义理,重技巧而轻论证,本质上是一种法律解释学。此时出现了一大批律学专家,例如东晋的张斐和杜预,他们对《晋律》的注释被称为"张杜律",长孙无忌等人着手制定的《唐律疏议》成为中华法系的代表性文献。清代薛允升、沈家本等人则成为这一传统的最后传人。

第三个阶段是清末至今,也是西方法学的输入阶段。晚清以来,西方列强凭借其船坚炮利,强行打开了中国的大门,中国遭遇"三千年未有之大变局"。在落后就要挨打的意识下,中国被迫走向了现代化之路。从最早的器物现代化("师夷长技以制夷"),到制度现代化("戊戌变法")乃至思想现代化("五四运动"),经历了逐渐深化的过程。西方列强迫使清政府签订了一系列不平等条约,攫取了领事裁判权。为了收回领事裁判权,与西方法律保持同一进程,清政府聘请了松冈义正、冈田朝太郎等一批日本法学家为顾问,对清代法制进行全面修订,是谓清末修律。以清末修律为起点,中国开始走向法制现代化的道路。与此相应地,19世纪末,西方法学的概念、学说和原理经由日本引入中国,如"法律""权利""法理学"等。现代意义上的汉语"法学"一词,亦最早由日本法学家津田真道于1868年首次用来对应翻译英文 Science of Law 以及德文 Rechtswissenschaft 等词汇,并对之作了详细说明,该词于"戊戌变法"运动前后传入中国。从此以后,中国一直处于法学知识输入国的地位;西方法学(尤其是近代西方法律科学)的基本概念、理论框架和方法在很大程度上支配着中国的法学研究。即便是强调发掘中国本土法律文化和资源的学者,在研究范式和框架上也受到西方学者潜移默化的影响。尽管进入新时代后,学界力图提炼出有别于来源于西方的理论体系,但是西方依然是我们挥之不去的"他者"。未来的方向是在熟识西方法学理论的前提下,基于马克思主义法学及其中国化,勾画出一套能与之相竞争的普适性学说。

三、马克思主义法学及其中国化

马克思主义的诞生意味着对人类历史发展规律的科学把握。它"深刻揭示了自然界、人类社会、人类思维发展的普遍规律,为人类社会发展进步指明了方向","揭示了事物的本质、内在联系及发展规律,是'伟大的认识工具',是人们观察世界、分析问题的有力思想武器"[1]。

---

[1] 习近平:《在哲学社会科学工作座谈会上的讲话》(2016年5月17日),人民出版社2016年版,第9页。

马克思主义法学的形成经历了一个辩证的发展过程。马克思主义法学思想的起点是康德法学，中继是黑格尔主义法学。但从 1843 年《黑格尔法哲学批判》开始，马克思从唯心主义法学观转向了唯物主义立场。1846 年《德意志意识形态》的完成标志着马克思主义法学理论体系已初步形成。在这部手稿中，马克思和恩格斯第一次比较系统地阐述了历史唯物主义法学基本原理，揭示了法的产生、发展和消亡的规律性，对法的本质和特征、法的继承性等重大问题作了科学探讨。1847 年《哲学的贫困》提出了立法"只是表明和记载经济关系的要求而已"这一重要法学命题。[1] 1848 年 2 月出版的《共产党宣言》是科学共产主义的第一个纲领性文献，同时也标志着马克思主义法学理论的诞生。在 19 世纪 50~60 年代，马克思创作了《资本论》，将马克思主义法学推向了高峰。在这部著作中，马克思系统分析了构成法律基础社会经济关系，认为一定的法的关系是一定经济条件的法权表述，是经济关系的意志化。19 世纪 70 年代以后，在同拉萨尔主义的论战中，马克思发表了《哥达纲领批判》，进一步揭示了社会经济生活条件对法权现象的决定性作用。马克思逝世后，恩格斯先后完成《家庭、私有制和国家的起源》《路德维希·费尔巴哈和德国古典哲学的终结》等著述，推进了马克思主义法学的新发展。

20 世纪以来，马克思主义在中国得到了广泛传播和深入发展。中国共产党人在领导中国人民进行革命和建设的过程中，不断将马克思主义基本原理与中国实际相结合，与时俱进，推动了马克思主义法学的中国化和时代化。1919 年五四运动以后，逐渐形成了标志着马克思主义法学思想与中国革命实际相结合的第一次历史性飞跃的毛泽东法律思想，为新民主主义和社会主义的法制建设奠定了重要的理论基础。从 1978 年中共召开的十一届三中全会开始，展开了中国法治发展过程中的第二次法律革命。这一法律革命的基本目标是实行依法治国，建设社会主义法治国家，它的理论基础是开启马克思主义法学中国化进程的第二次历史性飞跃的邓小平法治理论。邓小平强调立足于自己的实际情况探索一个具有中国特色的法治发展模式，强调民主的制度化、法律化，并提出了"有法可依、有法必依、执法必严、违法必究"的法制十六字方针。中共十三届四中全会以后，以江泽民为主要代表的共产党人提出了"三个代表"重要思想，正确回答了建设中国特色社会主义法治实践中迫切需要解决的重大问题，促进了马克思主义法学中国化进程的第二次历史性飞跃。中共十六大以来，以胡锦涛为主要代表的共产党人提出并系统化了科学发展观的指导思想，丰富了马克思主义关于共产党执政规律、社会主义建设规律和人类社会发展规律的思想，深化了马克思主义法学中国化进程的第二次历史性飞跃。

中共十八大以来，中国特色社会主义进入新时代，以习近平为核心的党

---

〔1〕　中共中央马克思恩格斯列宁斯大林著作编译局编：《马克思恩格斯全集》第 4 卷，人民出版社 1958 年版，第 121~122 页。

中央从坚持和发展中国特色社会主义全局出发，形成了一系列治国理政新理念新思想新战略。2014年10月召开的中共十八届四中全会，在中国共产党历史上第一次以全面推进依法治国为主题，鲜明提出要"坚定不移走中国特色社会主义法治道路"，并将"建设中国特色社会主义法治体系，建设社会主义法治国家"确定为全面推进依法治国的总目标。[1] 十八大以来，习近平发表了一系列重要讲话，从坚持和拓展中国特色社会主义法治道路的战略高度，阐述了中国特色社会主义法治建设的重大问题，提出了全面推进依法治国、加快建设法治中国的一系列新思想、新论断、新命题和新观点，系统论述了全面依法治国的指导思想、根本性质、基本原则、总体目标、工作重点和前进方向，创造性地形成了具有中国特质的全面依法治国的理论逻辑系统。[2] 尤其是在2020年11月召开的中央全面依法治国工作会议上，我们党正式提出"习近平法治思想"。习近平法治思想是马克思主义法学中国化进程最新的重大理论成果，实现了马克思主义法学基本原理与中国具体法治实际相结合的第三次伟大飞跃。

纵观法学的历史，可以发现：法学是研究法律现象（制度、思想、行为、文化等）的知识体系，是以特定的概念、原理来探求法律问题之答案的学问。它（至少在近代以后）属于社会科学之一种。西方和中国的法学传统有着较大的差异，近代中国成为西方法学的输入国。马克思主义法学思想的传播及其与中国实际的结合使得中国找到了自己的法律发展道路。

☛ 第二节 法学的特征

一、法学的性质

法学是一门实践性学科，它具有如下性质：

1. 价值取向性。这是法学与自然科学之间的差别，体现在两个方面：其一，在研究对象上，自然科学研究的是自然事实及其规律，如山川海洋的样态形成、日月星辰的运行规律；而法学研究的是价值性事实，价值性事实要以特定意义为其构成要件，而非纯粹的物理现象。例如，同样是签名，在不同的情形中就具有不同的意义，有时不一定会发生法律效果（比如在自己家中练习签名），有时则会产生这样或那样的法律效果（比如，有时表示知晓了手术的风险，有时表示将自己的财产转让给他人，有时表示愿意与他人缔结婚姻）。法学要研究的就是这些签名的不同的法律意义，而不是签名的动作或者笔迹本身。其二，在研究立场上，自然科学进行的是价值无涉的描述性判

---

〔1〕 参见《中共中央关于全面推进依法治国若干重大问题的决定》辅导读本编写组编著：《中共中央关于全面推进依法治国若干重大问题的决定 辅导读本》，人民出版社2014年版，第11页。

〔2〕 参见张文显主编：《法理学》，高等教育出版社、北京大学出版社2018年版，第55页。

断，它以"是"／"否"、"真"／"假"为联系词；而法学很难做到价值无涉，它要对对象进行评价性判断，使用的联系词是"应当"／"不应当"、"合法"／"不合法"，具有鲜明的价值关联性。

2. 制度关联性。这是法学与其他人文社会科学之间的对立。法学的兴衰总是与一个国家法律制度的发展相关联。通常情况下，一个国家的制度发达程度与法学发展程度成正比，法制兴盛则法学繁荣，法制衰败则法学不振。例如，当今世界上法律制度建设最完备的国家，如美国、德国，同时也是法学研究的大国和法学知识的输出国。与此相反，文学、艺术、哲学等其他人文社会学科与制度建设则关系不大。例如，春秋战国时代，诸国争霸，周室衰微，法令废弛，却恰恰是诸子百家争鸣的黄金时期。在晋代，作为统治阶级的士大夫好玄谈、尚务虚，不重视制度建设，但哲学和文学却达到了很高的水平。所以，在没有法制或法制落后的国家里，可能会生产出有创造力的文学或哲学。但是要注意：法学的制度关联性并不是绝对的。也就是说，法律制度的发达与否不能决定法学的繁荣与否。比如在秦代，应当说法制高度发达，但却没有发展出相应高度发达的法学。相反，在统一之前的德意志各邦国，法律并不完备，但却已经在罗马法的基础上发展出了发达的潘德克顿体系。

3. 务实性。理性可以分为理论理性与实践理性两类，前者指涉信念和认知，后者指涉行为。法律是一种实践理性，作为实践理性的法律指涉人类的行为，也会影响人们的行为方式及其关系。法学作为一门实践学问，并非"纯思"，它的理论兴趣不在于追求纯粹的知识或纯粹的真理，而在于从法律角度解决生活实践中的问题。法学实践活动的所有方面都是围绕生活中的问题，提出切实的法律解决方案或为法律决定作出合理而有说服力的论证来展开的。法律所使用的术语和原理的背后，实质上涉及的都是对人们之间的行为、利益的调整。

4. 混合理性。法学一方面要符合形式理性的基本要求，另一方面也是反映人的经验理性的学问。形式理性主要体现为逻辑。逻辑是普遍的思维法则，是任何关于论证和推理的学问都不能违背的基本律，法学同样如此。违背逻辑法则的法学很难被归为科学，合乎逻辑是法律科学的必要条件。但仅符合逻辑无法确保法律理性，法学是人的法律经验、知识和智慧的综合体现，经验的审慎判断有时甚至要比逻辑分析更为重要。所以，19世纪的美国著名大法官霍姆斯曾说："法律的生命从来不在于逻辑，而在于经验。"因为在概念和原理的教义学推导之外，事实判断与利益权衡也非常重要。综合二者，可以说，法学是形式理性与经验理性的混合体，法律的生命是"用逻辑包裹的经验"。

5. 职业性。法学是必须经由专门训练的职业化活动，这体现在：其一，法学所使用的语言是冷静、刚硬、简洁、合乎逻辑的。法学必须紧紧围绕事实判断和法律论证来展开，不得使用冗余、诗性、夸张、比喻的手法，因为它从事的不是文学和艺术活动。例如，前几年某地方警方曾在微博发布的一则《通缉令》："亲，被通缉的逃犯们，××公安'清网行动'大优惠开始啦！亲，现在拨打 24 小时客服热线×××××或 110，就可预订'包运输、包食宿、包就医'优惠套餐……"在这则通缉令中，警方使用网络流行语"亲"来称呼"被通缉的逃犯们"，在充满娱乐精神的同时，也消解了法律活动的严肃性和职业性。其二，法学会使用一些外行人无法理解的专业语言。这些专业语言是法学家们经过长期的加工、提炼创造出来的行话，与人们的日常语言存在差别。比如"无因管理""不可抗力""紧急避险"等，不经专门的学习无法掌握。其三，法学很多时候也会借用"日常语言"，但某些"日常语言"在法学中具有专门的意义。比如，"本人"在日常语境中指的就是"我自己"，但在民事代理制度中指的却是"被代理人"。再如，在法学中，"近亲属"的范围相比日常语境中更受限定，在民事诉讼法和刑事诉讼法中的范围又各有不同。

二、法学的思维

法学的特征不仅反映在它的性质上，也反映在与性质相对应的思维上：

1. 法学思维是实践思维。法学不追求"纯粹的知识"，而追求"实践的知识"；法学思维是实践之思而非理论思维。换言之，法学思维是围绕行动而非信念问题展开的，是针对人们的行为选择或欲望的思考。它不追求普遍的真理，而是直接或间接地指向现实生活中的具体问题。此处奉行的准则为：实践理性优于理论理性。

2. 法学思维是以实在法为起点的思维。实在法指的是社会中实际存在的法，包括制定法、习惯法、判例法等，与西方传统中的"自然法"（即正义理念）相对。法学的思考必须以现行的实在法为考虑问题的出发点，实在法构成了法律人看待这个世界的基本框架。法律人的工作就好比"戴着镣铐跳舞"，实在法就是这副镣铐。法律人之所以区别于社会学家、伦理学家、哲学家等，主要就是因为他不能脱离实在法太远去谈法律问题。作为法律专家，绝大多数时候他要告诉当事人和社会公众的是：从现行有效的法律来看，某个法律问题的最佳解决办法是什么。法律人的主要工作是围绕现行实在法所展开的解释、建构和体系化的工作，也就是法教义学的工作。这并不意味着他不能对实在法规定进行评价和批判，而是说他必须首先进行"体系内的思考"，首先在法律体系内对特定规定进行有限度的批判。他当然也可以离开这个框架进行自由的评价和批判，但这样做时他就不再是以"法律人"的身份来这样做了。故而德国法学家拉伦茨说："假使法学不想转变成一种或者以自然法，或者以历史哲学，或者以社会哲学为根据的社会理论，而想维持其法学的角色，它就必须假定现行法秩序大体看来是合理的……它所关心的不仅是明确性及法的安定性，同时也致力于：在具体的细节上，以逐步进行的工作来实现'更多的正义'。"〔1〕此处奉行的准则为：合法性优于正当性。

3. 法学思维是问题思维与演绎思维的结合。法学思维总是针对法律问题而进行的思维，它的思考起点总是某个有待在法律上解决的问题，而非某个抽象的原则或教义。有时候对于这个法律问题可以找到比较清晰的相对应的解决办法，从而得出唯一正确的答案。但很多时候并不存在这种明确的答案，这里面的原因很多，比如，法律规定的模糊、歧义，适用了需要进行价值补充的一般条款，法律规定相互冲突，缺乏相应的法律规定，等等。这时就需要法律人从问题情境本身的事实特征出发，运用实质性价值判断去寻求最恰当的法律依据，求得最恰当的解决办法。但是，在最终的论证活动中，法律人在形式上又必须采用演绎模式，将大前提（法律规范）与小前提（案件事实）合乎逻辑地连接起来。唯有如此，才能满足依法裁判的要求，法律决定才不会沦为中世纪的"决疑术"。此处奉行的准则为：情境思维与演绎思维并重。

4. 法学思维是论证说理的思维。这是法学思维区别于诗性思维、情感思维的主要特征。人类的某些活动，如艺术创作、喜好或偏好活动，是不需要论证说理的。比如，诗人写诗很多时候是为了抒发情感、直抒胸臆，故而会采用夸张手法。像李白的名句"黄河之水天上来，奔流到海不复回"，"飞流直下三千尺，疑是银河落九天"，极尽瑰丽的想象和夸张之能，但谁也不会严肃地去追问，这么说有没有科学依据：黄河之水真的来自于天上？庐山瀑布真的有三千尺长？诗性思维本身就是反论证的。同样的道理，个人的喜好和情感偏好也是不需要说理的。俗话说，"青菜萝卜各有所爱"，"爱你没商量"。这些都属于个人事务，不需说理，也不能说理。如果硬要说理，就会显得生硬，甚至可笑。但法律活动与此不同。法学在为法律问题提出解决方案时必须提出充分而必要的理由。法学活动主要就是围绕论证和说理来展开的：所引用的法律依据是否合适？所主张的事实是否能成立？所作的解释行不行得通？所作的评价能否得到证立？法学的结论必须是有论证理由的结论，法学活动的目标就在于追求得出对于思考者本人以及其他参与者、甚至整个社会公众都有说服力的结论。尤其是法律人的职业群体，更关注某个结论是否是经由有说服力的步骤而得出的。此处奉行的准则为：理由优于结论。

5. 法学思维是评价性思维。法学从事的永远是"价值导向的思考方式"。它的难点不在于"逻辑上必然"的推论，而是一些可理解且有信服力的评价性步骤。从事评价性工作的学科虽然不限于法学，但每一个评价性学科所依循的最终评价标准并不相同。例如，伦理学思维追求的是"善"，政治学思维追求的是"权宜"，经济学思维的最终取向则是"效益"。与此相比，法学思

---

〔1〕 ［德］卡尔·拉伦茨：《法学方法论》，陈爱娥译，商务印书馆 2003 年版，第 77 页。

维追求的则是法律上的"正确性"，即公平正义。这种公平正义往大了说涉及社会整体的制度安排，往小了说则涉及个人的权利，即每个人"应得"的问题，因而不完全等同于伦理学上的"善"。正义（权利）优先于善是法学思考的首要倾向。故而，此处奉行的准则为：正义优于其他价值（善、权宜、效益等）。

第三节　法学与法理学

一、法学的构成

传统上，宽泛意义上的法学，即以法为研究对象的学问，可以被区分为法教义学与基础研究两大块。法教义学是围绕特定现行实在法的解释、建构与体系化所展开的学问，即所谓的应用法学或部门法学的主体，它可以被细分为民法教义学、刑法教义学、宪法教义学、行政法教义学等。它属于原本和狭义上的法学（法律科学）。基础研究是从法学外的学科视角对于法的研究，包括法哲学（哲学的视角）、法律史学（历史的视角）、法社会学（社会学的视角）等，它们是其他学科与狭义法学交叉的产物。[1] 因此，法教义学（狭义法学）与基础研究是按照研究的角度来区分的：法教义学（狭义法学）是以规范或法律自身为视角的研究，而基础研究则是从其他学科视角出发对法的研究。我们有时也分别称之为应用法学与理论法学。

由于民法教义学、刑法教义学、宪法教义学等（部门）法教义学的处理对象都是个别领域的法律规定，即民法、刑法、宪法等，所以缺乏从"法"本身出发的一种一般性研究来作为其基础或总论。长期以来，这种"总论"的角色是由上述基础学科，尤其是（法）哲学来提供的。但是到了19世纪后半叶，法学家们对于法学在基础理论上受到外学科，尤其是哲学宰制的现状感到不满，力图开辟出一片法学自己的基础研究领域，并称之为"一般法学说"，也叫"法理论"，来作为法教义学的"总论"。法理论被认为是关于实在法的规范学科，它致力于对法进行形式—结构的分析，位于法教义学与相邻学科之间。[2] 当然，对于这些基本概念的形式—结构研究在多大程度上区别于哲学研究，从而法理论在多大程度上区别于法哲学，是一个仍待不断讨论的问题。但不管怎么说，至少法哲学与法理论采取的是不同的研究视角：法哲学采取的是外部视角，而法理论采取的是内部视角。并且，在今日之讨论状况中，它们在讨论对象上还是可以被区分开来的。综上，法学的构成可以被图示为图1-1：

---

[1] 20世纪以来又出现了法人类学（人类学的视角）、法经济学（经济学的视角）、法律与认知科学（自然科学的视角）等。

[2] 参见雷磊："法理论及其对部门法学的意义"，载《中国法律评论》2018年第3期。

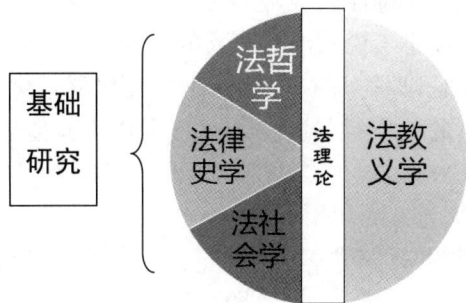

图 1-1　法学的构成

二、法理学

汉译"法理学"一词来自于日本法学家穗积陈重。穗积陈重早年留学英国，历史法学派的亨利·梅因以及法律实证主义的代表人物杰里米·边沁、约翰·奥斯丁都对他产生了很大的影响。他回国后，于 1881 年在东京帝国大学法学部（原开成学校）开设"法论"这门科目，对应于德国的 Rechtsphilosophie（英语：Legal Philosophy）这门学科，因为认为当时流行于日本的译法"法哲学"形而上学的味道太浓，所以采取了"法理学"这个译名。[1]这显然是因为受到上述实证主义法学思想之影响。其实，如果在此意义上来使用"法理学"这一称呼，可能更接近于英语中的 Jurisprudence。这个词源于拉丁语 Jurisprudentia，原本指的就是一般意义上的法学（法的实践智慧）。只是到了 1832 年，奥斯丁在其代表作《法理学范围之限定》中使用了 General Jurisprudence（一般法理学）这一称呼，一方面区别于限定于一国的实在法知识，另一方面则区别于政治哲学、道德哲学等，以凸显出其"实在法哲学"的性质。此后，Jurisprudence 就被限定为"法理学"。所以，这种意义上的法理学指的是持特定立场（实证主义立场）的法哲学研究。由于英美学界的主流后来一直是分析实证主义，所以更多使用 Jurisprudence 这个词。但是在今天，有许多学者恢复了 Legal Philosophy 的称呼，并且在可互换的意义上来使用"法理学"与"法哲学"这两个词，因为限定在特定立场上的研究毕竟不能代表学科本身。

宽泛意义上的"法理学"，既包括法哲学，也包括法理论。法理论是法的一般法学理论，而法哲学是法的一般哲学理论。法理论主要研究法学的基本概念（如法律规范、法律体系、法律渊源、权利和义务）、基本结构及其一般

---

〔1〕　参见［日］穗积陈重：《法窗夜话》，［日］吉田庆子等译，中国法制出版社 2015 年版，第 118 页。

基础。[1] 法哲学要解决的问题是哲学三大问题在法学中的投影——本体论（法是什么）、认识论（如何认识法/法律知识如何可能，法学方法论是其主体部分）、价值论/伦理学（什么样的法是公正的）。现代以后，受语言分析哲学的影响，法本体论也被称为法概念论。除了这三组与哲学存在直接对应关系的一般法哲学问题外，还存在第四组法哲学问题，它与哲学不存在直接对应关系——法制度论。法制度论探讨人类社会基本法律制度安排背后的哲学原理，如婚姻、侵权、刑罚等，也被称为部门法哲学。20世纪中叶以前的法哲学教科书一般都会探讨法制度论的问题，但最迟在德国法哲学家拉德布鲁赫写于1932年的《法哲学》之后，部门法哲学已经淡出了法哲学的教科书，法哲学学者们只是偶尔讨论几个与自己研究兴趣相关的主题，而不再对其作体系化的阐述。这块内容更多地被放入了法哲学家或部门法学家的专著。所以，今日之法哲学通常指的是一般法哲学，它包括了法概念论、法认识论（法学方法论）和法伦理学三个部分。

本书在内容上就囊括了这两个部分：第二编"法学的基本概念"属于法理论，而第一编第二章"法"、第三编"法学方法论"、第四编"法伦理学"则属于法哲学。

本章知识梗概

1. 法学是一门古老的学问，在西方经历了古希腊、古罗马、中世纪晚期和近代四个阶段，而在中国则度过了先秦、汉代至清代、清末至今三个历史时段。

2. 马克思主义法学建立在科学的世界观和方法论的基础之上，马克思主义法学的三次中国化标志着中国法学的自主创新。

3. 法学是研究法律现象（制度、思想、行为、文化等）的知识体系，是以特定的概念、原理来探求法律问题之答案的学问。近代以后，法学被认为属于社会科学之一种，其基本范式来自近代法律科学的构想。

4. 法学具有价值取向性、制度关联性、务实性、混合理性、职业性。

5. 法学思维是实践思维、以实在法为起点的思维、问题思维与演绎思维的结合、论证说理的思维、评价性思维。

6. 法学包括法教义学与基础研究两部分，后者是从外学科视角对于法的研究，又包括法哲学、法史学、法社会学等。后来又出现了强调从内部视角进行一般性研究的法理论。

7. 法理学包括法哲学与法理论，法哲学又包括法概念论、法认识论（法学方法论）与法伦理学。

相关参考文献

1. 舒国滢："法学是一门什么样的学问？——从古罗马时期的 Jurisprudentia 谈起"，载《清华法学》2013年第1期。

---

[1] 参见刘幸义：《法律概念与体系结构：法学方法论文集》，翰芦图书出版有限公司2015年版，第9页。

2.《中共中央关于全面推进依法治国若干重大问题的决定》，人民出版社 2014 年版，第 11 页。

3. 舒国滢："寻访法学的问题立场——兼谈'论题学法学'的思考方式"，载《法学研究》2005 年第 3 期。

4. 舒国滢："走出概念的泥淖——'法理学'与'法哲学'之辨"，载舒国滢：《法哲学：立场与方法》，北京大学出版社 2010 年版。

5. 郑永流："法哲学是什么"，载郑永流：《法是一种实践智慧：法哲学和法律方法论文选》，法律出版社 2010 年版。

6. 雷磊："法理学与部门法学的三重关系"，载《河北法学》2020 年第 2 期。

第一章　拓展阅读 1

第一章　拓展阅读 2

第二章

法

✉ 导 语

　　"法是什么"是一个亘古而常新的问题，也是一个"恼人不休"的问题。迄今为止，学者们并没有就这个问题达成一致见解，在可预见的将来，也无法得出唯一正确答案。而深度地涉入法概念争议也不是一本教材应当做的事情。本章只是就理解"法是什么"提供一些可能的角度以及这些角度下已经达成的通说。这些角度包括：法的名称在历史上是如何被使用的（第一节），法有哪些基本特征（第二节），以及法有哪些基本的作用（第三节）。

☞ 第一节　法的名称

一、中国历史上法的名称

　　从词源学上看，汉字"法"的古体为"灋"。东汉文字学家许慎在《说文解字》这部当时的字典中的解说为："灋，刑也。平之如水，从水。廌，所以触不直者去之，从去。"[1] 这一解释包括三层含义：其一，上古时代的"法"相当于"刑"。也就是说，它包含的是刑罚、罚罪之意，不包括今天我们所说的私法，所以含义较窄。其二，法者平之如水。水在古代具有美好的意向，如上善若水，甚至被现代学者认为是中国法思想的一个原型。[2] 它被认为含有"公平""准绳"的意义，如俗话说"一碗水端平"。其三，法从廌去，所以触不直者去之，含有"明断曲直"之意。廌，也称"獬豸"，被认为是一种能够辨明是非曲直的神兽。相传舜帝时期的士师（司法长官）皋陶曾用它来断案，将双方当事人带到獬豸面前后，它能用头上的角去顶撞理亏的一方，皋陶就会判这一方败诉。后来獬豸就成了公正司法的代名词，在封建时代被绣在司法官员的补服之上。今天它被称为独角兽，还在与法律相关的器物上经常可见，比如法律出版社的 Logo。对于这种解字法，民国时代的

刑法史专家蔡枢衡给出了不同的理解。在他看来，在上古时代，“灋”指的仅仅是一种特定的刑罚，也就是先用獬豸去辨明是非，然后将有罪者绑起来丢到水面上，让他随流飘去。在当时，主要的刑罚是放逐，也就是将被认为有罪者驱逐于部落之外。不要小看这种刑罚，因为在古代，生产力低下，一个人离开了部落，存活率是比较低的。放逐有两种形式，陆地上的放逐被称为“废”，而水上的放逐就是“灋”（它也念 fèi），所谓“灋”与“废”相通也。[1] 所以，“灋”整个字只不过是对这一种刑罚过程的描述。应当说，蔡枢衡的解读或许更符合原意。因为在历史上，某个字或词从某种狭隘的含义出发开始扩充的现象并不罕见，如筏折（法制）、蒙古等。

“灋”之后，法的名称开始多样化。在封建时代，有这样一些用来指代法的名称。首先是“律”。商鞅改法为律，为的是强调突出法这种东西是上下一体适用的规矩、绳墨。所谓“律者，均布也”，王子犯法，与庶民同罪。此后封建时代的主要法典都以“律”来命名，如《唐律》《明律》《清律》等。从内容上看，律依然是以刑法为主要内容的。在个别时代，也有将主要法典称为“刑”的，如《宋刑统》。其次，还有令、格、式、科、比、敕、例等。令、格、式、科都是国家机关的公文格式规范，比是比附（类推的原则），敕是皇帝个人的命令，例就是今天我们说的判例、先例。清末民初，日译汉字“法律”传入中国，中国历史上长期以来分开使用的“法”“律”至此被合称。总的来说，在中国古代，法有双重含义：一种是典章制度意义上的法，与法律、法制相通，上面提到的这些名称都是在此意义上来使用的。另一种与“理”“常”相通，指的是道理、天理或类似的行为范式、标准。这类标准并不被认为是由人自己制定的，而是天然存在的，却是调整人们之间关系的客观规范。例如，我们经常说的“儒法”“佛法”“道法”就是在此意义上使用的。也可以说，前者是成文的法，而后者是不成文的法。

二、西方历史上法的名称

西方国家的情况分为两种。欧洲大陆国家的语言起源于拉丁文，在拉丁文中，与“法”相关的称呼有两个：一个是 jus，一个是 lex。jus 兼有哲理意义上的法和实在意义上的法两类含义。作为哲理意义上的法，它有“正义”和“权利”的意义。正义（jus 是 justitia，即“正义女神”的词根）涉及社会制度和结构的安排，权利涉及个人在这种安排之下应得的份额，权利就是正义在个人身上的显现。作为实在意义的法，它与 lex 相通，指的就是人类自己创设的法律制度。后世欧洲大陆国家的文字，如德语的 Recht 和 Gesetz，法语的 droit 和 loi，西班牙语的 derecho 和 ley，都继承了拉丁文的这种特性，有时它们分别被翻译为“法”和“法律”。鉴于“法”这个词的复杂性，欧陆国家往往会在它前面加上相应的定语来明确其确切含义。例如，在德国中，

---

〔1〕 参见蔡枢衡：《中国刑法史》，广西人民出版社 1983 年版，第 170 页。

有时在 Recht 之前会加上 subjektives 和 objektives 这样的形容词，变为 subjektives Recht（主观法）和 objektives Recht（客观法），主观法就是权利，而客观法就是实在的法律规范、法律制度。有时则在 Recht 之前加上 richtiges 和 positives 这样的形容词，变为 richtiges Recht（正确法）和 positives Recht（实在法），正确法就是法律上的正义，实在法与客观法同义。如果不加定语，就会发生究竟该理解为"法""权利"还是"正义"的困惑。比如，德国法学家耶林的名篇 Kampf um das Recht，现在通译为《为权利而斗争》，就是取了其中"权利"之意。[1] 再如，法学中的基础性概念"权利能力"（Rechtsfähigkeit），也取了"权利"一义，但或许更恰当的译法是"法律资格"。这一点容后再叙。

在英语国家，则不存在这种一词多义和双词一义的现象。实在意义上的法或法律就是 law。当然，在具体场合可以通过加单复数或冠词的变化来表达不同含义，例如，"the law"指的是一般意义的法，而"a law"则指的是具体的法。与此不同，正义是 justice，权利是 right。换言之，法律、权利和正义在语言上就是分开来的三个不同的词。这或许也可以在一定程度上解释：为什么在欧陆国家，尤其是德国，法与权利、正义纠缠不清，[2] 而近代法律实证主义的思想首先是在英国出现的。

👉 第二节 法的特征

法的名称虽然有助于我们了解一直以来人们对于相关语词的实际使用情况，但不能让我们完全把握"法"的概念。"特征"的基本功能在于区分，法的特征能够让我们明了法与其他相近事物之间的区别，从而加深对于法的理解。如果坚持形式与本质之间的区分，那么法的特征就可以被区分为形式特征与本质特征。后者涉及对法的本质或者说性质的理解，存在较大的争议。如马克思主义的法哲学会认为，法在本质上是一种阶级统治的工具，而自由主义的法哲学则会持不同的理解。相对而言，对法的形式特征的理解比较容易达成一致。下面所说的是法的形式特征。通常来说，法包括这样六个形式特征：

一、法的规范性

法首先是一种规范，或者说具有规范性的事物。法具有规范性意味着两件事：

---

[1] 以前为了兼顾"法"与"权利"二意，也有译为"法权"的，如经常批判的"资产阶级法权理论"。

[2] 以至于《德国基本法》的立法者专门用第 20 条第 3 款规定，司法要受到 Gesetz 和 Recht 的约束。这种并置已经排除了将 Recht 理解为"法律"的可能，表明这里指的更多是"正义"。所以，它规定的是，司法既要依据制定法来进行（依法裁判），也要追求正义（个案公正）。

1. 法为我们确立了行为的模式。这里说的包括两层意思：

（1）"法是一种规范"，这意味着它为我们的行为树立了一套标准和准则。比如，我们上过小学的人都知道有这样一句话"规范教我这样做"，也就是说，规范首先为我们怎么做确定了一个范本、一个模型，是行为的标准样态。事实上，在我们的日常生活中，有各种各样的规范都是为我们树立标准样态的，比如，语言规范确立的是语言用法的标准，技术规范确立的是人们利用自然力等应遵守的技术标准。但它们显然不是法，所以"标准"的范围要大于作为规范的法。

（2）"法是一种社会规范"，社会是人与人之间的行为及其关系的集合，所以这句话的意思是：法是调整人们之间交互行为及其关系的规范。当然，社会规范除了法（法律规范）外，还包括道德规范、宗教规范、政党纪律等，因为它们都调整人与人之间的行为及其关系。

另外要注意的是：技术规范调整的是人与自然对象（如一台机器、某种自然资源）之间的关系，并不一定涉及人们之间的交互行为。但是如果不遵守技术规范，可能引起人们之间关系的变化或利益分配的问题。比如，操作机器不当致死，会造成婚姻关系、雇佣关系的消亡，同时造成工伤理赔关系的产生。再如，对自然资源的滥用会影响后代的生存，所以需要因平衡代际利益而规定合理的利用方式。此时技术规范就可能同时被制定为社会规范，甚至成为法律规范（此时被称为"技术规范"）。

2. 法能够指引和约束人们的行为。法作为一种规范不仅为人们之间的交互行为确立了标准，还提出了让我们依照这套标准去做事的要求。这种要求体现在，它会对我们产生持续的压力，而我们可以对偏离规范要求的行为进行正当的批评，规范本身就是对这些偏离性行为进行批评的标准。这就是我们常说的法律对人们行为的调整，它是法律规范性的体现。这里要注意两点：

（1）法只调整外在行为，不调整内在思想。有的规范能调整人的内在思想，如思维规范；有的规范既调整外在行为，又调整内在思想，如道德规范。但法只调整外在行为，不调整内在思想。这体现在：如果某人只是停留于脑中策划某事的阶段，而没有着手实施或付诸行动，就不属于法调整的范围。例如，张三想着要杀死情敌李四，但没有任何外在的行为。而且，这种外在行为必须是影响到他人的行为，如果某个行为只具有个人意义，没有对任何他人产生直接或间接的影响，也不属于法调整的行为。从这个意义上讲，前些年发生的陕西"夫妻黄碟案"就不属于法调整的范围，警察破门而入抓捕拘留显然是不合法的。当然，有的法律规范看上去以人的思想为适用条件，例如，犯罪构成要件理论中，要求行为人"主观上"必须具备故意或过失的心态才能构成犯罪。但是，如果行为人只有这种心态却无任何外在行为（缺乏客观要件），是不能构成犯罪的，并且，追究刑事责任所要求的并不是行为人在行为当时必须实际具备故意或过失的心态，而是根据行为的表现和其他证据推断出他具有何种心态，因为这对于定罪和量刑都有影响。所以，这并不违反这里所说的法只调整外在行为的原理。

（2）法对行为的调整方式更接近于命令，而非建议。命令和建议的区分在于：命令能够压缩行动者行动的空间（这正是命令之拘束力的体现），而建议不会。说直白点，命令是必须要听的，而建议可听可不听。在这一方面，法在直觉上显然更接近于命令，因为它们看起来都得到了强制力的确保。所以，一直以来有一种很流行的观点就认为，法是一种命令，即主权者的命令。但是，法与命令是不是一回事呢？换言之，法的规范性与命令的强制性是不是一样的呢？请比较这样三种情况：①抢匪用枪指着你，喝令你交出钱财。②国家寄发纳税通知给你，要求你依法纳税。③参加亲戚的喜宴，接待人员向你收红包。在上面的哪种或哪些情形中，你是"被迫"掏出钱来？而在哪种或哪些情形中，你"有义务"掏出钱来？我们马上就会说，在第①种情形中是被迫、而非有义务交出钱的，而在后两种情况中则都存在某种义务。因为情形①属于单纯以暴力为后盾的命令，而后两种情形则不然：在第②种情形中存在相关的法律规范，在第③种情形中存在相应的道德规范，它们都能指引和拘束我们的行为，不仅因为违反这些规范会有某些不利的后果，也因为我们"应当"或"有义务"照着它们的要求去做。所以，具有规范性的法会导致义务，而命令不会导致义务。

法具有规范性，但规范性不是法才有的特征。上述例子已经表明，法律规范与道德规范都具有规范性。事实上，一切社会规范都具有规范性。因为就像除了法律义务之外，还有道德义务、宗教义务等。甚至可以说，没有规范性就不是真正的社会规范。所以，"规范性"是一切社会规范共有的属性，但仅仅凭"规范性"不足以区分法与其他社会规范，因此，我们还需要有其他法的特征。

二、法的普遍性

法的规范性指的是法为人们确立行为的模式并能够指引和约束人们的行为的性质，而法的普遍性指的则是这种指引和约束的表现形式，即法是以一般性的方式来发挥这种指引和约束的作用的。它具体体现在：

1. 法的适用对象的一般性。法要么针对所有公民（自然人），要么针对特殊类型的公民（自然人），如军人，而不会特别地针对某个个体（如张三或李四）来设定。如果属于法律意义上同一类型的主体，则法对他们应当同等地适用，这也就是"法律面前人人平等"的原则。可见，法的普遍性已然包含着平等的要求。此外，要注意的是，法的适用对象的一般性并不意味着它要调整这些对象的所有社会关系，它只调整人们之间一定的社会关系或社会关系的某些方面。这与法的普遍性并不矛盾。

2. 法在适用方式上的重复性。法在生效之后、失效之前可以反复适用，而不是适用一次就完毕。当然，这也同时道明了法的普遍性在时间上的限度：它有生效和失效的时刻点，生效之前、失效之后都无法发挥普遍的效力。

3. 法在适用地域上的普遍性，即法在国家权力管辖范围内一体适用。这种意义上的法的普遍性以属地主义原则为基础，有别于其他社会规范（如道德规范）往往以属人主义为准则。另外，也要注意区分法在适用地域上的普遍性与某部具体法律文件的空间效力范围。一部具体的法律文件，可能在全国范围内有效，也可能只在部分地域有效。这一点将在本书第六章第三节再谈到。

所以，法不仅是一种规范，而且是一种一般规范，它不包括个别规范。[1] 或者说，它指的只是通常说的规范性法律文件，而不包括非规范性法律文件，如判决书、裁判书、仲裁书、行政决定、法律行为（如合同）等。

三、法的国家意志性

所有社会规范都体现意志，如道德规范体现的是特定群体或社会公众的共同意志，宗教规范体现的是宗教创立者或先知们的意志，但在现代社会中，法体现的是国家意志。这一点是近代以后法所展现出的特征。例如，在历史上，通过民众的交往实践和相关的确信发展出了与国家意志关系不大的习惯法，习惯法是参与形成交往实践之人的共同意志的体现。但在近代立法中心主义思想兴起和法典化运动开展之后，立法（国家意志）取得了支配性的法源地位，其他类型的"法"只有得到国家的认可才能有效。因此，现代社会中，法体现国家意志的途径主要有二：

1. 法的制定（或者说立法），它是国家立法机关按照法定程序创制规范性法律文件的活动。法律文件的内容既可以是立法机关的原创，也可以是将原本已有的道德和习惯规范上升为法律。后一种情况如我国《中华人民共和国民法典》（以下简称《民法典》）婚姻家庭编规定，父母对子女有抚养教育的义务，子女对父母有赡养扶助的义务。这其实就是将中华传统美德"养老扶幼"规定进法律之中。[2]

2. 法的认可，它又包括两种方式：

（1）明示认可（立法认可），也就是规范性法律文件中明文规定可援引习惯来裁判案件，从而使习惯具有法律效力。它又包括两种情形：①个别的明示认可，也就是立法针对具体的情形认可习惯。例如，我国《民法典》第510条规定："合同生效后，当事人就质量、价款或者报酬、履行地点等内容没有约定或者约定不明确的，可以协议补充；不能达成补充协议的，按照合同相关条款或者交易习惯确定。"这就相当于认可了这些特定合同事项上的相关交易习惯的法律效力。②一般的明示认可，也就是立法针对整个法律关系

---

〔1〕 但也有学者持不同观点，认为法不仅包括一般规范，也包括个别规范。典型代表参见［奥］凯尔森：《法与国家的一般理论》，沈宗灵译，商务印书馆2013年版，第207页以下。本教材只展现通说。

〔2〕 之所以不将这种情形归入下面讲到的立法认可，是因为此时它在形式上与法的制定没有区别，区分二者没有意义。

的领域给出了一般性的授权，具体运用哪些习惯则取决于司法机关的认定。最著名的是《瑞士民法典》第1条："民事裁判者，有法律的从法律，无法律的从习惯。"这属于民法总则的部分，适用于所有民事关系领域，属于立法对于司法机关的一般性授权。至于具体援引哪个习惯，则需要司法机关结合个案来认定。这两类明示认可其实都是在授权司法机关去认定具体习惯，只是程度上有别而已：一般明示认可给予法官的自由裁量相比个别明示认可更大。

（2）默示认可（司法认可），也就是当立法缺乏相应规定时，法院在判决中援引习惯来作为裁判依据。由于司法机关也是国家机关，所以默示认可同样体现国家意志。例如，1949年以来，最高人民法院关于典权案件的批复有十多件，这些批复就是在运用我国民间关于典权的习惯规则来补充现行民法关于典权未作规定的漏洞。[1]

法所体现的国家意志是统一的，因为国家意志性是法的一般特征。不仅成文法（制定法）体现国家意志，不成文法（判例法）同样体现国家意志；不仅中央立法（如狭义上的法律）体现国家意志，地方立法（如地方性法规）同样体现国家意志。一切法都是国家意志的体现，中央立法与地方立法只是由于立法体制带来的相关规范性法律文件之空间效力范围不同，我们不能说只有中央立法体现国家意志，而地方立法只体现特定地方意志。中央和地方都是国家的组成部分。单一制国家的法律体系是一元的，但法的表现形式则可能是多元的。

最后要指出，法是实现国家意志的重要手段，但它可能只是体现国家意志的手段之一。在一个社会，国家可能会将主流道德观或某个阶层的道德观上升为国家的道德观或核心价值体系，此时，这套道德规范同样体现国家意志。在政教合一的国家，宗教规范同时具有法律效力，因而宗教规范同样体现国家意志。[2] 相反，例如在政教分离的国家，宗教规范就不体现国家意志。所以，其他社会规范是否体现国家意志是偶然的，而法体现国家意志则是必然的。

四、法的国家强制性

一切社会规范都具有强制性，只是强制力的来源和表现形式不同。例如，道德规范的强制性来源于大家的共同信念，表现为社会舆论的压力和交往中的阻力。宗教规范的强制力来自于宗教组织，表现为宗教纪律的制裁措施。与此不同，法的强制力来自于国家，表现为国家机关对违法行为的惩罚。在这种意义上，法的强制性是一种国家强制性，它以国家强制力为后盾，体现为军队、警察、监狱等物理实体。

为什么法具有国家强制性？一是因为违法现象不可避免，即便是在法治

---

〔1〕 参见梁慧星：《裁判的方法》，法律出版社2012年版，第212~213页。
〔2〕 除了这些社会规范外，国家意志当然也可以通过其他途径（如影视作品）体现出来。

最发达的国家（如美国），违法现象也总是会发生。纠正违法现象，以促使法的规范性和国家意志得以实现，就需要使用国家强制力。二是因为徒法不足以自行。法需要运行才能对社会生活产生影响。它首先需要被创设出，所以要有立法；其次，需要被执行和适用，所以要有执法和司法；再次，运行情况也要受到监督，所以要有法律监察。所以，要设立立法、执法、司法和监察等国家机关才能使得法运转起来，而这些机关的活动都伴随有国家强制力的行使。法的特征不仅在于它具有国家强制性，也在于国家强制力本身也须依法行使。法本身就规定了保证自己得以实施的国家强制力运用的限度。这体现在：①事由法定。国家强制力在什么情况下才能被行使，必须由法律予以规定。②职权法定。哪些机关有权针对这种情形来行使国家强制力，必须由法律予以规定。③程序法定。该机关针对该情形应当以何种程序、步骤来采取何种体现国家强制力的手段，也必须由法律予以规定。

法需要国家强制力来保障实施，这只是从终极意义来讲的，并不意味着每个具体的法律的实施活动或过程都必须借助国家机关及其暴力系统。在法得到自觉遵守，或者虽有一般违法行为但被违法主体依法自我纠正的场合，国家就没有必要运用国家强制力。此外，国家强制力本身也有其不足。一方面，国家强制力未必时刻能被有效行使，有时存在"国家失灵"的现象，比如行政执法力量不足或司法腐败，使得针对违反犯罪行为没能有效行使国家强制力；另一方面，国家强制力不是保证法的实施的唯一力量。除此之外，法的实施还要依靠社会舆论、思想教育、普法宣传等各种手段，有时后者的效果可能要好于前者。

最后还要注意的是：其他社会规范可能也会具有国家强制性。比如，在政教合一的国家，特定宗教规范（如《古兰经》）本身因得到国家的支持而具有国家强制性。但其他社会规范是否具有国家强制性是偶然的，而法具有国家强制性则是必然的。

五、法的程序性

有时人们会说，法是一个程序制度化的体系或作为制度化解决问题的程序。[1] 具体来说：其一，法不仅包括实体法，也包括程序法。这一点在其他社会规范那里是罕见的。实体法指向的是人们的行为或法官的裁判，而程序法是指向实体法的法。如果我们将实体法称作"一阶制度"的话，那么程序法就是"二阶制度"，而法就是一阶制度与二阶制度的结合。其二，法具有严格的程序性。这尤其体现在适用法律时必须按照严格的程序要求来进行。这不是说适用其他社会规范时不需要遵守一定的程序性步骤，只是说它们的程序性不像法的程序性表现得那么明显和严格。比如，适用道德规范也要讲一定的方法和步骤，但比起程序问题，结果是否公正对于道德来说更为重要，

---

〔1〕　参见舒国滢主编：《法理学导论》，北京大学出版社 2012 年版，第 35 页。

一个结果哪怕在得出的程序上有瑕疵，只要本身在实体上被双方当事人都认为是公正的，在道德上就是可接受的。但法不然，程序违法在法律上可以构成推翻处理结论的合法理由。有时候学者们甚至认为在法律上，程序问题比实体问题更加重要，所以有所谓"程序优于实体"的说法。

法的程序性不仅体现为法律本身有时明文规定了适用的程序（法定程序），也体现在所谓的"正当程序"（due process）条款上。在西方法律发展过程中，正当程序条款具有里程碑式的意义。这一条款最初来自1215年《英国大宪章》第39条："凡自由民，如未经其同级贵族之依法裁判，或经国法判决，皆不得被逮捕，监禁，没收财产，剥夺法律保护权，流放，或加以任何其他损害。"这里所说的"经国法判决"就被认为是正当程序的雏形。后来《美国联邦宪法修正案》第5、14条两次规定：不经正当法律程序，不得被剥夺生命、自由和财产。它们分别针对的是联邦中央和各州政府。正当程序对于防止公权力滥用、遏制腐败以及保障人权都具有重要意义。在人类的司法史上，法院通过一系列的判决确立了正当程序的含义，保障了当事人的程序性权利。比如，著名的"米兰达诉亚利桑那州案"确立了米兰达规则，也完善了非法证据排除规则。

六、法的可诉性

现代社会中，法的运作以司法为核心，故而可诉性（justiciability）成为法的重要特征。从某种意义上讲，法的程序性与可诉性是一对姊妹特征。虽然程序性不能被化约为司法程序性，但法的程序性却是在法的适用或者说司法活动中展现得最为明显和典型的。不可诉的法律规范将失去其适用上的重要性，丧失法律效力的重要一面。一切法律规范最终都要落实为裁判规范。所以，德国法学家康特洛维茨（Kantorowicz）甚至将可诉性视为法的定义性特征。在他看来，"法是规定外部行为并具有可诉性的行为规则之整体"[1]。法的可诉性具有两方面的含义：①可争讼性，即法律可以作为提起诉讼的依据。与此不同，道德、习惯、宗教规范等都无法作为起诉的依据。②可裁判性，即法律可以作为案件裁判的依据。这也是依法裁判的应有之义。那么，道德、习惯、宗教规范可以作为裁判的基础么？应当看到，至少有一部分其他社会规范是可以被用于司法裁判的。这里又包括两种情形：一种是当法律出现漏洞时，其他社会规范被用作补充性法源的情形。例如，在民事裁判中，当没有制定法作为裁判依据时，法官可以援引相关习惯来裁判。另一种是存在法律条文作为裁判依据，但由于该条文包含有需填补价值的概念，因而可以借助其他社会规范来进行价值论证和说理。例如，当法官援引《民法典》第6条规定的"公平原则"来裁判案件时，可能会运用相关的交易惯例来解

---

〔1〕［德］赫尔曼·康特洛维茨：《为法学而奋斗　法的定义》，雷磊译，中国法制出版社2011年版，第156页。

释什么是"公平"。第一种情形中,习惯是作为裁判依据来起作用的,而在第二种情形中,习惯是作为裁判理由来起作用的。所以,在某些情况下,其他社会规范可能也会具有可裁判性。但是,可诉性需要同时包括可争讼性和可裁判性这两点含义,而只有法同时具备这两点。

可诉性是法的一般特征,但这并不意味着一切个别的规范性法律文件都具有可诉性。例如,在我国,由于没有宪法诉讼制度的设计,所以具体到《中华人民共和国宪法》(以下简称《宪法》)这部文件并没有可诉性。[1]但这不能被用于反证法不具有可诉性的特征。

综上,法是一种调整人们之间行为关系的,具有规范性、普遍性、国家意志性、国家强制性、程序性和可诉性的特殊社会规范。人们之间的行为关系在经过法的调整之后就成为法律关系,即法律主体之间的权利和义务关系。这种理解虽然不是严格的本质性定义,却有助于我们把握法以及法与其他社会规范的差别。

🖝 第三节 法的作用

法的作用也是我们理解法的一个重要角度,因为法毕竟是一种实践理性,是要对人的行为发生影响的。法调整人们之间的行为,它的作用的对象首先也是人们的行为。但是,它也可能对人的内心世界产生间接的影响。所以,虽然法只调整人们的外部行为或社会关系,但其产生的作用却可能及于人们的内心。总的来说,法的作用是指法对特定的对象所产生的影响和结果,这种作用既可以是针对个人的,也可以是针对个人组成的群体(社会)的。我们把针对个人的作用称为法的规范作用,也叫法的功能,而把针对社会的作用称为法的社会作用。这里要注意:其一,法的规范作用是其社会作用的前提。社会是由个人组成的,法首先要对个人发挥作用,然后才能对整个社会产生影响。所以,规范作用是法的直接作用,社会作用是法的间接作用。其二,法的规范作用在任何社会中都是一致的,而不同社会中法的社会作用并不完全相同。法的规范作用是针对抽象的个人的,不考虑个人的社会地位、文化背景、所处地域等外在因素,所以是一致的。而法的社会作用的有无及其实现程度受制于特定社会的现实条件,因而在不同的国家和社会可能并不完全相同。

一、法的规范作用

1. 指引作用。指引针对的是本人未发生之行为。事物对人的行为的指引可分为个别的指引与一般的指引。打个比方,你去一个陌生的城市旅游,当地有一位你的朋友。第一天他正好有空,就带你去你想去的任何地方,这就

---

[1] 当然,这并不禁止法官在审理其他案件时运用宪法,比如合宪性解释。

是个别的指引。而到了第二天，他有事没法陪你了，就给了你一张当地的地图，让你自己查地图去想去的地方，这就是一般的指引。这两种指引方式各有各自的优缺点：个别的指引具有精确性，但相对成本较高；而一般的指引成本较低，但有时不那么精确。就像在这个例子中，朋友的指引是亲自带你去景点，你跟着走就行了，不用担心找不到，但需要专人陪你；而地图的指引成本较低，因为地图价格便宜，也是任何人都可以用的，但有时你拿着地图也可能找不对地方，或者要大费周折才能找对地方。由于法具有普遍性，所以它的指引必然是一般的指引，从而也就具有一般的指引的优缺点。法的指引的优点在于成本低，法制定并颁布后，任何人都可以看得见，是不特定多数人的行为标准，从而避免了对一个个具体的个人下达指令的麻烦。但同时它的缺点在于：由于它确立的是一般性的标准，所以在具体情形中，它的要求是什么有时不那么清晰。[1]

法对人的行为的指引可分为两类：①确定的指引，即法律通过施加义务的方式对人的行为的指引。它要么体现为要求人们必须从事一定的行为，从而创设的是积极的义务（作为）；要么体现为要求人们不得从事一定的行为，从而创设出的是消极的义务（不作为）。但无论是作为还是不作为，要求都是相对确定的，行为人没有选择的自由，相反的行为会受到不利的法律后果的追究。②有选择的指引，即法律通过赋予权利的方式对人的行为的指引。由于权利具有可选择性，即尽管法律赋予行为人以权利，行为人也可以选择是否按照权利去行为。即便行为人不按照行使权利的方式去行为，也不会有不利的法律后果发生。这种指引是可能的而非确定的。

2. 评价作用。评价针对他人已发生之行为，它是指将法律设定的模式作为标准对人们的行为进行判断和衡量。法的评价作用体现在两个方面：其一，它对人们的行为进行合法或违法的评价；其二，如果是违法行为，它还要进一步进行轻微违法、一般违法、严重违法的评价。根据评价主体的不同，法的评价可分为两类：①制度性评价，其主体为法定的国家机关及其工作人员（主要为法院和法官），其评价的载体就是裁判文书。裁判在性质上就是对案件事实及当事人已发生之行为的评价，其评价结果具有法律效力。②非制度性评价，其主体为法定的国家机关及其工作人员以外的其他人，其评价不具有法律效力。法的评价作用与指引作用密不可分：法的指引是一种自律作用，而法的评价是一种他律作用。正因为法能够指引人们的行为，才表明它本身是一种带有价值倾向的行为标准。同样，也正因为法对人们的行为提供了判断行为对错的标准，所以才具有指引人们行为的作用。

3. 预测作用。预测既可针对本人，也可针对他人；既可针对行为，也可针对行为后果。它包括两种类别：一类是对行为的预测，针对他人未发生之行为。即人们可以根据法律规范预测他人将如何行为，从而决定自己将如何

---

[1] 此时就需要借助法律解释等方法来使得它清晰化，关于法律解释参见本书第十五章。

采取相对应的行为。另一类是对行为结果的预测，针对本人已发生之行为。[1] 即人们可以根据法律规范预测自己已经实施的行为在法律上是合法的还是违法的，是有效的还是无效的，是会得到法律的肯定还是否定（制裁）。预测作用（对行为的预测）在具有法律关系的当事人之间显得尤为重要：在依法行为的前提下，当事人可以预测到对方在未来会采取什么行为，从而对自己的行为进行相应的调整。这样，双方都可以建立起合理的预期，有计划地规划自己的未来。而这种对预期的保护就是法的预测作用所意图带来的效果。一个有预期的社会是一个有秩序的社会和稳定的社会。法正因为对这种预期的保护而成为社会秩序的基石。

4. 教育作用。法的教育作用体现在，法律通过实施对人们今后的行为发生直接或间接的诱导影响。它具有两个特点：其一，法发挥教育作用的前提是法被实施。法的指引、评价、预测作用都只需有法的存在，即法被制定和颁布即可，但法的教育作用一定是伴随着法的实施而发生的，法律不被执行、遵守和适用，就无法发挥这种作用。其二，教育作用以内心信念为中介环节。法的教育作用的发生机理是：通过对已发生之行为的回应，把体现在法律规范中的意图、观念和精神传递到人们的内心，使得他们内心中确立起对法的信念，从而达到法律规范内化的效果，进而对人们今后的行为发生影响，即使得他们去做符合法律规范的行为。可见，法的教育作用是通过"行为——内心——行为"的途径发挥的，是及于人的内心的。根据法对已发生之行为的回应方式以及对人的内心影响不同，教育作用可分为两类：一类是正面教育，即法律通过对合法行为的保护，对一般人起到表率示范作用，从而促使他们今后采取相同的合法行为；另一类是反面教育，即法律通过对违法行为的制裁，对一般人起到警示警戒作用，从而促使他们今后采取合法行为。

5. 强制作用。法的强制作用体现为法对违法行为的制裁和惩罚。这种作用有三个特点：其一，它以国家强制力的运用为条件，因而与法的国家强制性之间具有密切联系。其二，它的对象是特殊的。如果说前四种作用都以一般人为对象的话，那么法的强制作用仅以违法者为对象，因而其作用的范围要比前四种作用来得小。其三，强制作用是其他作用的保障，但并非在法运作的任何场合都需要发生。法的强制作用是任何法律都不可或缺的一种作用。正如德国法学家耶林所说，离开强制的法就如同一把不燃烧的火，一束不发亮的光。同时，这种作用也是隐藏在其他作用背后的隐性力量。如果法运行良好，其他作用发挥正常，法的强制作用就没有必要出现。只有当违法行为产生，其他作用无法正常发挥时，它才要出场。但无论如何，法的强制作用始终是必要的，也是存在的。

---

[1] 这里要注意，如果针对的是他人已经发生之行为，则属于法的评价作用了。在法律的意义上，对他人之行为结果的预测与对他人之行为的评价是一回事。

二、法的社会作用

如果说法的规范作用主要从法本身来入手的话，那么法的社会作用则主要从法的目的或价值的角度来切入。按照从微观到宏观的顺序，法的社会作用主要包括如下五个：

1. 控制和解决社会纠纷。在纠纷的解决方式上，人类社会经历了一个从私力救济到公力救济的转变。原始社会的族群之间发生争端时，进行的是"以血还血、以牙还牙"的血亲复仇，救济权操控于私人之手（受害者或者其亲属、同族人）。但这种方式会带来无休无止的重复报复和族群对抗，很容易陷入无序的局面。国家产生之后，垄断了暴力的使用，实现了在一定秩序范围内和平解决的状态。这是一种有组织的暴力垄断基础上的和平，而法就是这种和平的体现。法的整个运行过程都是在国家强制力的基础上进行的，它不仅用一套专门的组织和程序去和平解决私人间的纠纷，而且通过事前的公布和威慑去控制纠纷的发生。

2. 保障社会整合。社会整合指的是社会成员至少在某些方面保持一致，以使得社会能够有效运转和维系下去。所以，整合功能是为维持社会的存在所必需的。法只调整行为，不调整思想，这就决定了法对社会的整合方式与其他社会规范（如道德）对社会的整合方式不同。它通过保障人们外部行为的一致性，来建构稳定的社会关系，避免社会解体。这种整合方式符合现代社会的特点。现代社会不同于传统社会之处，在于它是一个"陌生人社会"而非"熟人社会"。传统社会是熟人社会，是一个以乡村本土为底色的社会，一个人生于斯长于斯，从小到大乃至死为止，都在与亲人朋友打交道。在这样一个社会中，法律是没有多大的作用余地的，调整社会关系主要依靠的是道德、习俗、约定俗成的规约等。但伴随着城市化的进程，现代社会已进入到大规模的陌生人社会阶段，我们大量的活动都在与陌生人打交道：工作、就医、养老……现在资讯发达，我们可能几分钟后就知道世界上某个角落发生了什么，却一辈子都不认识住在商品楼中对门的人是谁。在这种情况下，人与人之间是没有办法依靠同一套道德、习俗、约定俗成的规约去处理他们之间的问题的，依靠这套东西也无法实现社会整合。能够依靠的只有法律规范，法的基本预设就是要为陌生人之间的行为和关系提供准则。它并不像道德规范那样要求首先实现人们在观念上的整合，进而实现行动的整合，而是径直要求实现行动的整合即可。

3. 促进社会价值目标的实现。任何法都有制定它的人所输入的价值目标，而法的实施换一个角度看也是在促使法所承载的价值目标的落实，法的实现则是这种价值目标的实现。不同国家、不同法律的价值目标会有所不同。例如，《美国联邦宪法》序言只有短短56个英文单词，中文可翻译为："我们合众国人民，为建立更完善的联盟，树立正义，保障国内安宁，提供共同防务，促进公共福利，并使我们自己和后代得享自由的幸福，特为美利坚合众国制定本宪法。"而中国的《宪法》序言包括十三段，一千余字，其中第七段规定："……国家的根本任务是，沿着中国特色社会主义道路，集中力量进行社会主义现代化建设。中国各族人民将继续在中国共产党领导下，在马克思列宁主义、毛泽东思想、邓小平理论、'三个代表'重要思想、科学发展观、习近平新时代中国特色社会主义思想指引下，坚持人民民主专政，坚持社会主义道路，坚持改革开放，不断完善社会主义的各项制度，发展社会主义市场经济，发展社会主义民主，健全社会主义法治，贯彻新发展理念，自力更生，艰苦奋斗，逐步实现工业、农业、国防和科学技术的现代化，推动物质文明、政治文明、精神文明、社会文明、生态文明协调发展，把我国建设成为富强民主文明和谐美丽的社会主义现代化强国，实现中华民族伟大复兴。"内容非常不同，但作用是一样的，都在于促进各自认为最重要的价值目标的实现。当然，这一程度实现的程度取决于法所设定的价值目标与社会共识的契合程度。

4. 维护社会秩序和和平。国家是一种有组织的政治社会，而法的存在本身就意味着秩序。法的首要任务在于防止无政府状态和暴力。换言之，秩序是法的基础性价值，只要存在法及其运作，就存在秩序，无论这种法从特定正义观来看是善法还是恶法。如果将秩序同样视为正义的组成要素的话，那么就可以说，法的存在本身就是一种最低限度的正义。

5. 推进社会变迁。在特殊历史时期，法会被作为推进社会变革的工具。我们将这样的时期称为"新政"时期，如美国的罗斯福新政和我国清末的新政时期。在这些时期，变革往往是从社会上层开始的：首先是社会的精英人士认识到了变革的需要，然后促使政府改弦更张以推动整个社会的转变。因此这种变革模式往往是政府主导型的，而通常情况下，法律就会成为这种变革模式所借重的主要手段。例如，从清末开始，我们经历了翻天覆地的社会变迁，而从中也可以大体梳理出一个主线，那就是从器物的变革（洋务运动）到制度的变革（维新变法），再到思想的变革（五四运动）。通过法律的社会变革就属于这第二个环节，一直持续至今。但无论是哪种变革，都具有非常强烈而一致的目标取向，那就是救亡图存、民族独立富强，修法制律亦不例外。但从这个角度看，这也造成了强烈的法律工具主义倾向。

三、法作用的局限性

在对待法的作用上，要反对两种错误的倾向：一种是法律虚无论，另一种是法律万能论。法的规范作用和社会作用理论可以被用来回击法律虚无论，对于法律万能论则需要指出，法作用同样是有局限的。因为没有法律是万万不能的，但法律也不是万能的。法作用的局限性可能产生自法的适用效果方面，也可能是由法本身带来的。

（一）法的适用效果的局限性

1. 法的作用范围有限。有的社会关系法律管不了。一方面，在人类社会中，有相当一部分社会关系是不适合由法律来调整的，例如爱情关系、友谊关系等。所以立法上会对这部分社会关系"留白"，让给其他调整效果更好的社会规范（如道德、习俗等）去调整，我们将这部分领域称为"法外空间"。另一方面，有一部分社会关系尽管受到了法律的调整，但调整得十分粗疏，留下了大量需要由其他社会规范或调整手段去填补的空间。古罗马法谚有云："法律不跨越家庭的门槛。"我国古语说："清官难断家务事。"这都说明对于家庭内部关系而言，法律的调整都不会起到最佳效果。现代社会的确将家庭内部关系纳入了婚姻法或亲属法的调整范围，但有大量的法律规范其实依然来自于既有的传统家庭伦理，而且在具体情形中还需要辅之以这些其他规范一起来进行调整。比如我国《民法典》婚姻家庭编第三章"家庭关系"部分就是如此。

2. 法的调整方式有限。有的社会关系，法律管不好。法律只是调整社会关系的一种手段，而且这种手段的作用方式十分受限。比如，针对违法犯罪行为，它只能采取民事、行政或刑事制裁几大类中的数量特定的方式来进行，例如，赔钱、罚款、拘留、进监狱……这些措施大多是外部强制，弥补不了受害人的某些无法被弥补的方面，如心灵的创伤。即便民法中有精神损害赔偿，最终也不得不落实为金钱补偿的形式。

（二）法自身的局限性

1. 法律漏洞的存在。由于立法者理性的有限，任何国家的法律都不可能是无所不包或者说对应予调整的对象能够严丝合缝地进行调整的体系。例如，在20世纪50年代，英国有部关于军事机密保护的刑事法律规定，任何平民不得在军事基地的附近逗留，否则可能构成间谍罪。在一个案件中，有一个平民在夜晚趁守卫的士兵不注意潜入了一个皇家空军基地，第二天被发现和逮捕。被起诉后，他的辩护人振振有词道：他的当事人并没有"在军事基地附近"逗留，而是"进入到了军事基地中去逗留"，而法律对此并没有规定为犯罪。根据罪刑法定原则，法律没有明文规定为犯罪的就不能施加刑罚，所以他的当事人最后被无罪释放。这就是一个典型的刑法上的漏洞。从社会危害性与刑罚的必要性而言，进入军事基地逗留无疑要比在军事基地附近逗留更严重，但刑法的条文却没有规定。法律漏洞出现于民事领域还好说，因为此时法官负有填补漏洞的义务。但当法律漏洞出现于刑事领域时，法官就不能填补，此时属于不可填补的漏洞。

2. 法律滞后的不可避免。法律想要有权威，就不能朝令夕改。事实上，被制定出来的法律都具有一定的稳定性，现代社会立法机关的组成现实及其活动规律也不容许法律时刻被修改。但另一方面，社会关系是在不断发展变化的，是不会等到法律完善之后再出现的。所以有一句话：法律总是具有保守的性格，法律一经制定就已经落后于现实了。特别是对于社会上出现的新现象、新事物，立法者往往无法作出及时的应对，或者已经认识到了却无法马上作出恰当的应对，所以会造成有事实无（恰当的）法律的情况。尤其是在处于转型期的社会中，立法机关经常会陷入两难的境地：一部法律制定出来后不久就落后了，立法机关马上进行修订，可修订后不久又落后了，于是再修订。频繁的修订既让适用者无所适从，又损及法律的权威，可不修订又跟不上现实的需求。这一矛盾也许永远无法一劳永逸地得到解决。

3. 目的悖反的可能。法律的制定固有其追求的目的，但其实施的效果最终有时却恰恰有违此目的。比如，某国曾将侵犯他人知识产权的行为大规模地规定进刑法之中，但在实施了一段时间之后又删除了这一刑法条款。为什么呢？将侵犯知识产权的行为入刑，其目的在于打击不劳而获、扰乱正常市场竞争的行为，维护市场秩序。但在实施的过程中，却有不少市场主体去向警方诬告其竞争对手有侵犯其知识产权的行为。一旦有表面的证据，警方就要介入调查，而这种调查必然会影响竞争对手正常的生产和经营活动，也会影响其声誉。而对是否构成侵犯知识产权的判断又尤为复杂，需要专家协助，很多知识产权的案件旷日持久，这就会为被告人带来无可估量的损害，结果反而扰乱了市场秩序。之所以会有目的悖反的情况存在，是因为立法者想的（立法目的）未必一定等于他说出的（法律文本），更不一定等于我们实际上使用的（法律实施的效果）。

4. 法律有语义模糊的地带。立法会使用大量的日常语言，而日常语言往往是不精确的。或者更准确地说，抽象地去看一个法律用语似乎不存在问题，但当它被用于具体情形时就会产生问题。英国法学家哈特（Hart）曾将一个法律语词分为核心地带与阴影地带两个部分。[1] 处于某个语词之核心地带的事实可以仅凭语义就被归入这个语词的后果之下，而处于其阴影地带的事实则可能存在模棱两可的情形。例如，在哈特所举的例子中，某地方立法机关规定了这样一个法律条款：公园里禁止驶入机动车。无疑，小汽车、公共汽车、卡车、拖拉机等都属于"机动车"这个词的核心地带。但电动自行车呢？超大号的电动玩具车呢？它们应当被禁止进入公园吗？此时就出现阴影地带了，需要借助各种法律解释的方法予以澄清。此外，有时虽然事实处于语词的核心地带，但是否应适用与这一语词相关的法律后果却依然成问题。例如，在二战胜利 70 周年，全市都在搞纪念活动，有一辆二战时期被使用过的、迄今为止性能良好的坦克被某和平组织要求开进公园，放在广场上供游人参观。这辆坦克无疑属于机动车，但能够就此就禁止它进入公园吗？此时就涉及本书第十六章第三节要讲到的法律修正问题。所以，法律永远是有缺陷的，弥补这些缺陷只能依靠适用它的人。

◎ 本章知识梗概

1. 在中国历史上，法的名称在双重意义上被使用：在成文法即典章制度的意义上，法与法律、法制相通；在不成文法的意义上，法指的是道理、天理或类似的行为范式、

---

[1]　参见［英］哈特：《法律的概念》，许家馨、李冠宜译，商周出版社 2000 年版，第 114、126 页。

标准。

2. 西方国家对于法的名称的使用分为两种情形。在欧陆，起源于拉丁文的 jus 兼有哲理意义和实在意义：前者有"正义"和"权利"的意义，后者与 lex 相通，指的就是人类自己创设的法律制度。在英语国家则不存在这种现象，法与正义、权利是用不同的词来表示的。

3. 法的形式特征包括规范性、普遍性、国家意志性、国家强制性、程序性和可诉性。

4. 法的规范作用是法对于个人的作用，包括指引、评价、预测、教育和强制五种。

5. 法的社会作用是法对于社会的作用，包括控制和解决社会纠纷、保障社会整合、促进社会价值目标的实现、维护社会秩序和和平、推进社会变迁。

6. 无论是在法的适用的效果方面还是就法自身而言，法的作用都具有局限性。前者是指，法的作用范围和调整方式都是有限的；后者包括法律漏洞的存在、法律滞后的不可避免、目的悖反的可能，以及法律有语义模糊的地带。

相关参考文献

1. 张永和："'灋'义探源"，载《法学研究》2005 年第 3 期。

2. 雷磊："Ius：从正义到权利"，载《时代法学》2006 年第 1 期。

3. 舒国滢："对法概念之争的思考"，载《法学》1987 年第 5 期。

4. 郭道晖："论法的本质内容与本质形式"，载《法律科学（西北政法学院学报）》2006 年第 3 期。

第二章　拓展阅读

第二编

法学的基本概念

在最一般的意义上，法是调整人们之间关系的规范整体。所以，一方面，法是一种客观的规范整体（客观意义上的法）；另一方面，法又是调整主体之间关系（法律关系）的规范，展现为法律关系的主体相互主张权利、义务（主观意义上的法，狭义上的主观法指的仅是权利）。本编分为上下两篇：上篇为"客观意义上的法"，包括法律规范（第三章）、法律体系（第四章）、法律秩序（第五章）、法的效力（第六章）；下篇为"主观意义上的法"，主要围绕法律关系来展开，包括法律关系概述（第七章）、法律关系的主体与客体（第八章）、法律关系的内容（第九章）、法律事实（第十章）。

第三章

法律规范

✉ 导　语

　　生物的最小构成单位是细胞，而法律的最小构成单位是法律规范。从客观的视角来观察，法律就是由一个又一个的规范组成的有机联系的整体。通说认为，法律规范的类型并不是单一的，而是多样化的。最常见的分类是法律规则与法律原则。那么，法律规范指的是什么？它与法律条文是什么关系（第一节）？法律规则具有什么样的逻辑结构？可以被分为哪些类型（第二节）？法律原则与法律规则的区别何在？它在适用上有什么特点（第三节）？本章我们就来回答这些问题。

👉 第一节　法律规范概述

一、法律规范的含义

　　法律规范（legal norm）是一种规范（norm）。规范可以从两个角度来理解：一是作为语言现象的规范，也就是将规范视为一种意义内容；二是作为社会现象的规范，也就是将规范视为一种社会事实。前者是认识论意义上的规范，而后者是本体论意义上的规范。规范的本体论研究的是规范的概念或性质问题，就此而言，规范是一种实际存在的"事物"，与语义、逻辑无关。规范的认识论研究的是规范的思维方式或适用问题，就此而言，规范是语言与逻辑的对象。[1]

　　在语言意义的层面上，规范可以被界定为一种命令什么、允许什么与禁止什么的应然命题，即指引与调整人们行为的标准。这种意义上的规范包括游戏规范、语法规范、道德规范、宗教规范、纪律等，法律规范也属于规范的一种。根据规范的定义，法律规范可以被界定为一种法律上规定命令什么、允许什么与禁止什么的应然命题，即指引与调整人们行为的法律标准。法律

―――――――――

〔1〕　参见舒国滢、王夏昊、雷磊：《法学方法论》，中国政法大学出版社 2018 年版，第 114~115 页。

规范可以分为法律规则（legal rules）与法律原则（legal principles）两类，二者都能指引和调整人们的行为，尽管在性质上有所不同。在数量上，法律规则要远多于法律原则。因而法律规范的主体是法律规则，也就是说，法律对人们行为的调整主要是通过法律规则来实现的。但无论是法律规则还是法律原则，都可以用法律条文的形式来表述。

二、法律规范与法律条文

（一）法律条文的含义

法律条文（legal sentence），简称"法条"，是在制定法中，基于立法技术之需要所发展出来的建构单元，它以条次的编号带头为其起始，并以下一条之起始标识本条之终结。[1] 例如，我国《民法典》第 13 条规定："自然人从出生时起到死亡时止，具有民事权利能力，依法享有民事权利，承担民事义务。"这就是一个法条，它以"第 13 条"这一编号为起始，并以下一条，即"第 14 条"标识本条的终结。所以从形式上讲，标号就是一个独立之法条的标志。但学理上所称之"法条"通常需要作进一步的判断。它通常固然指的是制定法中各个条号界定之条文，但事实上仍应再按一个条文所包含之规范事项或构成要件是否相互独立认定，再予划分。[2] 所以，有时制定法标明之一条内的一款也被视为一个法条。例如，《民法典》第 26 条规定，父母对未成年子女负有抚养、教育和保护的义务。成年子女对父母负有赡养、扶助和保护的义务。通常我们说，这一条是由两款构成的，它们之间彼此独立：第一款说的是父母对未成年子女的义务，而第二款说的是成年子女对于父母的义务。

（二）法律规范与法条的关系

法条与法律规范之间的关系，就是形式与内容之间的关系，但二者并非严格一一对应。

一方面，法律规范未必都要用法条来表述。法律的存在方式除了制定法之外，尚包括判例法、习惯法等。法条仅仅是存在于制定法中的表述形式。判例法规范其实是审理嗣后案件的法官从判决理由中提炼出来的规范，经典学说主张它由法院所发现的实质性事实和结论两部分组成。[3] 所谓"遵循先例"，遵循的也正是判决理由的部分。但是判决理由并不是以法条的形式存在的，虽然它也是以判决书中的语句形式存在的。类似地，习惯法是通过口口相传的方式或者以文字记载的方式流传下来的，但它也不具备像制定法那样的严整的条文，因为它并非某个机关有意创造和精心规划的产物，而是来自

---

[1] 参见黄茂荣：《法学方法与现代民法》，法律出版社 2007 年版，第 133 页。

[2] 参见黄茂荣：《法学方法与现代民法》，法律出版社 2007 年版，第 134 页。

[3] Arthur L. Goodhart, "Determining the Ratio Decidendi of a Case", The *Yale Law Journal*, Vol. 40, No. 2. 1930, p. 40.

对普遍的日常实践的记载，也不具有法条的形式。所以，法律规范既可以用法条的形式来表达，也可以存在于判例法和习惯法这些形式的法源之中。

另一方面，并非所有的法条都是用来直接表述法律规范的。法条可以被区分为两类：一类是直接表达法律规范的条文，另一类是不直接表达法律规范的条文。前者被称为"规范性条文"，而后者被称为"非规范性条文"。

1. 规范性条文。规范性条文直接表述法律规范，它既可以采用规范语句的形式，也可以采用陈述语句的形式。

（1）规范语句。规范语句指的是在其中出现规范助动词（道义模态）的语句。根据规范语句所使用的规范助动词的不同，可以将它分为命令句与允许句。命令句又可以分为狭义的命令句与禁止句。狭义命令句使用"必须""应当"这类助动词，而禁止句使用"不得""禁止"这类助动词，它们分别向规范的受众提出了作为与不作为的义务。前者如《民法典》第 1049 条规定的，"要求结婚的男女双方应当亲自到婚姻登记机关申请结婚登记"。后者如同《民法典》第 1048 条规定的："直系血亲或者三代以内的旁系血亲禁止结婚。"允许句是指使用了"可以""有权"这类助动词的语句。如我国《民法典》第 543 条规定："当事人协商一致，可以变更合同。"允许句一般表达出了授予规范受众以权利或权力的意思。

（2）陈述语句。陈述语句是不带任何上述这类助动词的语句，但它同样有可能用以表述法律规范。如《民法典》第 25 条规定："自然人以户籍登记或者其他有效身份登记记载的居所为住所；经常居所与住所不一致的，经常居所视为住所。"这是个陈述句，但它并不是在描述某个事实，比如，某人在某天去某地进行了户籍登记，然后就住在那里，而是在表达一个规范或者说规范性要求，它很容易就可以被改写为规范语句："自然人应当以户籍登记或者其他有效身份登记记载的居所为住所；经常居所与住所不一致的，经常居所应当被视为住所。"所以，规范性条文既可以是规范语句，也可以是陈述句。无论是规范语句还是陈述句，都表达出了特定的法律规范。

2. 非规范性条文。非规范性条文不直接表达法律规范，它至少包括：

（1）定义性条文。定义性条文并不直接表述法律规范，而是给其他条文中的相关概念下定义，从而起到解释其他条文、配合其他条文（这些条文通常是规范性条文）的适用的作用。比如我国《中华人民共和国刑法》（以下简称《刑法》）第 91 条第 1 款规定："本法所称公共财产，是指下列财产：①国有财产；②劳动群众集体所有的财产；③用于扶贫和其他公益事业的社会捐助或者专项基金的财产。"这就是一个关于"公共财产"的定义性条文。而《刑法》第 304 条规定："邮政工作人员严重不负责任，故意延误投递邮件，致使公共财产、国家和人民利益遭受重大损失的，处 2 年以下有期徒刑或者拘役。"这一条文在适用时，就必须要结合《刑法》第 91 条关于"公共财产"的定义。

（2）附属性条文。附属性条文一般规定在法典的附则部分，起到配合正文中条文适用的作用。最常见的情形是,附属性条文规定本部法律的生效时间。如我国《民法典》第 1260 条规定: "本法自 2021 年 1 月 1 日起施行……"这就相当于说,《民法典》正文中的所有条款都从 2021 年 1 月 1 日起开始生效。也有的附属性条文起到的是明确正文中法条所使用的一些常见语词之含义的作用(并非给它们下定义)。如《民法典》第 1259 条规定: "民法所称的'以上'、'以下'、'以内'、'届满',包括本数;所称的'不满'、'超过'、'以外',不包括本数。"它就涉及对于各个涉及这些语词的条款如果遇到本数的情况,是否包括在内的问题。

(3)宣告性条文。这类条文最典型的情形是出现在宪法之中。例如,我国《宪法》第 1 条第 1 款规定: "中华人民共和国是工人阶级领导的、以工农联盟为基础的人民民主专政的社会主义国家。"第 2 条第 1 款规定,"中华人民共和国的一切权力属于人民"。这类条文显然不是用来直接指引公民的行为的,即不是直接用来表达法律规范的,而是起到了某种宣示和通告的效果。上述两个条款宣告了中国的国体和国家权力的来源,为国家权力的正当性奠定了基础。

3. 规范性条文与法律规范的关系。即便是规范性条文,与法律规范之间也并非总是存在一一对应的关系,而可能存在这样几种情况:

(1)一个完整的法律规范由同一部法律文件中的数个法条来表达。比如《刑法》第 382 条第 1 款规定: "国家工作人员利用职务上的便利,侵吞、窃取、骗取或者以其他手段非法占有公共财物的,是贪污罪。"而第 383 条第 1 款规定: "对犯贪污罪的,根据情节轻重,分别依照下列规定处罚……"只有将这两个条文结合在一起,才可以看作对涉及贪污罪之法律规范的完整规定。之所以分开规定,是出于立法技术的考虑。因为第 383 条根据贪污罪的情节分别规定了不同的刑罚,内容繁复。而第 382 条规定的贪污罪的主体除了国家工作人员外,还有受国家机关、国有公司、企业、事业单位、人民团体委托管理、经营国有财产的人员,以及与第 382 条第 1、2 款所列人员勾结伙同贪污的人。如果将这些不同的情形组合一一规定,将十分冗长。

(2)一个完整的法律规范由不同法律文件中的数个法条来表达。例如,《中华人民共和国行政处罚法》(以下简称《行政处罚法》)第 81 条规定: "行政机关违法实施检查措施或者执行措施,给公民人身或者财产造成损害、给法人或者其他组织造成损失的,应当依法予以赔偿,对直接负责的主管人员和其他直接责任人员依法给予处分;情节严重构成犯罪的,依法追究刑事责任。"这个条文并没有说明"情节严重构成犯罪的",该如何追究刑事责任。此时就需要联系《刑法》第九章渎职罪的有关规定来处理。在这里,如果出现行政机关违法实行检查措施或者执行措施,给公民人身或者财产造成损害、给法人或者其他组织造成损失且情节严重的案件,就需要结合行政法上的条文与刑法上的条文,合为一个完整的法律规范来处理。

(3)一个法条表述出了数个法律规范或其要素。如《刑法》第 114 条规定："放火、决水、爆炸以及投放毒害性、放射性、传染病病原体等物质或者以其他危险方法危害公共安全，尚未造成严重后果的，处 3 年以上 10 年以下有期徒刑。"这一个条文就表达出了涉及"放火""决水""爆炸""投放毒害性、放射性、传染病病原体等物质""以其他危险方法危害公共安全"这五个行为的法律规范。之所以将它们合在一个条文中，同样是基于立法技术的考虑：因为这五个行为被赋予相同的法律后果，如果分开规定就将造成冗余。

（4）法条仅仅规定法律规范的某个或若干要素。如《民法典》第 1061 条规定："夫妻有相互继承遗产的权利。"这条只是指明了相关法律规范适用的一个条件，即继承人与被继承人之间属于"夫妻"，却没有指明其他条件。很容易就可以推知，这个规范要能适用，还至少必须满足其他两个条件：一是夫妻一方死亡，二是死亡一方留有合法的个人财产。这两个条件都没有在条文中作明确规定，之所以不规定，是因为满足这两个条件是任何继承得以发生的当然条件，无需明言。

☞ 第二节 法律规则

一、法律规则的逻辑结构

法律规则的逻辑结构指的是法律规则的要素划分以及这些要素之间的关系。法律规则的逻辑结构反映的是人类规制自身活动与相互关系的法律认知，它服务于正确地进行法律推理的目的。法律推理是依据大前提（规则）认定小前提（事实）之效果的过程。规则在结构上要能恰当地成为法律推理的大前提，在逻辑上就必须具有两个部分：一是与小前提所共享的部分，只有具备这个部分，才能认定一个案件事实是否属于规则所针对的案件类型；二是小前提原本没有，而需通过推理被赋予的部分，即法律上的评价或效果，这是推理的目标所在。换言之，前者是规则遵守和适用的前提，后者是规则遵守和适用的满足或实现。在逻辑上，前者被称为"前件"，后者被称为"后件"。在法律领域，法律规则的前件被称为"构成要件"，后者被称为"法律后果"，法律规则在逻辑上就是由这两部分构成的。

构成要件是法律规则的适用条件部分，它为案件事实提供了一种可资比较的事实原型，并以特征化的方式表述出来，即在语义上可被切割为各个事实—概念特征所构成的整体。构成要件在内容上可以包括规则的主体、行为、情景条件，可以指涉行为或者事件，可以指涉一般的事实类型，也可以指涉特殊的事实。法律后果则是构成要件所联结的法律上的评价性结果，它在内容上可以是针对行为或事实的判断性反应，也可以是针对事实的行为要求；它在性质上可以是肯定性的法律后果，也可以是否定性的法律后果。例如，《刑法》第 232 条规定："故意杀人的，处死刑、无期徒刑或者 10 年以上有期徒刑……""故意杀人"就是构成要件（行为），"处死刑、无期徒刑或者 10

年以上有期徒刑"就是否定性的法律后果（针对行为的判断性反应）。如《民法典》第 34 条第 2 款规定："监护人依法履行监护职责产生的权利，受法律保护。""监护人依法履行监护职责产生的权利"就是构成要件（事实），"受法律保护"则是肯定性的法律后果（针对事实的判断性反应）。再如，《民法典》第 465 条规定："依法成立的合同，受法律保护。""依法成立的合同"就是构成要件（事实），"受法律保护"则是法律后果（针对事实的判断性反映）。

综上，可以用 T→OR 来表示法律规则的逻辑结构。其中，T 表示"构成要件"，OR 表示"法律后果"，→表示"包含或条件关系"。唯要注意的是：法律规则的逻辑并不等同于法条的逻辑结构。前面说过，法条是法律规范（包括法律规则在内）的表述形式，与法律规则并非一一对应。一方面，有时法律规则要素的某些部分可能在特定的法条中被省却。如《刑法》第 232 条的构成要件"故意杀人"就只表明了行为要素，它的主体要素"应承担刑事责任者"要依据其他法条来确定（如《刑法》第 17 条），而情境条件则可以根据第 232 条后半句[1]被反推为"情节较重"。另一方面，有时法律规则的两个部分分散在不同的法条之中。如上一节提到的《刑法》第 382 条和第 383 条合在一起才是有关贪污罪的法律规则。所以，从某种意义上说，法律规则是对法条进行语义重构后的产物，而法律规则的逻辑结构则是关于在理想的情况下一条法律规则由哪些部分构成的学说。根据上面所说，一条法律规则在理想的情况下要由构成要件和法律后果两部分构成，它的语言表述都可以被重构为"如果……那么……"："如果"后面跟的是构成要件部分，"那么"后面跟的是法律后果部分。

二、法律规则的分类

根据不同标准，可以对法律规则进行不同的分类。

（一）授权性规则、义务性规则与职权性规则

根据法律规则所规定的内容不同，可以将法律规则分为授权性规则、义务性规则与职权性规则。

所谓授权性规则，是指赋予人们权利的规则。它又可以被分为：

1. 授予自由的规则，即允许人们可以做什么或不做什么的规则。如我国《宪法》第 36 条第 1 款规定："中华人民共和国公民有宗教信仰自由。"

2. 授予请求权的规则，即允许人们可以要求他人做什么或不做什么的规则。如《民法典》第 44 条第 3 款规定："人民法院变更财产代管人的，变更后财产代管人有权请求原财产代管人及时移交有关财产并报告财产代管情况。"

3. 授予权能的规则，即授予人们通过和依据意思表示来创设法律效果之

---

〔1〕《刑法》第 232 条规定："……情节较轻的，处 3 年以上 10 年以下有期徒刑。"

能力的规则。[1] 如《民法典》第538条规定："债务人以放弃其债权、放弃债权担保、无偿转让财产等方式无偿处分财产权益，或者恶意延长其到期债权的履行期限，影响债权人的债权实现的，债权人可以请求人民法院撤销债务人的行为。"这条规则授予了债权人通过和依据单方意思表示来创设"撤销债务人行为"这一法律效果的权能。再如，《民法典》第543条规定："当事人协商一致，可以变更合同。"这条规则授予了合同双方通过和依据双方意思表示（"协商一致"）来创设"变更合同"这一法律效果的权能。

义务性规则是指规定人们的义务的规则。义务性规则又可分为两类：

1. 命令性规则，是指规定人们必须或应当作出某种行为的规则，即规定积极义务的规则。如《宪法》第43条第2款规定："国家发展劳动者休息和休养的设施，规定职工的工作时间和休假制度。"该条款规定了国家针对公民的积极义务。命令性规则在条文中的标志词是"应当""必须""有……的义务""须得""要"等，也有可能不使用任何标志词，如上例。

2. 禁止性规则，是指规定人们不得或不准为一定行为的规则，即规定消极义务的规则。如《宪法》第36条第2款规定："任何国家机关、社会团体和个人不得强制公民信仰宗教或者不信仰宗教，不得歧视信仰宗教的公民和不信仰宗教的公民。"该条款就规定了国家机关、社会团体和（宗教信仰者之外的其他）个人针对宗教信仰者的消极义务。禁止性规则在条文中的标志词是"禁止""不准""严禁""不得""不要""不应当"等。

职权性规则是指授予国家机关及其工作人员公共权力的规则。职权性规则不仅具有授权性规则的特征，也具有义务性规则的特征。因为国家机关及其工作人员所拥有的权力不仅仅是他们的一项权利，这种权利也是他们必须行使、不得放弃的。如《中华人民共和国立法法》（以下简称《立法法》）第65条第1款规定："国务院根据宪法和法律，制定行政法规。"于此，"根据宪法和法律制定行政法规"既是国务院的权利，也是国务院的义务，所以该条表述了一项职权性规则。

（二）强行性规则与任意性规则

根据是否允许人们根据自己的意志来适用法律规则，可以将法律规则分为强行性规则与任意性规则。

强行性规则是指人们必须按照法律规则规定的内容来行为，不允许人们按照自己的意志不适用或改变法律规则的内容而行为的规则。公法中的大部分法律规则都属于强行性规则，私法中的大部分规则都属于任意性规则，但也有例外。如《民法典》第498条规定，对格式条款有两种以上解释的，应当作出不利于提供格式条款一方的解释。另外要注意的是，义务性规则固然都是强行性规则，但授权性规则也未必没有强行性规则。例如，《德国基本

---

[1] 这一定义参考了［丹麦］阿尔夫·罗斯：《指令与规范》，雷磊译，中国法制出版社2013年版，第162页。

法》第2条第1款规定"人人享有人格自由发展的权利"，德国宪法法院将它解释为一般行为自由（包括人格自由）。这种人格自由有时就是要被强制实现，而不容人们按照自己的意志放弃的。例如，在现代社会，人们就不能自愿卖身为奴，从而放弃自己的人格自由。

任意性规则是指允许人们在一定的范围内按照自己的意志来选择是否实现法律规则所规定之内容的规则。私法中的大部分法律规则都属于任意性规则，比如《民法典》合同编中的大部分规则都是如此。如《民法典》第470条就规定，"合同的内容由当事人约定"，合同一般包括的八类条款有哪些，并规定，"当事人可以参照各类合同的示范文本订立合同"。但是，当事人在合同中是否规定这八类条款，以及当事人是否参照示范合同来订立合同，都由当事人自主决定。公法中同样也有任意性规则，如《刑法》第257条规定："以暴力干涉他人婚姻自由的，处2年以下有期徒刑或者拘役。……第1款罪，告诉的才处理。"这意味着，此类罪非公诉罪，而是要由受害人或受害人的近亲属提起诉讼，这就赋予了受害人或受害人的近亲属在一定的范围内按照自己的意志来选择是否告诉的权利。

（三）确定性规则、委任性规则与准用性规则

根据法律规则内容的确定方式，可以将法律规则分为确定性规则、委任性规则与准用性规则。

确定性规则是指法律规则的内容已明确，无需再援引或参照其他法律规则的内容来确定其内容的规则。绝大多数法律规则属于确定性规则。唯要注意的是：确定性规则的所谓"内容已明确"指的只是无需再援引或参照其他法律规则的内容来确定其内容，而非在适用这类规则时没有选择或裁量的余地。如《民法典》第1015条第1款规定："自然人应当随父姓或者母姓，但是有下列情形之一的，可以在父姓和母姓之外选取姓氏：①选取其他直系长辈血亲的姓氏；②因由法定扶养人以外的人扶养而选取扶养人姓氏；③有不违背公序良俗的其他正当理由。"这对于子女而言就有选择的余地。再如上面提到的《刑法》第232条规定："故意杀人的，处死刑、无期徒刑或者10年以上有期徒刑……"法官在量刑时就可以在死刑、无期徒刑或者10年以上有期徒刑中加以选择。但这两个规则本身都属于确定性规则。

委任性规则是指没有明确规定行为的内容，只是规定了某种概括性的指示，授权或委托某一机关或组织来加以具体规定的法律规则。如《中华人民共和国税收征收管理法》（以下简称《税收征收管理法》）第93条规定："国务院根据本法制定实施细则。"

准用性规则是指没有明确规定行为的内容，而是规定参照、援引或适用其他法律规则的规定来确定其内容的规则。如《民法典》第808条规定："本章没有规定的，适用承揽合同的有关规定。"该条属于《民法典》合同编第十八章"建设工程合同"。所以，除了《民法典》第788~807条的明确规定外，建设工程合同其他未规定事项要适用《民法典》合同编第十七章"承揽合

同"的规定来确定其内容。

在这种分类中，判断一个法律规则属于哪类需使用排除法，即如果没有委任和准用情形的，都是确定性规则。

（四）行为规则与裁判规则

根据法律规则的受众不同，可以将法律规则分为行为规则与裁判规则。[1]

行为规则是指指向一般的行为人，并对于其行为产生约束效果的规则。行为规则通过使得特定的群体负有遵守或者执行该规则的义务或授予其相关的权利，从而达到调整和塑造特定生活领域的目的。在这个功能中，行为规则试图指示人们从事特定的行为，因此，其适用的对象涵盖一切的法律主体，无论是自然人、组织还是国家机关。私法中的大部分规则都是行为规则，如《民法典》第 509 条第 1 款规定："当事人应当按照约定全面履行自己的义务。"第 562 条第 2 款规定："当事人可以约定一方解除合同的事由。……"这些都是直接指示合同当事人应当做什么或可以做什么的行为规则。

裁判规则是指指向掌握纠纷裁判权力的机关或者个人的法律规则。裁判规则的功能在于，它为裁判者预先规定了具有法律约束力的评价标准，裁判者依据裁判规则就可以作出判决，因此，裁判规则的约束对象并非如同行为规则那样针对所有的主体，而是仅仅针对作为裁判者的法官。刑法中的大部分规则都是裁判规则，如《刑法》第 232 条规定："故意杀人的，处死刑、无期徒刑或者 10 年以上有期徒刑……"这个规则直接指向的对象是法官，它是告诉法官如果在故意杀人的事实已被确定的前提下该如何进行法律应对。当然，私法中同样存在裁判规则，如《民法典》第 506 条规定："合同中的下列免责条款无效：①造成对方人身损害的；②因故意或者重大过失造成对方财产损失的。"这个规则的功能首先在于告诉法官，如果某个合同的免责条款涉及这两种情形的，应当判定免责条款无效。

当然，从裁判规则可以推知相应的行为规则。如从《刑法》第 232 条可以推知，对于一般行为人的相应行为要求是，不得故意杀人。从《民法典》第 506 条可以推知，对于一般行为人的相应行为要求是：在合同中不得约定免除造成对方人身损害，或者免除因故意或者重大过失造成对方财产损失的条款。但是反过来，一般无法从行为规则推知裁判规则（要与责任条款相配合才可以，否则只能诉诸法官的裁量权）。

（五）对象层面的规则与元层面的规则

根据法律规则的指涉对象不同，可以将法律规则区分为元层面的规则与对象层面的规则。

对象层面的规则指涉具体的行为或事件。上面所说的行为规则与大部分裁判规则都可以被归为对象层面的规则。元层面的规则指涉的对象却是对象

---

[1] 这一分类参见黄茂荣：《法学方法与现代民法》，法律出版社 2007 年版，第 141 页；〔德〕魏德士：《法理学》，丁晓春、吴越译，法律出版社 2005 年版，第 60 页。

层面的规则，就此而言，它是一类特殊的裁判规则，即针对规则的裁判规则。最常见的元层面规则是那些处理对象层面规则之适用或冲突关系的规则，例如"上位法优于下位法""新法优于旧法""特别法优于普通法"等。因为它们指涉的对象是具有上下位关系、新旧关系、特别与普通关系的法律规则，这些法律规则是冲突规则所指向的对象，所以属于对象的层面；而这些冲突规则是指向对象规则的规则，它们相对于对象规则处于更高的层次，所以属于元层面或者说后设的层面。裁判者需要适用元层面的规则来解决对象层面之规则的冲突，以决定在个案中究竟适用哪一（对象层面的）规则。

第三节　法律原则

一、法律原则与法律规则的区分

法律原则与法律规则一样都属于法律规范的类型。在语言意义的层面上，法律原则与法律规则都表现为应然法律命题（命令、禁止、允许），且都以权利、义务为核心内容。因为作为"规范"，二者的基本功能是一致的，那就是指引人们的行为。但是，法律原则与法律规则具有逻辑上的差别或者说"质"的差别。[1] 具体包括如下几点：

1. 性质不同。规则是一种确定性命令，而原则是一种最佳化命令。[2] 作为"确定性命令"，规则直接告诉当事人应当、不得或可以做什么，当事人只要依照规则的内容去行事即可，无需考虑规则背后的目的或评价。在此意义上，它是一种行为规范[3]。与此不同，作为最佳化命令，原则要求某事（通常是某种要追求的价值或目的）在相对于法律上与事实上可能的范围内尽最大可能被实现，并能以不同的程度被实现。这是因为，原则是一种目标规范。也就是说，相反，原则虽然也能指引当事人的行为，但它只是将某种状态设定为要追求的目标，并没有就达致这种状态的手段（行为）作出规定，原则在适用时就要依据事实情形进行具体化。

2. 适用方式不同。与上一点密切相关的是，规则与原则的典型适用方式不同：规则的适用方式是涵摄，而原则的适用方式是权衡。规则作为确定性命令具有决然的色彩，它是一种硬性规范。规则的适用方式是"全有或全无"的，这意味着：确定适用一条规则就排斥其余规则的适用。对于某个规则而言，如果案件属于它的调整范围，它的法律后果就百分之百地发生（此时必须接受该规则所提供的解决办法），如果案件不属于它的调整范围，它的法律后果就百分

---

〔1〕　以下简称"原则"与"规则"。

〔2〕　Vgl. Robert Alexy, Zum Begriff des Rechtsprinzips, in ders., *Recht*, *Vernunft*, *Diskurs*, Frankfurt a. M.: Suhrkamp Verlag, 1995, S. 203.

〔3〕　这里的"行为规范"是广义的，包括了上一节所说的行为规则与裁判规则。

之百不发生（此时规则对裁判不起任何作用）。也就是说，规则是一种要么被适用、要么不被适用的规范。一旦规则被适用到某个案件之上，那么它的法律后果就确定地发生，而没有斟酌的余地，这就叫作涵摄。当然，规则可能存在例外。例外一旦出现，就排除了规则的适用，从而无法推导出规则的法律效果。反过来说，规则的例外本身也是一个确定性的"规则"，同样也具有全有或全无的适用特性。因此，规则带有例外并不会影响到规则适用的确定性。

原则作为最佳化命令意味着它能以不同的程度被实现，因而具有分量的面向，它是一种柔性规范。原则的适用方式是"或多或少"的，这意味着：一方面，原则在特定情境中能以不同的手段和措施来实现，而这些措施对于该原则的实现程度是有差别的（事实上的可能）。试举一例："保护健康"这一原则，在联系"吸烟"这一事实情境时，因事实条件不同，被实现的程度也会有所不同。如果采取全面禁烟的措施，如将香烟的生产、销售和消费都规定为非法行为，施加严厉的处罚，那么"保护健康"原则的实现程度就会比较高；而如果像现在这样，只是要求香烟的生产者在外包装上标示"吸烟有害健康"这样的警告语，虽然也会提醒烟民们要"保护健康"，但无疑对这一原则的实现程度是比较低的。我们还可以想象出一些举措，如提高香烟的销售税、减少香烟的销售点、划定更多的禁烟区等，这些措施实现"保护健康"原则的程度介于全面禁烟和标示警告语之间。所以，看上去，原则就会因事实条件的不同而有不同的实现程度。另一方面，在手段既定的前提下，还要尽可能地考虑到相对立之原则的分量，通过比较来决定最终采取哪个原则（法律上的可能）。这是因为，原则在法律体系中从来就不是孤立地被适用的，在决定考虑实现某个原则时，不可避免地要考虑到其他相对立之原则的存在和影响。相冲突的原则之间彼此相互牵制，如果要百分之百地实现其中一个，就必然要牺牲对另一个的保护，而如果要保护后者，就不免要对前者作出限制。换个角度来说，二者都不可能获得完全的实现，因此，其中一个原则的实现程度越高，另一个原则的实现程度就会随之降低。举例来说，香烟生产商一方的"职业自由"原则会与公众一方的"保护健康"原则相冲突。如果对于香烟生产完全不作任何限制，等于是让香烟生产商的职业自由获得最大程度的实现，而保护公共健康的实现程度非常低（接近于零）。如果要求香烟生产商在产生香烟时必须在外包装上加上警示语，可以算是对职业自由中等程度的限制，而保护公共健康的实现程度开始上升。如果完全禁止产生香烟，则是相当高程度的限制，此时，职业自由只获得非常低程度（接近于零）的实现，而保护公共健康的实现程度此时就非常高。这说明，两个原则无法都获得百分之百的实现。此时只能作一取舍，来决定哪一个原则在当前案件中应该优先获得实现，或者说具有相对的重要性，这种取舍就是权衡。重要的是，权衡永远是个案关联的，只能依据具体的情形来判断原则的相对重要性。

3. 适用范围的确定方式不同。一般来说，原则的适用范围要比规则来得更广。比如，在一部法典中，规则大多在分则的部分，而原则通常规定在总则的部分，这就意味着，规则通常适用于某一领域的具体情形，而原则则适用于所有的分则领域。当然，这并不是一定的，例如，宪法中的规则的适用范围可能就要比某一部普通法律中的原则的适用范围要更广。真正重要的是，规则与原则的适用范围和它们的文义之间的关系不同。

规则与原则都可以用法条来表述，而法条作为语言的载体具有文义。规则的适用范围受到规则条文之文义的限制，因为规则的文义是封闭的。换句话说，规则条文中构成要件的文义范围有多大，规则的适用范围就有多大，不能增加也不能减少。例如，《民法典》第 1247 条规定："禁止饲养的烈性犬等危险动物造成他人损害的，动物饲养人或者管理人应当承担侵权责任。"该条所表述的规则就只适用于"禁止饲养的烈性犬等危险动物造成他人损害"的情形，而不适用于"饲养的普通动物造成他人损害"的情形。与此不同，原则的适用范围并不受原则表述的限制，因为原则的文义是开放的。开放性意味着：文义所未涵盖的案型可以成为原则的适用对象；文义已然涵盖的案型可以不适用原则。例如，宪法的基本权利条款一般被认为表述的是原则。如《宪法》第 34 条规定："中华人民共和国年满 18 周岁的公民，不分民族、种族、性别、职业、家庭出身、宗教信仰、教育程度、财产状况、居住期限，都有选举权和被选举权……"假如某人因为地域的原因被禁止参加选举，这是否侵犯了他依据《宪法》第 34 条所能获得的选举权？答案是肯定的。因为原则条文的文义是开放的，没有规定的情形未必不包括在它的适用范围之内，我们可以认为《宪法》第 34 条列举的 9 种情形只是不完全列举，只是典型而非穷尽性的情形。再如，《宪法》第 33 条第 2 款规定："中华人民共和国公民在法律面前一律平等。"假如某个工地招搬运工列明条件"只招男性"，或者某个医院招护士列明条件"只招女性"，是否违反了这一条款？答案是否定的。因为某些职业是与男女的生理或心理特征相关的，这种区别是自然而非人为造成的，所以并不构成歧视，而是合理的区别对待。所以，虽然《宪法》第 33 条第 2 款规定公民在法律面前一律平等，但合理的区别对待并不在该条款之内。

4. 初始性特征（prima facie character）不同。所谓"初始性"，指的是初步可适用性。一个规范的法律后果能否适用于个案，往往要分为两步：第一步是看个案事实是否属于它的适用范围，从而断定它是否初步适用于这一情形；第二步是通盘考量，也就是考虑到个案的特殊性，看它是否属于规则的例外情形或不适用该原则的情形，以决定规范的法律后果最终能否适用于个案。假如某个规范初步判断可适用，通盘考量后也总是得到适用，就可以说这个规范具有确定性。如果某个规范初步判断可适用，通盘考量后认为某些情况下不可用，但这类情况很少，就可以说这个规范初始性强。如果某个规范初步判断可适用，通盘考量后认为某些情况下不可用，且这类情况比较多，那么就可以说这个规范初始性弱。

规则相比原则初始性特征更强。上面说过，规则虽然是确定性命题，但这并不意味着它没有例外。但规则一般而言是确定的，例外属于少数情形。

正因为如此，才称其为"例外"。"规则—例外"关系这一表述本身就表明了这一点。并且在理论上，规则的例外可以事先就列举出来。与此不同，原则适用时总是需要考虑到事实与法律上的可能：某个情形虽然落入原则的适用范围，但与相对立之原则权衡的结果往往会使得前一原则的分量被超越，因而在个案中不起决定性作用。所以，尽管原则的适用范围很宽泛，这意味着很多个案事实都可以落入它的适用范围，但经过权衡的后果是高度不确定的，也就是它的法律后果很有可能让位于其他原则的法律后果。我们事前无法列举出所有这类"让位"的情形，甚至使这些情形成为"例外"本身也是没有意义的。因为原则的适用方式原本就是个案中的权衡。

5. 竞合的解决方式不同。当两条规则发生冲突时，解决冲突的方式有两种：假如两条规则的适用范围完全重合，那么就只能宣告其中一条无效。这里典型的方法是按照预设的第三方准则来解决，例如，按照"上位法优于下位法"的准则，宣告下位规则无效。假如两条规则的适用范围部分重合，那么就要宣告其中一条部分无效，即以"规则—例外"方式来解决冲突。例如，某学校的规章中存在着"下课铃响前所有人不得离开教室"与"火灾警报响起时所有人必须马上离开教室"这样两条规则。这两条规则在"下课铃没响但火灾警报响起"这一情形中发生了冲突，因为前者要求"不得离开教室"，而后者则要求"必须马上离开教室"。解决这一冲突的方式是针对这一情形确立优先关系，比如后一条规则优先，这样，就相当于将后一条规则作为例外情形"嵌入"了前一条规则之中，最终形成的规则是："下课铃响前所有人不得离开教室，除非火灾警报响起。"与此不同，原则碰撞的解决方式只能是个案中的分量比较，也就是衡量。换言之，原则的适用方式与原则间冲突的解决方式是一样的。同时要看到，规则冲突发生在效力的层面，而原则碰撞发生在适用的层面。也就是说，当两条规则发生冲突时，必然其中一条有效而另一条全部或部分无效。而当两条原则相碰撞时，只涉及在特定个案中哪个优先适用的问题，不涉及有效和无效的问题。两条原则都是有效的，只是在个案中一条"压倒"了另一条，而在另一个个案中，后者反而可能会"压倒"前者。

二、法律原则的适用

(一) 法律原则的适用条件

法律原则的适用情形包括两种，即通常情形和例外情形。相应地，法律原则的适用条件也包括两类：[1]

1. 通常情形。在通常情况下，司法裁判要依据法律规则来进行，只有当

---

[1] 以下参见舒国滢："法律原则适用中的难题何在"，载《苏州大学学报（哲学社会科学版）》2004 年第 6 期。但理解有所不同，参见雷磊："法律原则如何适用？——《法律原则适用中的难题何在》的线索及其推展"，载舒国滢主编：《法学方法论论丛》第 1 卷，中国法制出版社 2012 年版，第 229~235 页。

出现无法律规则可以适用的情况下，法律原则才可以作为弥补"规则漏洞"的手段发生作用。换言之，在通常情形中，只要存在可适用的法律规则，法律规则就要作为案件的裁判依据发挥作用，此时断无法律原则的作用余地；只有当不存在法律规则时才能将法律原则作为案件的裁判依据。这里的原因有二：其一，实现法的安定性和可预测性是司法裁判的重要目标。很显然，适用法律规则与适用法律原则相比，更能实现法的安定性和可预测性。这也是"禁止向一般条款逃逸"的应有之义，因为原则相比规则更具有一般性。其二，避免自由裁量权的滥用同样是司法裁判的目标。很显然，适用法律原则相比适用法律规则会赋予法官更多的裁量权。为了尽可能约束法官的自由裁量权，需要先适用规则。所以，从技术的层面看，若不穷尽规则的适用就不应适用法律原则。法律原则的一般适用条件可以表述为这样一个"穷尽规则"的准则：

　　穷尽法律规则，方得适用法律原则。

　　2. 例外情形。在例外情形中，即使存在着可适用的法律规则，法律原则也可能优先于法律规则而适用。此时可以说存在法律规则与法律原则相冲突的情形，而法律原则发挥了为规则创制例外的功能。什么时候可以这么做呢？条件有两个，第一个条件指的是，假如适用法律规则可能导致个案的极端不公正的后果，那么此时就需要对法律规则的正确性进行实质审查，在此有选择法律原则作为适用标准之可能。之所以法律规则适用于个案时可能会带来不公正的后果，是因为规则具有一般性，它在适用时具有"一刀切"的效果。立法者在制定规则时，往往只能考虑到通常情形，规则的法律后果对于这些通常情形而言往往是公正的。但是难免存在一些例外情形，它们虽然属于规则的适用范围，但将适用于通常情形的法律后果施加于这些例外情形却可能产生极端不公正的后果，因为规则没有考虑到例外情形的特殊事实情况，从而作出不同对待。例如在本书第二章中提到的"公园里禁止驶入机动车"就属于这种情形。如果现在有一辆救护车要求穿过公园去往最近的医院，以抢救一位生命垂危的病人，能不能让它进入？依照规则肯定是不行的，因为"救护车"显然属于机动车，这就会产生极端不公正的结果，即可能让病人丧命。所以，"实现个案正义"是存在规则时反而优先适用原则的目标条件，它可以被表述为这样一个准则：

　　法律原则不得径行适用，除非旨在实现个案正义。

　　但仅有这一条件是不够的。因为何谓"极端不公正"和"个案正义"必须要通过说理来证明，以得到当事人和法律人共同体的认可，而不能只停留于法官心中所想的层面。笼统地说，为了实现个案正义，法官必须提出适用法律原则比适用原法律规则更合适的理由，这就叫作"更强理由"。更强理由的判断取决于个案的具体情形和社会的价值判断，无法统一作理论说明。但这里可以指明论证的方向：法官之所以负有依据法律规则进行裁判的义务，理由在于两个方面：一是因为法律规则具有一定的目的，这种目的本身被认为是值得追求的，所以，依据规则裁判就是为了实现这一值得追求的目的。

这是个实质理由。二是因为法律规则是由立法者给定的，是立法者意志的明确表述，所以，依据规则裁判就是在服从立法者的意志。立法者相对于负有适用法律之义务的法官来说是权威，依据立法者的意志进行裁判能实现法的安定性的要求。这是个形式理由。当法官运用法律原则为法律规则创制例外，以实现个案正义时，不仅要衡量法律原则与法律规则背后的目的（实质理由）之间的相对重要性，同样要衡量它与法律规则所承载的法的安定性（形式理由）之间的相对重要性。只有当在个案中，法律原则的分量比规则所承载的实质理由和形式理由都要重时，才能优先适用原则。所以，"更强理由"是存在规则时反而优先适用原则的任务条件，它可以被表述为这样一个准则：

若无更强理由，不适用法律原则。

（二）法律原则的具体化

法律原则的适用包括这样两个步骤或阶段：①要确定哪些法律原则是个案可能适用的规范；②在没有法律规则的情况下，对相碰撞之法律原则进行权衡，建构新的法律规则；或基于权衡依据法律原则宣告相应的法律规则不适用，同时建构新的法律规则（即提出原法律规则的例外规则）。步骤②中，前面指的是通常情形，而后面指的是例外情形。但这两个步骤并不足以展现出原则适用的完整过程。由于原则属于目标规范，它没有明示人们的行为标准和法院的裁判标准，所以很难直接适用于个案。它要转化为适用于个案的裁判依据，就要有一个具体化的过程，也就是与案件相结合的过程。

法律原则具体化，就是法律原则与个案事实相结合，从目标规范转化为行为规范的过程。实现原则所规定之目标的手段可以是千差万别的，它们往往与具体的情形相关。所以，个案事实与法律原则之间的关系往往是特定的手段与目标之间的关系。例如，"保护环境"的原则既可以通过"禁止随地吐痰"来实现，也可以通过"禁止机动车驶入公园内"来实现。它们可能是不同的个案事实，同时也是实现"保护环境"的手段。而且，这种手段—目的间的联系必须被证明是一种必要关系，也就是说，为了实现这个目的（原则），某种"应当做"的要求是必要的，离开了后者就无法实现前者。否则就无法说明为什么我们必须要按照这种要求去行事。例如，在上述"街道上是否允许随地吐痰"的情形中，首先存在一个"（应当）保护环境"的原则，然后我们说明"禁止随地吐痰"构成了保护环境的必要条件（即不禁止随地吐痰就无法保护环境，当然这是可辩驳的），最后得出结论说"应当禁止随地吐痰"。此时，作为目标规范的原则就被转化成了作为行为规范的规则。这就是一个法律论证上的实践三段论的过程，它可以被形式化为：

（1）Op

（2）$\neg F \rightarrow \neg p$

$\therefore$（3）OF

这里，O 表示"应当"，¬ 表示否定符，p 表示特定原则的内容，F 表示实现该原则的手段或者说个案事实。当然，这个实践三段论并不具有必然性的性质，因而是可以反驳的。所以，法律原则的具体化具有一定的风险，需要进行实质说理。但无论如何，具体化都是必要的。甚至可以说，如果不进行具体化，不仅法律原则的适用没有可能，甚至两个原则是否发生冲突也无法断定。

综上，法律原则的适用可分为这样两种方式：

1. 通常情形：①出现规则漏洞；②判断哪些原则可能适用于个案；③判断这些原则是否相碰撞；④如碰撞，对相碰撞之原则进行权衡；⑤将优先原则具体化为规则，并适用于个案。

2. 例外情形：①存在规则，同时判断哪些原则可能适用于个案；②是否有原则与规则发生冲突；③如冲突：将相冲突之原则与规则背后的理由进行权衡；④基于权衡依据原则宣告相应的规则在个案中不适用；⑤将优先原则具体化为规则（也就是为原有的规则创制例外），并适用于个案。[1]

本章知识梗概

1. 规范既是一种语言现象，也是一种社会现象。在语言意义的层面上，规范可以被界定为一种命令什么、允许什么与禁止什么的应然命题，即指引与调整人们行为的标准。

2. 法律规范是一种法律上规定命令什么、允许什么与禁止什么的应然命题，即指引与调整人们行为的法律标准。它可以分为法律规则与法律原则两类。

3. 法条是在制定法中，基于立法技术之需要所发展出来的建构单元。法条与法律规范之间并非一一对应，法律规范未必都要用法条来表述，也并非所有的法条都是用来直接表述法律规范的。

4. 法条分为规范性条文与非规范性条文。前者直接表达法律规范，可以采用规范语句或陈述语句的形式，但它与法律规范之间也并非总是存在一一对应的关系。后者不直接表达法律规范，至少包括定义性条文、附属性条文和宣告性条文等。

5. 法律规则在逻辑结构上包括构成要件和法律后果两部分。根据不同的标准，可以对法律规则进行不同的分类。

6. 法律原则与法律规则具有质的差别，二者在性质、适用方式、适用范围的确定方式、初始性特征和竞合解决方式等方面都有所不同。

7. 法律原则的适用情形包括两种，即通常情形和例外情形。它的适用条件也相应包括两类，并可以被表述为三条准则。

8. 法律原则具体化，是法律原则与个案事实相结合，从目标规范转化为行为规范即规则的过程。

相关参考文献

1. 雷磊："法律规则的逻辑结构"，载《法学研究》2013 年第 1 期。

---

[1] 参见雷磊："法律原则如何适用？——《法律原则适用中的难题何在》的线索及其推展"，载舒国滢主编：《法学方法论论丛》第 1 卷，中国法制出版社 2012 年版，第 248~260 页。

2. ［德］罗伯特·阿列克西："论法律原则的概念"，载［德］罗伯特·阿列克西：《法·理性·商谈：法哲学研究》，朱光、雷磊译，中国法制出版社 2011 年版。

3. 舒国滢："法律原则适用中的难题何在"，载《苏州大学学报（哲学社会科学版）》2004 年第 6 期。

4. 舒国滢："法律原则适用的困境——方法论视角的四个追问"，载《苏州大学学报（哲学社会科学版）》2005 年第 1 期。

5. 雷磊："法律原则如何适用？——《法律原则适用中的难题何在》的线索及其推展"，载舒国滢主编：《法学方法论论丛》第 1 卷，中国法制出版社 2012 年版。

第三章 拓展阅读

第四章

法律体系

✉ 导 语

　　法律是规范的整体，这说明一个国家的法律总是由大量的规范组合而成。我们称之为"法律体系"，因为法律总是以体系化的方式存在的。但是，并非将规范随意堆砌在一起就能组成体系。它们首先得依照一定的标准进行归类，形成数量有限的规范集合，也即法律部门；然后由再由这些法律部门构成一国的法律体系。由此，法律的三层结构，即法律规范—法律部门—法律体系得以形成。本章依次探讨了法律部门的概念与划分标准（第一节）、法律体系的概念以及当代中国法律体系的组成（第二节）。

☞ 第一节　法律部门

一、法律部门的概念

　　法律部门，又称部门法，是指根据一定的标准对一国现行的全部法律规范进行划分所形成的同类法律规范的总称。换言之，我们根据一定的标准对一国现行的全部法律规范进行分类，合并同类项后形成的就是一个个法律部门。法律体系就是由若干法律部门构成的统一体。

　　法律部门要与规范性法律文件区分开来。规范性法律文件是法的载体或者形式，它的基本构成单位是法律条文，在结构上一般具有编、章、节、条、款、项、目的层次。与此不同，法律部门的基本构成单位是法律规范。法律规范是法条的意义，是对法条进行重构后的产物。法律规范是内容，法条是形式。同样，法律部门属于法的内容的范畴，而规范性法律文件属于法的形式的范畴。同类法律规范构成法律部门，不同的法律部门组成法律体系。法律条文按照特定层次结构组成规范性法律文件，而不同的规范性法律文件按照其等级形成立法体系。之所以法律部门与规范性法律文件容易被混淆，是因为有时候法律部门的简称与规范性法律文件的简称是一样的。例如，我国法律部门中有一个是"刑法部门"（以下简称"刑法"），我国也有一部规范性法律文件叫作《刑法》。但二者是不同的。具体来说，法律部门与规范性法律文件的关系有三种：①有法律部门，但没有同名的规范性法律文件。例如，我国有一个法律部门是行政法部门，但却没有一部规范性法律文件叫"中华人民共和国行政法"。②有法律部门，也有同名的规范性法律文件，但法律部门包含数个规范性法律文件中的全部规范[1]。例如，我国的宪法部门既包括《宪法》中的规范，也包括其他规范性法律文件，如《立法法》、《中华人民共和国全国人民代表大会组织法》（以下简称《全国人民代表大会组织法》）、《中华人民共和国人民法院组织法》（以下简称《人民法院组织法》）等文件中的规范。③有法律部门，也有同名的规范性法律文件，法律部门除了包括这部规范性法律文件中的规范，还包括其他规范性法律文件中的部分规范，而这个其他规范性法律文件中的其他部分（一般是大多数）规范往往属于其他法律部门。例如，我国刑法部门，除了包括《刑法》中的规范外，还包括例如《中华人民共和国行政强制法》（以下简称《行政强制法》）的"法律责任"的个别规范。如《行政强制法》第68条第2款的规定"违反本法规定，构成犯罪的，依法追究刑事责任"，就属于刑法部门。而《行政强制法》绝大部分规范都属于行政规范。

法律部门具有如下特点：

1. 法律部门的基本单位是法律规范。同一法律部门所包括的法律规范是以具有相同属性为基本归类标准的，这种相同属性又是按照法律部门的划分标准来确立的。

2. 法律部门具有相对独立性。法律部门是按照一定的标准来划分的，所以每个法律部门都有不同于其他法律部门的独特性，相对于其他法律部门也是独立的。归属于特定法律部门的法律规范不应当同时归属于另一个法律部门。但是这种独立性又是相对的，它们不仅组成了统一的法律体系，而且在法律适用的过程中，往往会涉及不同法律部门的规范。法律部门并不构成法律适用的界限。

3. 法律部门之间及内部的协调统一性。一方面，法律部门之间应当协调统一，这种协调统一往往以不同部门法的法律原则之间的协调统一为基础。例如，如果宪法部门规定了社会主义原则，在民商法部门就不得贯彻私权神圣不可侵犯的原则，而是要让财产权负担社会义务。另一方面，法律部门内部，即同属于一个法律部门的法律规范之间也应当是协调统一的。这不仅要求这些法律规范之间要尽可能避免矛盾和价值不融贯的情形，而且要求当发生冲突时要有解决冲突的准则。法律部门之间的协调统一也会反映整个法律体系的有机联系和统一，而这又往往系于法律原则的协调一致。

4. 法律部门的相对稳定性与开放性。法律部门如何划分是一国法律体系结构划分是否科学、合理与完备的重要体现。通常，法律部门的门类一经形成，得到普遍的认可，就会在一定时期保持稳定。例如，大陆法系国家传统

---

[1]　严格说来，应该是"数个规范性法律文件中的法律条文所承载的规范"。

上将法律体系划分为公法和私法，然而在这两个法律类别之下再划分不同的法律部门，如公法分为宪法部门、行政法部门、刑法部门等，私法则主要是民商法部门，这些法律部门基本在世界各国都有，而且基本不变。但这种稳定性也不是一成不变的，随着社会关系的发展变化，随着法学研究的深入发展和人们认识的改变，法律部门也具有开放性。有的法律部门会新创出来，如兼具公法和私法色彩的社会法部门；有的法律部门会从既有的法律部门中独立出来，例如，由于近代国家从"看不见的手"转变成了"看得见的手"，国家对于经济事务的管控规范越来越多，最终就从行政法部门中独立出了经济法部门；再如，随着未来科技的发展和相关规制规范的增多，科技法部门也有可能独立出来。这是因为，尽管法律部门的划分以现实的社会关系为基础，但它同样是人们主观认识的产物，因而需要考虑到现实的需要和各个部门法规范数量的大体均衡。

二、法律部门的划分标准

法律部门划分的通行标准是主辅标准说，即以法律规范的调整对象为主，而以法律规范的调整方法为辅。

1. 主要标准：调整对象。所谓法律规范的调整对象，是指法律所调整的社会关系。社会关系的性质不同，相应地，对之加以调整的法律规范的性质也当有所不同。一般而言，调整同一种性质之社会关系的法律规范就属于同类法律规范，就可以考虑归入同一个法律部门。例如，平等主体之间的人身关系和财产关系是民事社会关系，这种民事社会关系由法律来调整时就成为民事法律关系，调整民事法律关系的法律规范就构成民法部门形成的基础。但是，调整同一类社会关系的法律规范按其重要性程度的不同，也可能会分属于不同的法律部门，这里主要涉及宪法部门。例如，调整经济关系的法律规范可能属于商法部门，但一些特别重要的经济关系会被认为对于一国具有根本性，被界定为国家的基本制度之一，那就会被归入宪法部门。当然，除了经济关系外，调整其他具有根本重要性的政治关系、文化关系、宗教关系等社会关系的法律规范也会被归为宪法部门。所以，宪法部门会具有不同的调整对象。

2. 辅助标准：调整方法。所谓法律规范的调整方法，是指法律对社会关系进行调整或保护的具体方式或手段。法律的调整对象是划分法律部门的首要标准，但不是唯一的标准。社会关系是复杂的，而人类对于同一种社会关系的视角也是多样的，有时对于同一种社会关系可能会在不同的视角和侧面上采取不同的调整或保护的手段，从而归属于不同的法律部门。例如，经济关系在商法部门、经济法部门都有可能涉及。假如调整的是平等主体之间的经济交往关系，用横向调整的手段来调整主体之间的关系，那么就属于民法商法部门；假如调整的是不平等主体之间的经济管理关系（如一方是作为管理者的政府部门，另一方是被管理者，即市场活动的主体），用纵向的管理手段来调整二者之间的关系，那么就属于经济法部门。这里要注意的是：无论是平等主体之间的经济交往关系还是不平等主体之间的经济管理关系，都属于经济关系，"平等""交往"和"不平等""管理"这些表述其实已经寓意着不同的调整手段了。

在通常所见的法律部门中，大部分都是以调整对象为主、以调整方法为辅来形成的，但有一个法律部门却是以调整方法为主来形成的，那就是刑法部门。刑法部门的独特性并不在于它的调整对象，因为它所调整的社会关系并不具有独特性，其他的法律部门都有可能会调整。当然，我们通常会说，刑法应对的是犯罪活动，但是犯罪并不是一种特殊的社会关系，而是比较严重的违法活动（狭义上的违法与犯罪并没有本质的区别，而只是违法的程度不同而已，或者说对正常的社会关系的侵害程度不同而已）。刑法部门的特殊性在于它的调整方法，即刑罚。也就是说，立法者会运用刑罚来应对一些严重侵害正常社会关系的违法活动，而规定了犯罪与刑罚的法律规范就属于刑法部门。事实上，刑法部门与行政法部门中的行政处罚法、民法商法部门中的侵权法都具有承接关系。举个例子说，你当众打了别人一巴掌，他感到羞辱，这属于侵权法调整的范围；你当众打了别人一巴掌，把人打死了，这就可能属于刑法调整的范围了。再比如，小偷偷了 100 元钱，会被行政处罚，这属于行政法调整的范围；而如果偷了 10 万元钱，就会遭受刑罚，这就属于刑法调整的范围了。所以，刑法是一种"程度法"，它是以调整方法为主来形成的。

👉 第二节 法律体系

一、法律体系的概念

法律体系（legal system），又称部门法体系，是指根据一定的标准或原则将一国现行有效的全部法律规范划分为若干法律部门所形成的有机联系的整体。

法律体系具有如下特征：

1. 法律体系是由一国的法律规范所构成的体系。"一国"是法律体系的地域范围限制。也就是说，法律体系只包括一个国家为调整本国社会关系所颁布或存在的法律规范。从理论上讲，这里的一国法律规范既包括制定法规范，也包括习惯法规范。但它不包括一国参加的国际条约或遵从的国际惯例的规范，只要它们没有被转化或并入本国法律体系；也不包括外国法律规范。但要注意，这并不意味着本国法院在审理案件时不会涉及和援引国际法律规范或外国法律规范来处理纠纷。例如，中国法院在审理涉外案件时，如涉及相关条约，就有可能运用它来处理案件。再如，一个中国公民对一个日本公民在美国发生了侵权事件，日本公民在中国法院起诉了该中国公民，法院根据我国《中华人民共和国涉外民事关系法律适用法》（以下简称《涉外民事关系法律适用法》）第44条"侵权责任，适用侵权行为地法律"的规定，适用了美国相关法律规范来处理该案。所以，法律体系并不构成一国法院审理案件之裁判依据的界限。本国法院完全可能在本国法律体系外去寻找裁判依据，这属于法源的问题，而不属于法律体系要解决的问题。

2. 法律体系是由一国现行法律规范所构成的体系。法律体系只反映一个国家目前正在生效施行的法律规范，而不包括已经废止的法律规范或者尚未生效的法律规范。前者是指已无实效的法律规范，例如1979年的《刑法》对于当下中国来说就不再是本国法律体系的组成部分了；后者包括尚未公布或虽已公布但尚未生效的法律规范，例如1997年的《刑法》是1997年3月14日公布的，但规定自1997年10月1日开始施行，那么在从1997年3月15日到9月30日之间，1997年《刑法》中的法律规范就还不是中国法律体系的组成部分。如果说"一国"是法律体系的地域范围限制的话，那么"现行"就是法律体系的时间范围限制。法律体系的前两个特征，即"一国现行法"，就是法律体系的范围。

3. 法律体系是由法律部门所构成的体系。法律体系虽然是由一国现行的法律规范组成的整体，但法律规范并非直接组成法律体系。换言之，法律体系并非由一国现行的法律规范简单相加或堆砌所形成的总体。法律体系与一堆规范的区别在于：前者具有一定的内部结构。这就需要按照一定的标准对一国现行的法律规范进行分类，然后由这些类别化的"规范束"再构成整体。这就是上一节所讲的法律部门。同类法律规范组成各个法律部门，不同的法律部门形成有机的整体，即法律体系。所以，法律规范是法律部门的基本构成单位，而法律部门则是形成法律体系的中间环节。

二、当代中国的法律体系

根据九届全国人大常委会对中国法律体系的框架设计，当代中国法律体系主要划分为七个法律部门：宪法部门、民法商法部门、行政法部门、经济法部门、社会法部门、刑法部门、诉讼与非诉讼程序法部门。截至目前，这七个法律部门的框架性法律都已具备。

（一）宪法部门

宪法部门由调整一国具有根本重要性之社会关系的法律规范组成，包括规定有关国家根本制度、公民基本权利和义务、国家政权组织、国家主权与外交、民族自治和基层自治等方面的法律规范。这些法律规范可以被归为两组，一组是《宪法》这部文件中的法律规范；另一组是宪法相关法中的法律规范，包括：

1. 涉及国家机构的规范，如《中华人民共和国国务院组织法》（以下简称《国务院组织法》）、《全国人民代表大会组织法》、《中华人民共和国全国人民代表大会和地方各级人民代表大会代表法》（以下简称《全国人民代表大会和地方各级人民代表大会代表法》）、《人民法院组织法》、《中华人民共和国人民检察院组织法》（以下简称《人民检察院组织法》）等规范性文件中的规范。

2. 涉及地方自治的规范，如《中华人民共和国民族区域自治法》（以下简称《民族区域自治法》）、《中华人民共和国香港特别行政区基本法》（以下简称《香港特别行政区基本法》）、《中华人民共和国澳门特别行政区基本法》（以下简称《澳门特别行政区基本法》）等规范性文件中的规范。

3. 涉及公民政治权利与基层民主权利的规范，如《中华人民共和国全国人民代表大会和地方各级人民代表大会选举法》（以下简称《全国人民代表大会和地方各级人民代表大会选举法》）、《中华人民共和国村民委员会组织法》（以下简称《村民委员会组织法》）、《中华人民共和国城市居民委员会组织法》（以下简称《城市居民委员会组织法》）等规范性文件中的规范。

4. 涉及立法方面的规范，如《立法法》、《中华人民共和国全国人民代表大会议事规则》（以下简称《全国人民代表大会议事规则》）、《行政法规制定程序条例》等规范性文件中的规范。

5. 涉及国家主权、国家象征与外交方面的规范，如《中华人民共和国国籍法》（以下简称《国籍法》）、《中华人民共和国国徽法》（以下简称《国徽法》）、《中华人民共和国领海及毗连区法》（以下简称《领海及毗连区法》）、《中华人民共和国专属经济区和大陆架法》（以下简称《专属经济区和大陆架法》）等规范性文件中的规范。

宪法部门在整个法律体系中具有主导地位。但要注意的是，这里的"主导"指的是宪法部门法律规范在内容上的重要性要高于其他法律部门的规范，而不是指宪法部门之法律规范的效力要高于其他法律部门的法律规范。因为法律部门主要是按照调整对象来划分的，涉及的是内容；而效力的高低主要看制定主体在立法体系中地位的高低。所以，法律部门的划分与效力无关。我们只能说《宪法》这部文件中的法律规范的效力要高于其他文件中的法律规范，而不能说整个宪法部门中所有法律规范的效力要高于其他法律部门的法律规范。比如，《行政法规制定程序条例》中的法律规范属于宪法部门，但它们的效力显然要低于《行政处罚法》中的规范，后者是属于行政法部门的。因为《行政法规制定程序条例》是国务院制定的，而《行政处罚法》则是由全国人大制定的。如果将法律体系想象为一个圆形蛋糕的话，那么划分法律部门就是在切块而不是在分层，各块之间只有内容的不同，没有效力高下之分。

（二）民商法部门

民商法部门包括两个分支，即民法部门与商法部门，二者是一般法与特殊法的关系。民法是由调整平等主体之间的人身关系和财产关系的法律规范组成的，它包括：

1. 涉及平等主体之间的人身关系的规范，又包括调整人格关系（所谓"人格权法"所指的对象，如生命、健康、姓名、名称、肖像、名誉和荣誉等权利）和身份关系（主要是所谓"亲属法"所指的对象，如配偶关系、父母子女关系等自然人基于彼此身份而形成的相互关系）的法律规范。前者如《民法典》人格权编中的相关规范，后者如《民法典》婚姻家庭编和《民法典》总则编第二章第二节"监护"中的相关规范，以及涵盖二者的《民法典》侵权责任编中的相关法律规范。

2. 涉及平等主体之间的财产关系的规范，又包括调整财产支配关系（所谓"物权法"所指的对象，如所有权、用益物权、担保物权等涉及的财产支配关系）和财产流转关系（所谓"债权法"所指的对象，如财产买卖、租赁、借贷等移转关系）的法律规范。前者如《民法典》物权编中的相关规范，后者如《民法典》合同编中的相关规范，以及涵盖二者的《民法典》侵权责任编中的相关法律规范。

3. 涉及平等主体之间的基于身份关系的财产流转关系的规范，主要是指《民法典》继承编中的相关规范。

随着民法典的完成，以上这些社会关系已得到民法典的统一调整。

商法是调整平等主体之间的商事关系的法律规范的总称。作为特别法，民法的许多概念、原则和规范都适用于商法，二者的主要区别在于：商法调整的范围要比民法小，它只调整主体之间围绕商事行为展开的商事关系，这是市场经济制度建立后产生的特殊领域。商事行为的目标在于经济收益，而不在于消费。商法的法律规范主要为《中华人民共和国公司法》（以下简称《公司法》）、《中华人民共和国证券法》（以下简称《证券法》）、《中华人民共和国海商法》（以下简称《海商法》）、《中华人民共和国票据法》（以下简称《票据法》）、《中华人民共和国保险法》（以下简称《保险法》）、《中华人民共和国破产法》（以下简称《破产法》）等规范性文件之中的相关规范。

（三）行政法部门

行政法部门是由调整行政管理活动中产生的行政关系的法律规范所组成的。它包括：

1. 一般行政法，即有关行政法律关系的普遍原则和共同规则的法律规范的总称，它适用于全部或大多数行政关系领域的行政管理活动。如行政组织法、行政行为法（《行政处罚法》《中华人民共和国行政许可法》（以下简称《行政许可法》）等文件中的规范）、行政监督法、行政程序法等方面的法律规范。

2. 特殊行政法，也称"专门行政法"，是指特定国家行政机关在专门领域从事行政管理活动的特别法律规范的总称，它只适用于特定行政关系领域的行政管理活动。如《中华人民共和国海关法》（以下简称《海关法》）、《中华人民共和国药品管理法》（以下简称《药品管理法》）、《中华人民共和国食品安全法》（以下简称《食品安全法》）、《中华人民共和国警察法》（以下简称《警察法》）等文件中的法律规范。

一定要注意区分作为部门法的行政法与作为法的渊源的行政法规二者之间的区别。借用文恩图法来标识，可以发现行政法与行政法规这两个概念的外延属于部分叠合关系：

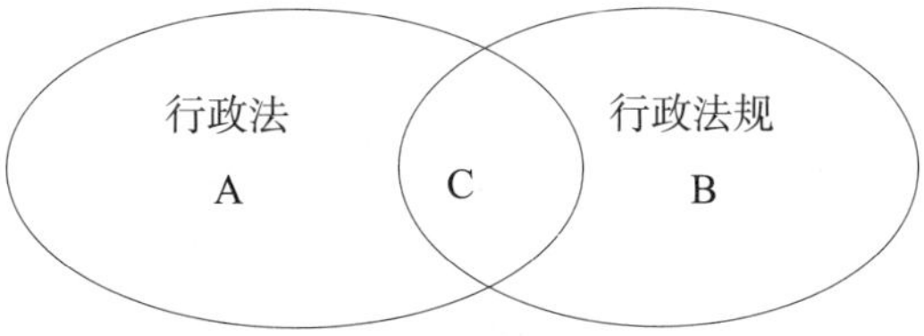

图 4-1 行政法与行政法规概念外延关系图

行政法是调整行政管理活动中产生的行政关系的法律规范的总称，而行政法规则是国务院制定的规范性法律文件的总称。首先，它们之间有可能重合，那就是，国务院制定的规范性法律文件中包含着调整行政管理活动中产生的行政关系的法律规范（区域 C）。其次，调整行政管理活动中产生的行政关系的法律规范可能包含在国务院制定的规范性法律文件之外的规范性法律文件之中，比如全国人大或全国人大常委会制定的法律，地方人大制定的地方性法规或地方政府所制定的地方政府规章，它们就不属于行政法规的范畴了（区域 A）。最后，国务院制定的规范性法律文件除了包含调整行政管理活动中产生的行政关系的法律规范外，还可能包含调整其他社会关系（如经济管理关系）的法律规范，它就不属于行政法部门（而属于例如经济法部门）了（区域 B）。

（四）经济法部门

经济法部门由调整国家对经济活动进行宏观调控过程中形成的经济管理关系的法律规范组成。经济法部门与民法商法部门（尤其是商法部门）不同，它调整的不是平等主体之间的经济贸易关系，而是经济管理关系，在管理的主体（政府相关部门）与管理的对象之间是不平等的。当然，经济管理从宽泛意义上讲也属于行政管理关系。但由于现代以来，国家作为"看得见的手"应对市场失灵的现象越来越突出，国家宏观调控方面的法律规范越来越多，因此，经济法部门有单独从行政法部门中独立出来的必要。目前，经济法部门主要包括：

1. 涉及规范市场经济秩序方面的规范，如《中华人民共和国反不正当竞争法》（以下简称《反不正当竞争法》）、《中华人民共和国反垄断法》（以下简称《反垄断法》）、《中华人民共和国拍卖法》（以下简称《拍卖法》）、《中华人民共和国招标投标法》（以下简称《招标投标法》）等规范性文件中的相关规范。

2. 涉及财政金融、税收监督管理方面的规范，如《中华人民共和国商业银行法》（以下简称《商业银行法》）、《中华人民共和国会计法》（以下简称《会计法》）、《中华人民共和国审计法》（以下简称《审计法》）、《中华人民共和国个人所得税法》（以下简称《个人所得税法》）等规范性文件中的相关规范。

3. 土地和房地产管理方面的规范，如《中华人民共和国土地管理法》（以下简称《土地管理法》）、《中华人民共和国城市房地产管理法》（以下简称《房地产管理法》）等规范性文件中的相关规范。

4. 涉及自然资源保护和合理开发利用方面的规范，如《中华人民共和国环境保护法》（以下简称《环境保护法》）、《中华人民共和国森林法》（以下简称《森林法》）、《中华人民共和国草原法》（以下简称《草原法》）、《中华人民共和国渔业法》（以下简称《渔业法》）、《中华人民共和国矿产资源法》（以下简称《矿产资源法》）、《中华人民共和国水法》（以下简称《水法》）等规范性文件中的相关规范。

5. 其他涉及宏观经济管理方面的规范，如《中华人民共和国消费者权益保护法》（以下简称《消费者权益保护法》）、《中华人民共和国产品质量法》（以下简称《产品质量法》）等规范性文件中的相关规范。

（五）社会法部门

社会法部门由调整劳动关系与社会保障关系的法律规范组成。社会法是典型的在古罗马的公法与私法的二分法之外发展出来的，兼具公私法色彩的"第三法律部门"。它主要包括：

1. 涉及劳动关系及其相关关系的规范，如《中华人民共和国劳动法》（以下简称《劳动法》）、《中华人民共和国劳动合同法》（以下简称《劳动合同法》）、《中华人民共和国工会法》（以下简称《工会法》）、《中华人民共和国矿山安全法》（以下简称《矿山安全法》）、《中华人民共和国安全生产法》（以下简称《安全生产法》）、《中华人民共和国职业病防治法》（以下简称《职业病防治法》）等规范性文件中的相关规范。

2. 涉及社会保障关系的规范，如《中华人民共和国残疾人保障法》（以下简称《残疾人保障法》）、《中华人民共和国未成年人保护法》（以下简称《未成年人保护法》）、《中华人民共和国老年人权益保障法》（以下简称《老年人权益保障法》）、《中华人民共和国妇女权益保障法》（以下简称《妇女权益保障法》）、《中华人民共和国公益事业捐赠法》（以下简称《公益事业捐赠法》）、《中华人民共和国慈善法》（以下简称《慈善法》）、《中华人民共和国红十字会法》（以下简称《红十字会法》）等规范性文件中的相关规范。

（六）刑法部门

刑法部门由规定犯罪及其法律后果的法律规范组成。与其他法律部门不同，刑法部门的主要划分标准在于其调整方法，即刑罚。刑罚是一种应对刑事犯罪行为的严厉制裁手段，轻可以剥夺财产和自由，重可以剥夺生命。而这种方法或手段在其他部门法中是不存在的，这也构成了刑法部门的特殊之处。刑法部门包括：

1. 刑法典中的法律规范，即《刑法》中的规范。

2. 单行刑法中的法律规范。所谓单行刑法，是指国家立法机关对某一类或某一事项的犯罪及其后果专门作出规定的法律。如《全国人民代表大会常务委员会关于取缔邪教组织、防范和惩治邪教活动的决定》《全国人民代表大会常务委员会关于惩治破坏金融秩序犯罪的决定》等文件中的规范。

3. 附属刑法中的法律规范。所谓附属刑法，是指在专门规定调整其他社会关系之法律规范的规范性法律文件中附带规定有关刑事责任的法律。在一些主要法律规范为民法或行政法规范的规范性法律文件中，其法律责任部分可能包含刑事法律规范（刑事责任）。如前面提及的《行政处罚法》，还有《中华人民共和国著作权法》（以下简称《著作权法》）等法律文件中关于追究刑事责任的法律规范。

（七）诉讼与非诉讼程序法部门

诉讼与非诉讼程序法部门由调整各种争议解决机制的法律规范组成。这一法律部门有两个部分：

1. 诉讼程序法，即规定国家司法机关通过诉讼来解决争议之法律规范的总称。如《中华人民共和国刑事诉讼法》（以下简称《刑事诉讼法》）、《中华人民共和国民事诉讼法》（以下简称《民事诉讼法》）、《中华人民共和国行政诉讼法》（以下简称《行政诉讼法》）等三大诉讼法中的相关规范，以及特别诉讼法，如《中华人民共和国海事诉讼特别程序法》（以下简称《海事诉讼特别程序法》）中的相关规范，各类证据规则中的相关规范等。

2. 非诉讼程序法，即规定不通过司法机关诉讼的途径来解决争议之法律规范的总称。与诉讼（即常说的"打官司"）不同，非诉讼方式既包括调解、仲裁，也包括起到预防纠纷作用的公证等。这类法律规范主要体现在《中华人民共和国仲裁法》（以下简称《仲裁法》）、《中华人民共和国劳动争议调解仲裁法》（以下简称《劳动争议调解仲裁法》）、《中华人民共和国公证法》（以下简称《公证法》）、《中华人民共和国人民调解法》（以下简称《人民调解法》）等法律文件之中。另外，《民事诉讼法》中有关调解的规范也涉及非诉讼争议解决程序。

另外，有关诉讼主体的规范性法律文件中的规范属于哪一法律部门尚有疑义。[1] 这里指的是《中华人民共和国法官法》（以下简称《法官法》）、《中华人民共和国检察官法》（以下简称《检察官法》）、《中华人民共和国律师法》（以下简称《律师法》）等文件中的规范。一方面，这些法律规范虽然与诉讼相关，却不是程序法；另一方面，《法官法》《检察官法》不同于《人民法院组织法》《人民检察院组织法》，因而也不能归于涉及国家机构规范的宪法部门。它们需要具体分析其内容，以归于相应的法律部门。例如，假如涉及对相应主体的行政管理、行政处分，则归于行政法部门；如果涉及相应主体的福利待遇、任职保障等，则归于社会法部门；如果惩戒和责任涉及刑罚，则归于刑法部门；等等。

---

〔1〕 有教科书将其与前两类规范并列为诉讼与非诉讼程序法部门的第三类规范（例如李红勃：《简明法理学》，北京大学出版社 2016 年版，第 72 页），有失妥当。

三、当代中国法律体系的融贯化

当代中国有权立法的主体、层次较多，法律体系内容庞杂。如何使得法律体系的各个部门和各个部分之间协调统一，尽可能地达成整个体系的连贯性与融贯性，是一个很大的难题。法律体系不仅仅是立法的产物，也是司法和法学活动再加工的产物。在立法者提供了法律规范的初产品之后，司法和法学要通过各种途径使得法律体系更加连贯和融贯。它至少包括建构三个方面的体系：

1. 制度体系。这里指的不是直接为人们的行为提供指引的"一阶制度"，而是使得一阶制度更加协调一致的"二阶制度"。对于当下的中国而言，这些二阶制度至少包括如下三类：

（1）规范性司法解释制度。颁布规范性司法解释已成为我国司法机关尤其是最高人民法院的一项重要活动。规范性司法解释制度可以通过对制定法规范的解释与具体化进行统一，减少冲突与分歧。[1]

（2）案例指导制度。我国最高人民法院在 2010 年 11 月通过了建立案例指导制度的规定，并成立了相应的工作机构。案例指导制度尽管不同于英美国家的判例制度，但在现实司法政治体制之下，通过最高司法机关来颁布的指导性案例依然具有重要的融贯性功能。下级法院为了避免法律和政治上的风险，一般情况下会依据最高司法机关颁布之案例的理由来裁决类似的案例，从而使这些理由（它们是对法律规范的具体化）起到准据的作用。这一方面维系了不同下级法院间的判决的一致性，另一方面也使得法院的前后判决之间保持了一致。

（3）合宪性审查制度。建立完善的合宪性审查制度，对于确保法律体系的各个组成部分保持连贯和体系融贯具有重要意义。我国现在已将作为全国人大专门委员会之一的"法律委员会"改为"宪法与法律委员会"，让其除了发挥合法性审查的功能外，更要发挥合宪性审查的功能。接下去要做的是完善合宪性审查的机制与流程，以便让这一制度在法律体系的融贯化过程中发挥更为实质性的作用。

2. 背景体系。要使得法律体系融贯化，不仅要有二阶制度体系，而且要有制度背后一以贯之的政治—道德理念体系。目前中国法律体系背后的理念至少具有这样三种来源：一是西方的政治—道德理念元素，主要体现为西方的自由主义理念与法治话语；二是中国传统的政治—道德理念元素，尤其是儒家伦理，这样的一些理念元素体现在当代中国法律体系的某些具有本土特色的部分（婚姻家庭法等）；三是马克思主义的政治—道德理念元素。如果说西方的政治—道德理念元素以"现代性"为表征，中国传统的政治—道德理念元素以"正统性"为标志，而马克思主义的政治—道德理念元素以"正确

---

〔1〕 如 2009 年颁布的《人民法院量刑指导意见（试行）》。

性"为符号的话，那么如何建构出一个兼具现代性、正统性与正确性的背景体系，就是法律体系能够实现理念融贯性的条件。如果没有形成这个相对稳定的背景体系，那么无论建立多么完善的法律制度，都无法从深层上解决当代中国法律体系的融贯性问题。

3. 方法体系。一方面，司法和法学要通过法学方法对法律体系的规范进行再加工，使之不断地具体化、精致化。这套方法包括法律解释的方法、法律续造的方法（类比推理、原则的具体化、目的论限缩、法律拟制等）。另一方面，这些方法之间还需构成一定的优先次序关系，即成为一个体系。每种方法都预设着特定的价值，因而方法体系与背景体系其实是相通的。

一个融贯的法律体系是由融贯的制度体系、背景体系和方法体系共同组合而成的。中国目前所要做的，正是从这样三个方面努力建构出一个融贯的当代中国法律体系。

🎯 本章知识梗概

1. 法律部门，是指根据一定的标准对一国现行的全部法律规范进行划分所形成的同类法律规范的总称。法律部门不同于规范性法律文件。

2. 法律部门的基本单位是法律规范，法律部门具有相对独立性、协调统一性、相对稳定性与开放性。

3. 法律部门划分的通行标准是主辅标准说，即以法律规范的调整对象为主，以法律规范的调整方法为辅。只有刑法部门例外。

4. 法律体系，是指根据一定的标准或原则将一国现行有效的全部法律规范划分为若干法律部门所形成的有机联系的整体。它是由一国现行的法律规范所构成的体系，以法律部门为中介。

5. 当代中国法律体系主要划分为七个法律部门：宪法部门、民法商法部门、行政法部门、经济法部门、社会法部门、刑法部门、诉讼与非诉讼程序法部门。

6. 当代中国法律体系的融贯化要从制度体系、背景体系和方法体系三个方面努力。

🎯 相关参考文献

1. 南振华："法律部门划分标准探源"，载《政法学刊》1986 年第 2 期。

2. 朱景文："中国特色社会主义法律体系：结构、特色和趋势"，载《中国社会科学》2011 年第 3 期。

3. 吴玉章："论法律体系"，载《中外法学》2017 年第 5 期。

4. 雷磊："融贯性与法律体系的建构——兼论当代中国法律体系的融贯化"，载《法学家》2012 年第 2 期。

第四章 拓展阅读

第五章

法律秩序

✉导 语

我们不仅可以从调整不同社会关系之规范内容的角度来理解作为规范整体的法律，也可以从由不同主体创造之规范效力的角度来理解作为规范整体的法律。前者被称为"法律体系"，而后者被称为"法律秩序"。打个比方，如果将作为规范整体的法律视为一个蛋糕，那么法律体系是在将这个蛋糕切块（就像过生日时通常所做的那样），而法律秩序则是在将这个蛋糕切层。本章处理了法律秩序的概念及其与道德秩序的差别（第一节），以及法律秩序的结构（第二节）。

👉 第一节 法律秩序概述

一、法律秩序的概念

法律秩序（legal order），是指根据一定的标准或原则将一国现行有效的全部法律规范划分为不同层级所形成的统一体。法律秩序与法律体系的基本组成单位都是法律规范。所不同者，法律体系是将一国现行有效的全部法律规范划归为不同的法律部门后形成的有机联系的整体，划归的依据主要是调整对象，属于内容的范畴。而法律秩序是将一国现行有效的全部法律规范划分为不同层级所形成的统一体，依据的是不同法律规范之间有效性的高低，依序形成的上下层级关系。法律体系理论的目标在于依据调整对象的不同划分其内部不同的适用领域（法律部门）及其协调，而法律秩序理论的目标在于依据有效性或层级关系来确定归属于同一个秩序之法律规范有哪些，以及其冲突时的适用顺序。这就是法律秩序的统一性问题。

二、法律秩序的动态性

理想的规范秩序可以被设想为一个金字塔式的结构，位于金字塔顶端的是一个最高的规范，可以被称为"基础规范"。可以从同一个基础规范中追溯其有效性的所有规范，就组成一个秩序。根据基础规范的性质，可以区分出两种不同类型的秩序。[1]

1. 静态秩序。在这种秩序内，规范之所以有效，是因为这些规范的内容。基础规范与下位规范、下位规范与再下位规范之间就是一般规范与特殊规范之间的关系，或者说，后者是对前者内容的具体化。基础规范的拘束力是被预设的，而下位规范与再下位规范的有效性则来自于对它内容的推导。例如，从"你应该爱你的邻人"（作为"十诫"之一的基础规范，它的有效性不证自明）可以推断出"你决不可伤害你的邻人""在患难时你应该帮助他"，从后者又可以推断出"你不能未经允许拿走他的东西""在他突发疾病时你应该送他去医院"等。后面的规范在内容上为前者所包含，同时它们的拘束力也来自于这种推导。从而这一秩序中所有规范在内容上都为同一个基础规范所包含。道德秩序就是典型的静态秩序。

2. 动态秩序。在这种秩序内，规范之所以有效，不是因为这些规范的内容，而是因为权威的授权。基础规范仅仅建立一定的权威，这个权威可以依次把创造规范的权力授予某些其他权威。一个动态秩序中的众多规范，只能由那些曾由某个更高规范授权创造规范的那些个人通过意志行为创造出来。授权是一种委托。创造规范的权力从一个权威被委托给另一个权威，前者是较高的权威，后者是较低的权威。基础规范是用来创造这一秩序的众多规范的基本依据。如果一个规范最终可以追溯到是由基础规范决定的方式所创造出来的，那么该规范就成为这个动态秩序的一部分。例如，当一个孩子问他为什么不可撒谎时，可能回答是：他的父亲禁止他撒谎。而如果他进一步追问为什么他必须服从于他的父亲时，回答可能是：是上帝命令他服从他的父亲。因此，从"服从上帝"到"服从父亲"再到"不可撒谎"，这一规范链条并不是以内容推导的方式连接在一起的，而是依次的授权或委托：上帝授权父亲为儿子制定规范，而父亲为儿子制定了"不可撒谎"的规范。法律秩序就接近于这种动态秩序。

法律规范的有效性来自于它根据特定的依据、最终根据基础规范被创造出来。法律秩序的基础规范就是这样一个被假设的最终依据，根据该依据，这一秩序的规范才被创造和被废除，才取得并丧失其有效性。例如，"凡制造或出售作为饮料的酒精者应受惩罚"这一陈述，如果属于一定的法律秩序就是有效的法律规范。如果这一规范在一个最终由这一法律秩序的基础规范所决定的一定方式下被创造出来，并不曾在最终由同一基础规范所决定的一定方式下被废除，那么它就属于一定的法律秩序。法律是为人的行为所创造和废除的，法律秩序的基础规范把某一事件当作各种法律规范的创造中的最初事件，它是一个规范创造过程中的出发点，具有一种动态的性质。法律秩序的特殊规范不能从这个基础规范中逻辑地推断出来，这些特殊规范是由特殊

---

[1]　以下参见［奥］凯尔森：《法与国家的一般理论》，沈宗灵译，商务印书馆 2013 年版，第 175～177 页。

的意志行为（如立法或普遍的社会实践）创造出来的，而不是通过一种智力作用从一个前提中得出结论的。所以，法律秩序的有效性链条就呈现出这种样态：关于为什么某个行为（如将某个人关入监狱从而剥夺了他的自由）是法律行为的问题，回答是：因为这一行为曾由司法判决所规定；关于为什么这个司法判决有效的问题，回答是：因为它是根据某个刑法规范所创立的；最后，关于为什么这个刑法规范有效的问题，回答是：因为它是由主管机关按照宪法所规定的方式制定的。在通常情况下，在实在法秩序内，宪法规范就扮演着基础规范的角色。[1]

第二节 法律秩序的结构

一、上位规范与下位规范

在法律秩序中，一个法律规范不仅决定着创造另一个法律规范的方式，而且在某种范围内还决定着后者的内容。由于法律规范之所以有效，是因为它是按照另一个法律规范决定的方式被创造的，因此，后一个规范就成了前一个规范的效力的理由。调整另一个规范的创造的那个规范与另一个规范之间的关系，就可以空间比喻的方式表现为上下位关系。决定另一个规范的创造的那个规范是上位规范，根据这种调整被创造出来的规范是下位规范。法律秩序不是一个相互对等的、如同在同一平面上并立的众多规范的体系，而是一个不同层级的众多规范的等级体系。这些规范以这样的方式被统一起来：一个规范（下位规范）的创造为另一个规范（上位规范）所决定，后者的创造又为一个更上位的规范所决定，而这一回溯以一个最高的规范即基础规范为重点。在实在法秩序的框架内，宪法规范作为整个法律秩序的最高理由构成这一法律秩序的统一体。

二、法律秩序的不同层级

一国的法律秩序大体可以被分为宪法规范、制定法或习惯法规范、行政立法规范、判例法规范等层级。

（一）宪法规范

宪法是一国实在法律秩序中的最高一级。这里的宪法是在实质意义而非形式意义上来理解的。形式意义上的宪法是一个文件，如《宪法》，是这样一批法律规范，它们只有在遵守特殊规定时才能被变更，而这种规定的目的在于使得这些规范的变更更加困难。而实质意义上的宪法则由调整一般法律规范的创造（尤其是创造立法规范）的那些规范组成。形式宪法除了实质宪法

---

〔1〕 当然，宪法规范本身也有有效性来源的问题，对这一问题不再追究（可参见〔奥〕凯尔森：《法与国家的一般理论》，沈宗灵译，商务印书馆2013年版，第181页以下）。

的规范，也包括其他规范。但宪法这部庄严文件之所以被制定，之所以要使这一文件的变更变得更加困难，都旨在保障决定立法的机关和程序的那些规范。形式意义上的宪法并不是必不可少的（想一想英国的"宪法"），但实质意义上的宪法，即调整一般规范的创造的那些规范，以及在现代法律中决定立法的机关和程序的那些规范，是每个法律秩序都必不可少的。实质意义上的宪法可能采取成文法或不成文法的形式，可能具有制定法或习惯法的性质。

实质宪法除了决定立法的机关和程序外，还可以在某种程度上决定未来法律的内容。宪法可以消极地决定法律不得规定某些内容。例如，议会不能通过任何限制信仰自由的法律。宪法也可以积极地规定法律的一定内容。例如，我国《宪法》第130条规定："人民法院审理案件，除法律规定的特别情况外，一律公开进行。被告人有权获得辩护。"这一规定就决定了关于诉讼法程序的内容。

（二）制定法或习惯法规范

在宪法基础上制定的一般规范，可以是制定法规范，也可以是习惯法规范。这些一般规范将由主管机关（法院或行政机关）所适用。适用法律机关要根据法律秩序加以设立，它同样必须决定这些机关在适用法律时所应遵循的程序。所以，制定法或习惯法规范具有双重功能：①决定适用法律的机关以及将由这些机关所遵守的程序；②决定这些机关的司法和行政行为。与这两种功能相适应的是两类法律，即实体法与程序法。程序法是形式规范，它们决定法律适用机关的创造以及它们所必须遵循的程序；实体法是实质规范，它们决定着这一机关的司法与行政行为的内容。这两类规范不可分割，它们只有在有机结合中才组成法律。

由立法或习惯所创造的一般规范和这些规范通过法院和行政机关的适用之间的关系，与宪法和这些一般规范通过立法和习惯的创造之间的关系，实质上是一样的。无论是一般规范的司法和行政的适用，还是一般规范的制定法或习惯法创造，无论在程序还是内容上，都是由更高一级的规范决定的。但程序决定和内容决定在不同层级的比例关系是不同的。（实质）宪法决定的主要是这些一般规范将由哪些机关、通过何种程序加以创造，它通常将这些规范的内容留待立法机关或社会群体去决定（因而本身未作决定），或者只是以一种消极的方式来决定它们的内容，只有在少数情形中才积极地规定它们的内容。但根据宪法由立法或习惯创造的一般规范，尤其是制定法规范，却不仅决定着司法或行政的机关以及司法或行政的程序，还决定着司法或行政行为的内容，也就是司法判决或行政决定的内容。换言之，司法判决或行政决定的内容在很大程度上是由一般规范预先规定的。当然，实质决定的程序视具体规范的不同会有所不同。例如，法院受民事和刑事实体规范的拘束，比行政机关受行政法律规范的拘束往往更为严格。总之，宪法在实质上对在它的基础上所创造的一般规范的决定，在程度上远不及这些规范在实质上对司法或行政行为的决定。

（三）行政立法规范

一般规范的创造往往分为两个或更多的层级。有的宪法给予某些行政机关（如国家元首、特定层次的行政机构及其主管部门）制定更为具体之一般规范的权力。这些一般规范并不是立法机关颁布的，而是由行政机关在立法机关所颁布的一般规范的基础上颁布的。它们一般被称为条例或法规命令。[1]

行政立法规范究竟属于法律秩序中的哪个层级，要看具体的授权关系。这包括两种情形：①如果是制定法的一般规范授权行政机关制定一般规范，那么这些行政立法规范就属于宪法规范与制定法规范之下的第三层级；②如果是宪法规范直接授权某些行政机关（如国务院）制定某些一般规范，那么这些行政立法规范就属于宪法规范之下的第二层级，与制定法规范并立，此时，制定法与条例或法规命令的不同只在于制定主体不同，除非（实质）宪法本身作了不同规定。

当然，制定法规范或行政立法规范本身也可以分为不同的层级。因为在某个法律秩序中，有权创设一般规范的立法机关或行政机关本身也是多元的，上位的法律规范可能授权某个立法机关或行政机关去制定其他一般规范，此时，后者相对于前者就是下位的法律规范。

（四）判例法规范

司法判决不仅是适用一般规范的行为，它本身也可能会创造一般规范。判决可能不仅对当下案件，而且对于法院所必须判决的其他类似案件都具有拘束力。如果是后者，司法判决就具有了先例的性质。法院在一个具体案件中的判决通过由这一判决所创造的个别规范的一般化，才取得对所有未来类似案件判决都有拘束力的那种先例的性质。在有着"遵循先例"传统的英美国家，司法判决创造一般规范的功能展现得最为明显。这一一般规范可能由创造该判例的法院本身加以系统地陈述，也可能留待受该先例拘束的法院在有关案件发生时再从这一先例中引申出一般规范。当司法判决具有先例的性质时，法院创造法律的功能就尤其明显。在这种法律制度中，法院的功能与立法机关的功能是一样的。

同样，判例法创造的一般规范在法律秩序中所处的层级也要看授权关系。如果它所创造的一般规范建立在（适用）制定法或习惯法规范的基础上，那么它就属于宪法规范与制定法或习惯法规范之下的第三层级。如果它所创造的一般规范建立在（适用）行政立法规范的基础上，而行政立法规范本身又是建立在制定法规范的基础上的，那么它就属于宪法规范、制定法规范和行政立法规范之下的第四层级。当然，如前所述，制定法规范或行政立法规范本身也可以分为不同的层级，所以，判例法规范的层级也要具体看它究竟是

---

[1] 在我国包括了行政法规、规章等层次。

建立在哪一层级的一般规范之上。

本章知识梗概

1. 法律秩序，是指根据一定的标准或原则将一国现行有效的全部法律规范划分为不同层级所形成的统一体。法律秩序不同于法律体系。

2. 规范秩序可分为静态体系与动态体系，法律秩序接近于动态体系。

3. 在法律秩序中，一个法律规范不仅决定着创造另一个法律规范的方式，而且在某种范围内还决定着后者的内容。前者是上位规范，而后者是下位规范。

4. 一国法律秩序大体可以被分为宪法规范、制定法或习惯法规范、行政立法规范、判例法规范等层级。法律规范所处的具体层级要看具体的授权或委托关系。

相关参考文献

1. 李桂林："凯尔森的法律制度结构分析理论"，载《法学》1998 年第 3 期。

2. 张书友："动静之间——凯尔森论法律的结构"，载《东方法学》2012 年第 3 期。

3. 冯威："法律体系如何可能？——从公理学、价值秩序到原则模式"，载《苏州大学学报（法学版）》2014 年第 1 期。

4. 雷磊："适于法治的法律体系模式"，载《法学研究》2015 年第 5 期。

第五章 拓展阅读

第六章

法的效力

✉导　语

　　法律是由有效的规范组成的整体，无效的规范不得被视为法律体系或法律秩序的组成部分。法律为什么有效？法律又在多大范围内有效？前一个问题涉及不同的效力概念及其理论争议（第一节），而后一个问题则涉及法律在什么时间、什么地方、对哪些人有效（第二、三、四节）。在这些问题上，依据不同的方式或原则，法律效力呈现出不同的复杂面向。本章就来阐述这些问题。

☞ 第一节　概　述

一、法的效力的意义

　　法的效力问题是法理学中的一个重要问题。当我们去追问某个行为（如合同行为）是否具备法律上的效力时，通常可以将它转变为这个行为是否合乎法律规定（合法）的问题。但这里的前提在于：首先，法律本身得是有效的。只有有效的法律规范才是判断法律上的行为或其他状态是否有效（合法）的依据。具体来说，"法的效力"具有两个层面的意义：

　　1. 在抽象的层面上，即法概念的层面上，法的效力涉及"法是什么"这一根本问题。从理论上讲，我们在使用法概念来指称某种对象时，既可以是包含效力的，也可以是不包含效力的。前者被称为"包含效力的法概念"，后者被称为"不包含效力的法概念"。[1] 在有的场合，我们会使用不包含效力的法概念，比如，当我们在法制史研究中用法概念来指涉唐代、明代的制度时，就不包含这是"有效"的法这样的诉求，因为它的对象是已经成为历史现象的法了。但在大部分场合，尤其是在法律实践的场合，我们使用的大多为包含效力的法概念，也就是说，当我们主张"这是法"时，已经隐含着我

----

〔1〕　参见［德］罗伯·阿列西：《法概念与法效力》，王鹏翔译，五南图书出版股份有限公司2013年版，第40页。

们应当将它作为行为依据、法官应当将它作为裁判依据这层意思了。并且这通常是不需要明言的。设想当一位律师在法庭上试图说服法官适用于本案的"法律依据"是规范×，最后却承认×是个无效的规范。这不仅是荒谬的，而且会被认为由于不当地使用了"法律（依据）"的概念而使得整个论证归于无用功。所以，"法是什么"的问题通常等同于"什么是有效的法"的问题，也就是如何在众多的规范中鉴别出法律规范的问题。

2. 在具体层面上，即法律适用的层面上，法的效力构成了进行法律论证的初始条件。有效的法律论证必须从恰当的法律规范与被证明的案件事实出发，而恰当之法律规范的前提首先就在于它必须是有效的法律规范。假如法官从一个无效的法律规范（如它属于上述明代法律体系的一员）出发来解决当下的案件，那么这种论证及其结论一定是不成立的。同样，如果我们以这样一个无效的法律规范作为自己行为的依据，也谈不上是守法行为。可见，法的效力的认定构成了回答"规范如何被正确运用"或"哪些规范是可适用和遵守的依据"这一实践问题的第一步。所以，法的效力贯穿了抽象与具体、理论与实践的层面。

二、法的效力的概念

笼统地说，所谓法的效力（legal validity），是指法律对法律主体的约束力或拘束力。但这种约束力或拘束力指的不是事实上的约束力或拘束力，而是规范上的约束力或拘束力。也就是说，指的不是"某个法律或法律规范实际上有没有对人们的行为造成拘束"，而是指"某个法律或法律规范是否应当对人们的行为进行拘束"。法律应当拘束的主体包括两类：一类是普通的公民（行动者），另一类是特殊的、负有责任对行动者的行为是否合法作出判断的主体，即裁判者（法官）。对于普通公民来说，法的效力指的是某个法律或法律规范应当被他们所"遵守"（compliance）；对于法官来说，法的效力指的是某个法律或法律规范应当被他们所"适用"（application）。所以，某个法律或法律规范有效，就意味着它应当被遵守与适用。[1] 换言之，这就意味着人们有义务将它作为行为的标准与裁判的依据。

在此意义上，我们要将法的效力与法的实效（legal efficacy）区分开来。法的实效指的是法对于人们的生活发生了预定的影响与作用，也就是某个法律或法律规范实际上被遵守与适用，或者说，人们实际上将它作为了自己行为的标准与裁判的依据。所以，法的效力与法的实效的区分，就是"应当"与"是"的区分。一个法律规范有效，并不意味着它有实效；反过来，我们也不能因为一个法律规范没有实效，就否认它的效力。例如，"红灯停、绿灯行"是我国交通管理法规中的一个有效的法律规范，但是在现实生活中，闯

---

[1] Jan Sieckmann, Rechtssystem und praktische Vernunft: Zur Struktur einer normativen Theorie des Rechts, *ARSP* 78 (1992), S. 146.

红灯的现象时有发生，这意味着这个规范的实效上存在缺陷。但我们不能因为很多人、甚至大部分人都没有遵守这条规范，就否认它对自己的应当拘束力。例如，当交警要对我们闯红灯的行为加以阻止和处罚时，我们就不能以"别人都在闯红灯，所以你也不能阻止和处罚我"作为理由。同样的道理，对于一个长期以来、甚至从未在法庭上被适用过的法律规范（假如它符合法律效力的判断标准），法官当然可以、也应当在合适的案件中予以适用。所以，法的效力是一个规范性概念，而不是一个经验性的概念。

三、法的效力的问题结构

法的效力问题在逻辑上包括两个层面，即法的效力标准与法的效力范围。第一个层面的问题是：法律为什么有效？这一问题问的是某个法律或法律规范有效的标准是什么。这里涉及三个不同的效力概念，即法学的效力概念、社会学的效力概念与伦理学的效力概念。

1. 法学的效力概念。法学的效力概念认为，当一条规范是由有权机关以按照规定的方式所制定并且不抵触上位阶的法律时，简单地说，也就是由权威所制定时，这条规范就是法律上有效的。[1] 可见，法学的效力概念其实指的是一条规范从属于某个法律体系的成员资格问题，它也可被称为"法的有效性"问题。[2] 换个角度看，它指的是某个规范的拘束力必须来自某个上位阶规范，或者说得到后者的授权。因为所谓"有权机关"和"按照规定的方式"（权威），不外乎是由法律体系中处于上位阶的规范本身规定。例如，当我们问《民法典》中的某个规范为什么有效时，回答可以是：因为它是由全国人大常委会按照法定程序制定的，而全国人大常委会之所以能够这么做，是得到了《立法法》第 7 条的授权。换句话说，《民法典》中规范的效力来自于《立法法》第 7 条所表述之规范。但《立法法》第 7 条所表述之规范的效力又来自哪里？我们或许可以追溯到宪法中的某个条款。但是宪法条款的效力又来自于哪里？这里我们就遭遇到了法学的效力概念的局限性。[3]

2. 社会学的效力概念。社会学的效力概念的对象是社会的效力，也就是实效。简单地说，一条规范如果被遵守或者不遵守时会被制裁，那么它就具

---

〔1〕 参见［德］罗伯·阿列西：《法概念与法效力》，王鹏翔译，五南图书出版股份有限公司 2013 年版，第 130 页。

〔2〕 参见［德］诺伯特·霍斯特：《法是什么》，雷磊译，中国政法大学出版社 2017 年版，第 117 页。这其实就是上一章讲的内容。

〔3〕 终止这种无穷回溯的方式不外乎以某种方式截断它。这里大体有三种可能：一种像凯尔森（Kelsen）那样预设一个基础规范作为超验逻辑预设，第二种是像哈特（Hart）那样回溯到作为社会事实的承认规则，第三种则是像自然法学者那样回溯到某种或某些不证自明的基本价值。其中后两种方式其实已经涉及社会学的效力概念和伦理学的效力概念了。但对于像本书这样的一本入门书来说，这种讨论太过艰深，因而就此打住。

有社会的效力。[1] 前面已然说过,一条法律规范的效力与它的实效本身并无关系。但这并不妨碍一条法律规范的效力与这条法律规范所属的法律体系(从而这条法律规范具有法律上的效力)的实效有关。质言之,假如一个法律体系已大体丧失其实效,那么从属于它的所有法律规范也将丧失其效力。法的实效是法律实际上被遵守和适用,判断某个法律体系是否丧失实效,也看它是否大体上被人们所遵守、被法官所适用。但这一标准存在诸多模糊之处:

(1)什么是遵守?按照从弱到强的程度,我们可以将行为人与法律规范之间的关系分为三种:第一种是"遵照"(conformity):假如我完成了规范的要求,那就意味着我遵照了给我规定义务的规范。遵照只需行为人的外在行为与规范相符即可,至于这种相符是因为我出于服从规范的动机还是别的动机,甚至无论我是否知晓这条规范是否存在或是否适用于我,都在所不问。第二种是"遵从"(compliance):我遵从一条规范,是因为我出于服从规范(或避免规范所带来的制裁)的动机,或至少在某种程度上,我知晓这条规范。这种认知在我遵从这一规范的过程中起着某种动机作用。第三种是"接受"(acceptance):我接受一条规范,履行它赋予我的义务,是因为我在某种程度上承认这条规范。这种承认起着我遵守这条规范的动机作用,这意味着我不把这条规范看作外部强加给我的行为约束。我认为它具有某种合理性或合法性,如果不遵守就应该受到批评或谴责。[2] 那么,社会学效力概念中的"遵守"指的是哪一种?

(2)"遵守"与"适用"之间的比重如何?实效涉及两类主体,即一般公民与法官。对于同一条规范,一般公民对它的遵守概率与法官适用的概率可能是不一致的。例如,某个规范在它规定的条件被满足时有80%的概率被遵守,在不被遵守的情形中有95%的概率被制裁,它的实效程度就很高。相反,如果在它规定的条件被满足时只有5%的概率被遵守,在不被遵守的情形中只有3%的概率被制裁,它的实效程度就很低。但这两种只属于极端情形。假如一条规范有85%的概率被遵守,但在不被遵守的情形中只有1%的概率被制裁,另一条规范只有20%的概率被遵守,但在不被遵守的情形中却有98%的概率被制裁,哪个的实效程度高?

(3)法律体系的实效程度如何作量化判断?属于这一体系的百分之多少的法律规范或特定的法律规范(如宪法规范)丧失实效,才能说这个体系大体上已失去实效?这些都需要作法社会学的研究。这里唯一可以确定的是:其一,社会的效力是个程度问题;其二,依据"遵守"和"适用"(不被遵守时的制裁)这两个条件可以来认识社会的效力。

---

[1] 参见〔德〕罗伯·阿列西:《法概念与法效力》,王鹏翔译,五南图书出版股份有限公司2013年版,第127页。

[2] 参见〔加〕L.W.萨姆纳:《权利的道德基础》,李茂森译,中国人民大学出版社2011年版,第58~59页。引用时表述有所转换。

3. 伦理学的效力概念。伦理学的效力概念的对象是道德的效力。一条规范如果是道德上的正当的，它就是道德上有效的。这种道德上的正当性可以来自于对超实在法的某种规范体系的预设，如自然法体系。这种自然法体系的效力可以来自于自然本身，来自于上帝，来自于人的本性等，拥有一些不证自明的基本善。法律规范也因为与这些基本善相一致而获得其道德上的效力。道德上的正当性也可以来自于经验文化上的反思，如人权，从而使得不保护最基本人权的法律体系丧失其效力。道德上的正当性还可以来自于某些理性的预设（如康德、黑格尔的理性法），从而使得法律体系成为理性道德体系的一部分。

法学史上经久不衰的两大学派，即法律实证主义与非实证主义之争，从法的效力标准的角度看，其实就是围绕上述第三种效力概念展开的争议。质言之，法律实证主义与非实证主义都不否认，规范的权威制定及其从属于一个大体有实效的法律秩序是这一规范是否具有法的效力的标准。但对于法律实证主义而言，这两个标准构成了判断法的效力的充分必要条件，也就是说，有它们就足矣，不需要再有其他标准。而对于非实证主义而言，这两个标准只是构成了判断法的效力的必要而非充分条件，也就是说，对于判断法的效力而言，没有它们不行，但有它们却是不够的，还必须加上第三个条件，那就是要看它的内容是否符合最低限度的道德要求，或者说有没有逾越"极端不道德"的门槛。联系到上面所讲的法的效力在法概念层面上的意义，就不难理解，为什么说法律实证主义与非实证主义之间的争论是法概念的争议，即围绕"法与道德在概念上是否存在必然联系"这一问题的争论了。

法的效力问题的第二个层面是：法律在多大的范围内有效？当某个法律或法律规范的效力（因符合特定的效力标准）被确定之后，接着要解决的问题就是：这个法律或法律规范在多大的范围内发挥其拘束力的问题。这里的"效力范围"包括时间效力范围、空间效力范围和对人效力范围。具体来说：

1. 法的时间效力范围，即法在多大的时间段内能够拘束人们的行为。没有万世不移、亘古永存的法律，它总有一个产生拘束力和丧失拘束力的问题。只有在有效时间段内，法律才能压缩人们的行动空间，影响人们的行为方式。所以，明确法的时间效力范围能告诉人们应当遵守和适用哪些法律或法律规范。

2. 法的空间效力范围，即法在多大的地域范围内能够拘束人们的行为。没有无处不在、效力无限的法律，它总是只能对一定地域范围内的人们发生拘束力。虽然在有效的时间段内，却超出了特定的地域范围，人们同样没有遵守和适用它的义务。

3. 法的对人效力范围，即法律能够拘束的主体有哪些。没有能够拘束一切人的法律，它总是只能对以特定的方式确定其范围的主体发生拘束力。确定主体范围的标准可以是国籍、地域等，也可以是特定的主体资格条件（如军人、国家工作人员）。即便在某个法律的有效的时间段和有效的地域范围内，只要不是合乎资格的法定主体，也没有受其拘束的义务。

所以，法的效力范围是为了明确法律拘束力的时、空、人三维，进而将法律对于人们行为的影响力限定在一定的限度之内。以下的三节就将围绕法的时间效力、空间效力和对人效力来展开。

☞ 第二节 时间效力

法的时间效力包括两个方面的问题。一个是一般问题，即两个时刻点的确定：法何时开始生效，何时失效。另一个是特殊问题，即溯及力的问题：法是否适用于其生效前的事件或行为。

一、法的生效方式

总的来说，法的生效方式包括如下五种，其中前两种为常规生效方式，后三种为比较少见的生效方式。

1. 法律自公布之日起生效。也就是说，哪天公布，哪天生效。法律的公布是立法程序的最后一环，是法律生效（从立法的程序而言，即从法律草案变成法律）的标志，法律未经公布不得生效。现代社会之所以要将公布作为法律生效的主要方式，原因在于：

（1）任何人不得以不知法为由对抗法律的实施。法律的实施要求一视同仁，也就是避免系于法律主体对于法律的具体了解之上，否则将会导致越不了解法律的人越是会获得摆脱法律拘束的机会。所以，例如当你杀了人时，就不得以"我不知道杀人是犯罪"或"我不知道杀人将会被判处死刑"为由来对抗刑法的实施。但是，这一要求成立的前提，必须是公民有知晓法律的机会，否则，如果在一般意义上任何公民都没有了解特定法律的可能，当然可以否认这样的法律的效力。而法律被法定机关公布就是提供了这样的机会与可能。

（2）法的可预测性。前面已述及，法的预测作用是重要的规范作用之一，法对于预期的保护是社会秩序形成的基石。而要使得社会秩序得以形成，使得法的预期稳定化，就必须让公民事前就知晓法律的内容，以便以此为据安排自己的生活。公布也就成为形成这种预期的前提。与法的可预测性相对的是"事后法"，也就是在公民的行为实施完毕之后再出示行为的（禁止性）依据对其加以处罚。禁止事后法成为现代法治的基本要求之一。

2. 法律本身规定具体的生效时间。也就是说，法律在公布时并不即刻生效，而是自己规定了某个公布后一段时间的时刻点，在该时刻点才生效。例如，《刑法》于1997年3月14日由中华人民共和国主席公布，但生效的日期则是1997年10月1日。比较重要的法律往会采取这种生效方式，因为它面临新旧法律衔接的问题或者对新公布之法律的熟悉问题，因而需要给予司法机关一定的准备时间。例如，《德国民法典》是1896年公布的，生效时间却是

1900 年。之所以中间要隔长达 4 年的时间，一方面是因为民法典是全面调整社会民事活动的基本法律，十分重要，另一方面则是因为《德国民法典》的起草者主要是概念法学的学者，这部法典体系恢宏、条款复杂、用语专业化，实在不是短时间就能让司法实务人士掌握的，所以立法者采取了特别谨慎的态度。

所以，法律的生效方式原则上是在公布时或公布后生效，绝对不可能在公布前生效。也就是说，法的效力的发挥在时间维度上总是向后延展的。除了上述两种生效方式外，在历史上也曾存在过其他生效方式，只是现在已不多见。

3. 参照其他法律确定本法律的生效时间。这通常适用于具有"母法"与"子法"关系的两部法律之间。由于某些法律是依据其他法律来制定的，其目的在于辅助后者的适用，因此，这些法律（子法）要比照后者（母法）来确定自己的生效时间。例如，国务院曾于 1993 年 11 月 26 日通过《中华人民共和国企业所得税暂行条例》（已失效）并予发布，规定自 1994 年 1 月 1 日施行。1993 年 12 月 13 日，国务院又通过了《中华人民共和国企业所得税暂行条例实施细则》（已失效）并予公布，其中第 60 条规定："本细则自《中华人民共和国企业所得税暂行条例》施行之日起施行。……"采取这种生效方式的条件，除了两部相关的规范性法律文件之间具有"母子关系"外，还有两个：其一，母法采取的是公布但不生效、隔一段时间后生效的方式；其二，子法恰在这个时间段内公布。母法不生效，子法自然不得生效，所以子法必须要等到母法生效的时刻点才能生效。

4. 自法律试行之日起生效。在我国改革开放过程中，由于缺乏足够的立法经验，有些法律采取了试行的办法，根据试行的效果反馈来调整法律的内容，为正式的立法创造条件。例如，1979 年 9 月 13 日，第五届全国人民代表大会常务委员会第十一次会议原则通过了我国第一部环境保护方面的法律《中华人民共和国环境保护法（试行）》（已失效），并予公布。这部法律于当日开始试行，也就意味着于当时生效。实质上，这种方式与法律自公布之日起生效并无实质差别，只不过公布的法律并非正式文本，而是试行文本而已。

5. 自法律文件到达之日起生效。在交通和通讯不便的时代，法律往往无法在公布之日就抵达全国，而需要规定一个推定到达的日期。在推定到达的日期，法律就在该地区生效。例如，《法国民法典》规定，在首都，自公布的次日生效；外地则按距离发布地（即巴黎）的距离计算，每一百公里增加 1 天。这大概是考虑到马车每天的行驶速度的缘故。当然，这种生效方式已成为历史现象，因为在今天，由于通讯的便利和网络的普及，法律文件几乎可以在公布当日就为全国各地所知。

二、法的失效方式

法的失效方式包括两类：一类是明示废止，另一类是默示废止。

所谓明示废止，指的是具有立法权的国家机关通过明确的方式宣布某一法律失去法的效力。明示废止又包括两种：

1. 新法取代旧法并同时宣布旧法失效。例如，《刑法》附则部分第452条第1、2款规定："本法自1997年10月1日起施行。列于本法附件一的全国人民代表大会常务委员会制定的条例、补充规定和决定，已纳入本法或者已不适用，自本法施行之日起，予以废止。"列入附件一的单行刑法，相对于1997年《刑法》而言就是内容已被前者纳入的旧刑法，它们被新刑法明文宣告废止。

2. 颁布专门文件宣布废止。例如，全国人大常委会定期进行法律清理，集中宣告一批已经过时或不再适于继续适用的规范性法律文件效力终止。

所谓默示废止，指的是虽然具有立法权的国家机关并未明确宣告某一法律丧失法的效力，但由于出现了某些特定的条件，使得这些法律不再具有法的效力。默示废止又包括三种情形：

1. 新法取代旧法的原理。新法生效后，虽然并未同时宣告废止旧法，但根据"新法优于旧法"的原理，旧法自然失去效力。新法取代旧法并同时宣布旧法失效主要适用于新法从整体上取消旧法之效力的情形，而"新法优于旧法"的原理则主要适用于这样的情形：新法与旧法的调整范围部分重合，在重合范围内，新法取消旧法的效力，在不重合的范围内，新法和旧法各自适用各自的。

2. 自动失效。自动失效指的是法律调整的对象消失或法律明显不适应新的形势而在社会生活中不再发挥作用从而自动失去效力。例如，1951年2月中央人民政府委员会批准实施的《中华人民共和国惩治反革命条例》，虽然从未被明确废止过，但由于社会形势已发生翻天覆地的变化，因而自动丧失了它的效力。

3. 本身规定的有效期届满。有的法律本身即规定了自己的有效期间，有效期届满即行废止。这种法律一般是针对突发事件（如非典、地震等）的应急性法律。

三、法的溯及力

法的溯及力，又称法的溯及既往的效力，指的是法律生效后是否适用于其生效以前所发生的事件或行为的问题。首先要指明的是，如前所述，法的效力的发挥在时间维度上总是向后延展的，也就是说，它不可能**在事实上**去拘束已经发生了的事件或行为。这里所说的"溯及力"，指的是它对于已经发生的事件或行为进行回溯性的**评价**，从而对事件或行为的当事人在未来产生影响。一般来说，法的溯及力有两种情况：①法律对于其生效之前的事件和行为不适用的，称为"法不溯及既往"原则；②法律对于其生效之前的事件和行为适用的，称为"法溯及既往"原则。在通常的情形中，往往是针对同一个事件或行为，在事件或行为发生时存在一个有效的法律（旧法），而当事件或行为发生之后要对它们进行法律判断（裁判）时，又有另一个法律生效（新法）了。此时就出现了究竟裁判应当依据旧法还是新法来进行的问题。无论是否溯及既往，都是针对新法而非旧法而言的。法的溯及力的原则有三个：

1. 从新原则：新的法律生效后，对其生效以前的事件和行为一律适用。也就是法律一律具有溯及力。

2. 从旧原则：新的法律生效后，对其生效以前的事件和行为一律不适用。也就是法律一律不具有溯及力。

3. 从旧兼从轻原则：新的法律生效后，原则上对其生效以前的事件和行为不适用，但在例外情形中，即新法相较于旧法对于当事人更有利时，就适用新法。换言之，新法原则上无溯及力，例外时有溯及力。

新法是否具有溯及力，在根本上属于实在法规定的问题，因不同国家和不同历史时期而有所不同。但在近现代法治国家中，从保护公民权利的角度出发，法不溯及既往（从旧原则）已成为大多数国家所采纳的原则。这一原则往往适用于刑法领域，有时还被上升为一项宪法原则。当然，任何原则都是相对的，如果新法相对于旧法对于当事人更有利，那么即使适用新法也不违背"保护公民权利"这一宗旨，故而可以适用新法。因此，"从旧兼从轻"就成为现代法治国家的通行标准。适用这一原则时，要做两个要素的确认：一是时间，即当特定事件或行为发生时生效的是旧法还是新法。如果当特定事件或行为发生时新法已然生效，[1] 那么根据"新法优于旧法"的原理，自然适用新法，也就没有适用"从旧兼从轻"原则的余地。只有当特定事件或行为发生时新法尚未生效时，才需要进行下一要素的判断。二是轻重判断，也就是新法与旧法相比，哪个对于当事人处罚较轻或更为有利。在刑法中，新法与旧法相比，对于当事人更有利的情形包括两种，一种是旧法规定是犯罪而新法规定不是犯罪，另一种是新法与旧法相比法定刑更轻。举个例子：张三在从事某种低买高卖的行为，依照 1979 年的旧《刑法》应被定为"投机倒把罪"，但被起诉到法院后，已经生效的 1997 年《刑法》取消了这一罪名，那么张三就应当被无罪释放。再如，李四从事的某种犯罪行为，按照行为时有效的旧《刑法》的规定，最低刑为 5 年以上有期徒刑，而被起诉到法院后，已经生效的 1997 年《刑法》规定最高刑为 3 年以下有期徒刑，那么就应当适用 1997 年《刑法》。所以，从旧兼从轻原则的关键在于第二个要素（从轻）：当法律给予人们损害或不利益时，绝对禁止溯及既往；当法律授予利益时，可以溯及既往。这一原则可以被简单表述为：反对有害追溯，允许有利追溯。

---

〔1〕 这里要注意，此时必须是新法已然"生效"而非"颁布"。因为前已述及，法律有颁布但不生效的情形。假如出现这一情形，仍可能有"从旧兼从轻"原则适用的余地。

但需注意的是，从旧兼从轻原则只适用于实体法，而不适用于程序法。例如，假如当王五从事某种犯罪行为时正在生效的是一部旧的刑事诉讼法，而当王五被起诉到法院后，一部新的刑事诉讼法生效了，那么此时就应当适用新的刑事诉讼法，无论新的刑事诉讼法是对王五更有利还是更不利。因为诉讼法调整的是裁判行为本身，而不是王五实施的那个犯罪行为，裁判时生效的诉讼法是哪部就适用哪部，哪怕它与之前的旧刑事诉讼法相比会给当事人带来更大的负担。故而有所谓"（原则上）实体从旧、程序从新"的说法。

👉 第三节　空间效力

一般而言，一个国家的法律在主权管辖范围内都产生效力。在特殊情况下，一国的法律在其主权管辖范围之外也能产生效力。前者是域内效力，后者是域外效力。

一、法的域内效力

法的域内效力及于一国主权管辖的全部领土，它又包括两类：一类是狭义上的领土，即一国主权所及的领陆（包括大陆架、底土）、领水（内河和领海）、领空。第二类是延伸意义上的领土，即所谓的"浮动领土"，包括驻外使领馆以及航行或停泊在任何地方的本国船舶和航空器。驻外使领馆是一国主权的象征，在本国的驻外使领馆中发生的事情相当于在本国领土上发生的事情。航行或停泊在任何地方的本国船舶和航空器，指的是以本国为船籍国或航空器登记国并悬挂本国国旗或标识的船舶和航空器。本国的法律依据属地原则，要主张对于发生在本国船舶和航空器上的事件或行为进行管辖。一般来说，出于维护本国主权的考虑，只要行为或行为结果有一项发生在本国的领土上，本国法律就可以依据属地原则主张管辖。

在实行二级立法体制，即在中央和地方之间分配地方权的国家（如中国），法的域内效力具体表现为两种方式：一种是在全国范围内生效，另一种是仅在局部地区生效。判断一部规范性法律文件是在全国范围内生效，还是在局部地区生效，唯一的标准是看它的制定主体。如果制定主体为中央有权立法的机关，那么该规范性法律文件就在全国范围内生效；如果制定主体为地方有权立法的机关，那么该规范性法律文件就在特定地方（特定地方管辖的区域内）生效。例如，香港和澳门作为我国的两个特别行政区，其规范性法律文件体系包括两部基本法、港澳原有的被基本法肯认保留的法律以及回归后两个特别行政区立法会制定的法律。其中，港澳原有的被基本法肯认保留的法律和回归后两个特别行政区立法会制定的法律都只是各自在该特别行政区内生效，但两部基本法是由全国人大制定的，所以在全国范围内生效。所以，判断一部规范性法律文件的效力范围只看制定主体，不看别的因素，比如内容。例如，《中华人民共和国海域使用管理法》（以下简称《海域使用管理法》）就在全国范围内生效，因为它的制定主体是全国人大常委会，属于中央有权立法的机关。虽然它实际上可能只适用于沿海地区，而不涉及内部省份。再如，国务院颁布的《中华人民共和国渔港水域交通安全管理条例》（以下简称《渔港水域交通安全管理条例》）同样在全国范围内生效，虽然它实际上只适用于有渔港水域的地区。所以，法律的效力与实际适用是两回事：因为前面说过，"效力"是"应当适用"，而非实际适用。法律的效力范围看制定主体，而实际适用范围要看其内容。

二、法的域外效力

有时，一国法律的效力还可以及于国家主权所管辖的领土之外。例如，当在索马里海域附近的公海上发生了针对我国商船的海盗行为时，根据相关的国际条约，我国护航军事力量就可以抓捕海盗，带回国内根据中国的法律进行审判。这就相当于我国的法律对于发生在公海上的行为发生了效力。另外，即便特定的事件或行为发生在他国的领土上，本国的法律也并非绝对不会对其发生效力。例如，《刑法》第10条规定："凡在中华人民共和国领域外犯罪，依照本法应当负刑事责任的，虽然经过外国审判，仍然可以依照本法追究，但是在外国已经受过刑罚处罚的，可以免除或者减轻处罚。"当然，与域内效力相比，域外效力是有限的。第10条至少反映出两个限制：①对在中华人民共和国领域外的犯罪，是"可以"而非"必须"追究刑事责任；②在外国已经受过刑罚处罚的，可以免除或者减轻处罚。另外，依照是中国公民还是外国公民在中华人民共和国领域外犯罪，犯罪嫌疑人是否具有特定的身份，中国与犯罪地国家是否缔结或者参加过同一个国际条约等，都有相应的不同规定或者限制。这就涉及法的对人效力问题了。

☛ 第四节　对人效力

法的对人效力是一国的法律对哪些人有管辖权的问题。这里的关键在于确定管辖的标准或者说原则。

一、对人效力的原则

1. 属人主义原则：一国法律对于自然人的效力以国籍为准，即法律只适用于本国人，而不适用于外国人。本国人无论是生活在本国领土上，还是生活在国外领土上或者不属于任何国家的地域，本国法律对其都有效；外国人即便生活在本国领土上，也不适用本国法。要强调的是，这里的"人"指的仅仅是"国籍"这一法律标准，而不是如血统这样的自然标准或其他身份标准。道德规范与宗教规范在适用时同样可能以属人主义原则为适用依据，但道德规范中的"人"指的是（可能是由于历史、文化的原因）共享道德观的人，而宗教规范中的"人"是拥有同一种宗教之教徒身份的人。所以，例如依据属人主义原则，中国的法律对于华侨有管辖权，而对于华裔则没有。

2. 属地主义原则：一国法律对于自然人的效力以地域为准，不论是本国人、外国人还是无国籍人，凡在本国主权管辖的范围内，一律适用本国法；在本国主权管辖的范围外，一律不适用本国法。很显然，属地主义的对人效力原则是以法的空间效力（域内效力）的确定为前提的。

3. 保护主义原则：以维护本国利益为准，不管是哪国人，甚至是无国籍人，不管行为发生在什么地方，只要侵害了本国国家和国民的利益，本国法律就要主张管辖。例如，中国的商船在索马里附近海域被海盗打劫，中国的护航舰队抓捕消灭了海盗，就可以根据相关的国际公约将他们带回中国国内，依据中国法律进行审理。此时适用的不是属人主义原则，因为索马里海盗并没有中国国籍；也不是属地主义原则，因为打劫行为并没有发生在中国的领土上。此时适用的只能是保护主义原则，因为它的出发点是保护中国国民的利益。

4. 折中主义原则：以属地主义原则为基础，以属人主义原则为补充，兼顾保护主义原则。这是当今各国法律所采用的通行原则，往往表现为多个法律规范合在一起后的效果。之所以以属地主义原则为主，而以其他两个原则为辅，是因为在上述三个原则中，属地主义原则是一个最切合实际的原则。领土是一国能够进行有效管辖的地域，国家能够以自己的法律对于发生在本国领土上的行为实施有效的管控。与此不同，属人主义原则既无法有效约束生活在本国领土外的本国人，也放弃了对生活在本国领土上的外国人或无国籍人的管控。保护主义原则要以国家实力为基础，而且也可能发生挑战他主权的情形。

二、我国法律的对人效力

不同性质的法律有关对人效力的规定有所不同。以下以我国刑法为例，来展现中国法律对人效力的原则。总的来说，它体现的是折中主义原则。

1. 对中国公民的效力：

（1）在中国领域内，一律适用中国法。此时适用的是属地主义原则，但与属人主义原则的效果是一致的。依据为《刑法》第6条第1、2款："凡在中华人民共和国领域内犯罪的，除法律有特别规定的以外，都适用本法。凡在中华人民共和国船舶或者航空器内犯罪的，也适用本法。"

（2）在中国领域外，原则上适用中国法，[1] 但要区分不同的情况不同对待。区分对待的情况包括：①中华人民共和国公民在中华人民共和国领域外犯《刑法》规定之罪，但是按《刑法》规定的最高刑为3年以下有期徒刑的，

---

[1] 民法中的规定并非如此。如《涉外民事关系法律适用法》第12条第1款规定，自然人的民事行为能力，适用经常居所地法律。如果中国公民的经常居所地在国外，就要适用该国法律来判断当事人民事行为能力的有无。此时适用的是属地主义原则。

可以不予追究（《刑法》第7条第1款）。②中华人民共和国国家工作人员和军人在中华人民共和国领域外犯《刑法》规定之罪的，一律依照中国刑法追究（《刑法》第7条第2款）。也就是说，中国刑法对于国家工作人员和军人这两类特殊身份的主体绝对适用属人主义原则，而对于其他中国公民相对适用属人主义原则。此外，还要看中国与犯罪行为地所在国家之间是否缔结相关条约或共同参加相关公约，以此来确定适用何种法律（《刑法》第9条）。

2. 对外国公民的效力：

（1）在中国领域内，原则上适用中国法。此时同样适用属地主义原则，其实在法依据也是《刑法》第6条第1款。但存在例外，即外交豁免。依据《刑法》第11条的规定，享有外交特权和豁免权的外国人的刑事责任，通过外交途径解决。这里"享有外交特权和豁免权的外国人"，主要指外国元首、政府首脑、外交代表、驻本国的外国使领馆人员等。

（2）在中国领域外，原则上不适用中国法。这里的前提是外国人在我国领域外对我国国家或者公民犯罪，因为如果不是中国国家和公民受犯罪行为侵害，就不发生要维护本国利益之需要。根据我国《刑法》第8条的规定："外国人在中华人民共和国领域外对中华人民共和国国家或者公民犯罪，而按本法规定的最低刑为3年以上有期徒刑的，可以适用本法，但是按照犯罪地的法律不受处罚的除外。"因此，这里包含两类情形：①如果外国人在中华人民共和国领域外对中华人民共和国国家或者公民犯罪，按我国刑法定的最高刑为3年以下有期徒刑的，或虽然最低刑是3年以上有期徒刑，但按照犯罪地的法律不受处罚的，不适用中国刑法。②如果外国人在中华人民共和国领域外对中华人民共和国国家或者公民犯罪，而按中国刑法规定的最低刑为3年以上有期徒刑的，**可以**适用中国刑法。这一款体现的是保护主义原则，但受到最低刑和犯罪地法律的限制。此外，同样要看中国与犯罪行为地所在国家之间是否缔结相关条约或共同参加相关公约来进行具体确定（《刑法》第9条）。

🎯 本章知识梗概

1. 法的效力是指法律对法律主体规范上的约束力或拘束力（应当被遵守和适用），它区别于法的实效，即法律对法律主体事实上的约束力或拘束力（实际上被遵守和适用）。

2. 法的效力问题在逻辑上包括两个层面，即法的效力标准与法的效力范围。前者涉及三个不同的效力概念，即法学的效力概念、社会学的效力概念与伦理学的效力概念。后者包括法的时间效力范围、空间效力范围和对人效力范围。

3. 法的时间效力包括两个方面的问题：一是法的生效与失效方式（一般问题），另一个是法的溯及力（特殊问题）。

4. 法的生效方式包括五种，即自公布之日起生效、本身规定具体的生效时间、参照其他法律确定本法律的生效时间、自法律试行之日起生效、自法律文件达到之日起生效。法的失效方式包括两类五种，一类是明示废止，包括新法取代旧法并同时宣布旧法失效和颁布专门文件宣布废止；另一类是默示废止，包括新法取代旧法的原理、自动失效和本身规定的有效期届满。

5. 法的溯及力指的是法律生效后是否适用于其生效以前所发生的事件或行为的问题。现代法治国家的通行标准是"从旧兼从轻"原则，但它只适用于实体法，而不适用于程序法。

6. 法的空间效力包括域内效力与域外效力。法的域内效力及于一国的狭义领土与浮动领土，根据制定主体的不同，可分为在全国范围内生效和仅在局部地区生效两种情形。法的域外效力具有有限性，关涉法的对人效力。

7. 法的对人效力包括四个原则，即属人主义、属地主义、保护主义与折中主义。折中主义是通行原则，我国法律同样体现了这一原则，它对中国公民和外国公民依据不同的情况具有不同的管辖权。

◎ 相关参考文献

1. ［德］乌尔弗里德·诺伊曼："法效力的问题"，张青波译，载《法哲学与法社会学论丛》2007年第1期。

2. 贺栩栩："法的时间效力界限与法的稳定性——以德国民法为研究视角"，载《环球法律评论》2011年第5期。

3. 朱力宇："关于法的溯及力问题和法律不溯既往原则的若干新思考"，载《法治研究》2010年第5期。

4. 吕岩峰："刑法的域外效力辨析——来自国际私法学的观照"，载《法制与社会发展》1998年第4期。

5. 阮方民："从旧兼从轻：刑法适用的'准据法原则'——兼论罪刑法定原则蕴含的程序法意义"，载《法学研究》1999年第6期。

第六章　拓展阅读

第七章

法律关系概述

✉ 导 语

　　法律是用来调整社会关系的。经过法律调整的社会关系就会具备"法律"的属性。因为社会关系是人与人之间的关系，故而从主观/主体的角度来观察，法律也就是法律主体之间的权利义务关系（法律关系）的总和。本章初步对法律关系进行了宏观阐述，处理了法律关系的概念与特征（第一节）、法律关系的各种分类（第二节）。

☞ 第一节　法律关系的概念

一、法律关系的概念

　　法律关系可以从广义上和狭义上被理解。广义上的法律关系是人与国家之间的法律联系。由于法律规范对人们施加了义务，所以就会产生人们与法律规范之间的联系。如果我们将法律规范所表达出的意志的承载者想象为国家，那么这就是人们与国家之间的一种联系，由于人们的意志服从于法律规范所体现的国家意志，所以，广义上法律关系的本质就在于个人意志对于国家意志的服从。从这个角度看，法律关系就是主观视角中的法律规范，而法律规范就是客观视角中的法律关系。[1]

　　狭义上的法律关系则是指法律规范在调整社会关系的过程中形成的人与人之间的权利和义务关系。根据权利义务关系，可以将法律关系的主体分为权利人与义务人。狭义上的法律关系就是权利人与义务人之间的关系，据此，权利人要求义务人为特定行为且在被拒绝时能够强制实施它，而义务人负有义务实施这一行为且在抵制情形中必须容忍这种强制实施行为。[2] 从权利人的角度出发，看到的是这一关系的权利的侧面；从义务人的角度出发，看到的是这一关系的义务的层面。从双方的角度出发，看到的是这一关系本身；

---

〔1〕　Vgl. Hans Nawiasky, *Allgemeine Rechtslehre als System der rechtlichen Grundbegriffe*, 2. Aufl. , Einsiedeln u. a. : Verlagsanstalt Benziger & Co. AG. , S. 153-154.

〔2〕　a. a. O. , S. 166.

而从国家的角度出发，看到的则是法律规范及其背后的国家意志对于权利人和义务人之间关系的合法塑造。这里所采纳的，是狭义上的法律关系。

在这种狭义理解中，人与人之间原本就存在社会关系。在经过法律规范调整之前，这种关系具有"纯粹"的社会性质，即从法律的角度看是评价中立的，可被称为"社会关系原型"。法律规范的制定实际上就是针对特定社会关系原型设定"法律关系模式"的过程，立法者以（设想中的）社会关系原型为基础，加上自身的评价来形成理想的关系模式，这种模式可以用权利和义务关系来表征。再将法律规范或者说它设定的"法律关系模式"适用于具体、现实的社会关系（被称为"法律事实"）中去之后，就会产生符合法律规范意旨的法律关系。这种法律关系从本质上讲也属于社会关系，只不过是经过法律规范调整的、符合法律规范意旨的规范性的具体社会关系。其中的关系也可用图7-1表示：

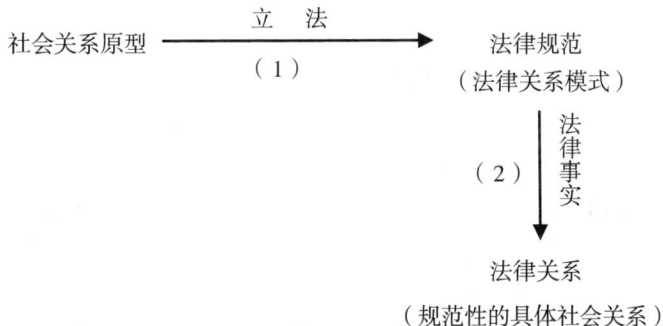

图7-1 法律关系的产生过程

二、法律关系的特征

运用上述图7-1中的第（2）个部分，就可以推知法律关系的如下特征：

1. 法律关系具有合法性。首先，法律规范是法律关系产生的前提，没有法律规范就不可能存在法律关系。这意味着，不存在法律的社会、不受法律调整的领域永远不可能存在法律关系。比如，依据马克思主义的唯物史观，原始社会不存在法律规范，所以就不可能存在法律关系。再如，某些领域属于法外空间，在这些领域就不存在法律关系。但是，法律规范是法律关系产生的必要而不充分条件。它只有结合法律事实，也就是具体、现实的社会关系时，才能产生现实的法律关系。其次，法律关系不同于法律规范所要调整或保护的社会关系本身。法律规范可以发挥调整性功能，也可以发挥保护性功能。调整性功能确认和维系固有的社会关系，而保护性功能则纠正被评价为违法的行为关系，恢复遭受破坏的社会关系。前者的典型是民法规范，后者的典型是刑法规范。但不管是调整还是保护功能，法律关系都是经过法律规范所调整之后的社会关系，而不是它们所要调整或保护的社会关系（即调整前的社会关系）本身。最后，法律关系是法律规范的实现形式，是法律规范所设定的法律关系模式在现实社会生活中的落实。在此意义上，法律关系是人与人之间的合法关系，即符合法律规范的关系。这种合法性就来自于作为它必要前提的法律规范本身。

在社会生活中存在着大量事实上存在的社会关系，但并非所有的都合乎法律。所以，只有一部分社会关系才能被看作法律关系。但这并不意味着它们与法律关系没有关联。事实上，有很多的社会关系本身就是能够产生法律关系的法律事实。例如，张三和李四之间签订了房屋买卖合同。假如双方的合同符合《民法典》合同编规定的要件，那么就会产生法律关系。假如双方的合同转让的是集体所有的房屋，那么根据《民法典》合同编的规定，此合同就是无效的，而集体的法人代表也可就此提出侵权之诉。此时双方订立合同的行为依然属于能引发法律关系的法律事实，只是这里存在的法律关系不是有效成立的合同关系，而是损害赔偿关系。

2. 法律关系具有意志性。一方面，法律关系必然体现国家意志。这依然是因为法律关系是经过法律规范调整后的社会关系，而法律规范必然体现国家意志，所以法律关系也必然反映国家意志。另一方面，有的法律关系还同时体现法律主体或者法律关系当事人的意志。当国家意志和法律关系当事人意志一致时，法律关系同时体现两者（由合法行为产生）；当国家意志和法律关系当事人意志不一致时，法律关系只体现国家意志（由违法行为产生）。前者如买卖合同法律关系，不仅要体现国家意志（反映在符合合同法律规范上），也要体现法律关系当事人意志，例如双方之间就买卖的标的、价格、交易地点、方式等方面的约定。后者如刑事法律关系，由犯罪行为产生，体现的是国家对犯罪人的刑罚处罚关系，只体现国家意志。

3. 法律关系是特定主体之间的权利和义务关系。

（1）法律关系必须是主体之间的关系，也就是人和人之间的关系，而不能是人与对象之间的关系。这里的"人"指的是符合法律主体资格的法律关系主体。在某些时代，某些生物意义上的人并不具备法律主体资格，所以，他们之间、他们与主体之间的关系就不是法律关系。比如，在奴隶制时代或肯认奴隶制合法的时代，奴隶与奴隶、奴隶与奴隶主之间的社会关系就无法上升为法律关系。此时的奴隶就如同牛、羊一样只能属于法律关系的客体，而非主体。奴隶主对于奴隶的支配（只要不涉及其他主体，即奴隶主）就不属于法律规范调整的对象，也不存在法律关系。有的时候，看上去是人和物之间关系，但背后依然是人与人的关系。例如，我对我的水杯拥有所有权，但此时水杯只是法律关系的客体，所有权关系其实依然是人与人之间的关系，是我和除我之外的其他人围绕水杯的占有、使用、收益和处分展开的法律关系。在此意义上，一切所谓"对物权"其实也都是"对人权"。

（2）法律关系必然展现为法律上的权利和义务关系。这是法律关系区别于其他社会关系或违法关系的标志之一。凡是不能用法律上的权利义务关系来表征，或者不存在法律所承认的权利义务关系的，都不属于法律关系。例如，我答应请你吃饭但爽约了，这是纯粹的情谊型社会关系，请你吃饭并非我的义务，要求我请你吃饭也不是你的权利，我们之间不存在法律关系。再如，我打伤了你，我和你之间就存在社会关系，但打伤你并不是我的权利，容忍被我打伤也不是你的义务，我们之间并不存在为法律所承认的权利义务关系。只有我打伤你之后对你进行赔偿才属于法律关系，此时我有赔偿的义务，而你有主张赔偿的权利。

第二节 法律关系的分类

根据不同的标准，可以对法律关系作不同的分类。例如，按照作为其前提之法律规范所属的法律部门不同，可以将相应的法律关系分为宪法关系、民商事法律关系、行政法律关系、经济法律关系、刑事法律关系、诉讼法律关系。本书采纳如下分类：

一、纵向法律关系与横向法律关系

根据法律主体在法律关系中的地位不同，可以将法律关系分为纵向法律关系与横向法律关系。纵向法律关系是在不平等或不对等的主体之间所建立的权力服从关系。它的特点有二：①法律主体处于不平等或不对等的地位，一方是被服从者，另一方是服从者；②法律主体之间的权利与义务具有强制性，不能随意转让或任意放弃。与此不同，横向法律关系是指平等的主体之间的权利义务关系。它的特点在于：①法律主体的地位是平等的，没有服从与被服从关系；②法律主体的权利和义务具有一定程度的任意性。典型的纵向法律关系存在于公法之中，而典型的横向法律关系存在于私法之中。但是也有反例，例如民法领域的亲权关系，其主体家长与子女之间就是不平等的，因而亲权关系同样属于纵向法律关系。比较特殊的是诉讼法律关系，这种法律关系有三方主体：起诉方（原告）、应诉方（被告）和审判方（裁判者）。起诉方与应诉方的法律地位是平等的，但起诉方与审判方、应诉方与审判方之间的地位则是不平等的。所以，诉讼法律关系是横向法律关系与纵向法律关系的混合。

二、单向（单务）法律关系、双向（双边）法律关系与多向（多边）法律关系

根据法律主体的多少以及权利义务是否一致，可以将法律关系分为单向（单务）法律关系、双向（双边）法律关系与多向（多边）法律关系。

所谓单向（单务）法律关系，是指权利人仅享有权利，义务人仅履行义务，二者之间不存在相反联系。这里要注意几点：①单向（单务）法律关系同样存在两个法律主体，只是一方仅享有权利，另一方仅履行义务。任何法律关系都至少要具有双方主体，因为法律关系本身就是人与人之间的关系。

这里所谓的"单向（单务）"只是就权利义务而言的，不意味着主体只有一个。例如，像不附条件的赠与合同就是典型的单向（单务）法律关系，这里有两方主体，即赠与者与被赠与者，但赠与者只履行赠与义务，而被赠与者只享有接受赠与的权利。②法律关系都至少要具有双方主体，并不意味着任何一方主体都是具体、明确的。例如，在所有权关系中，也许只有一方主体（权利人）即所有权人是具体明确的，而另一方主体（义务人）则是不特定的人，因为任何其他人都需要尊重权利人对某物的所有权，都不能干涉和妨碍所有权的行使。这种法律关系有时被称为"绝对法律关系"。[1] 只有当某人干涉和妨碍了权利人行使所有权，权利人主张侵权，而该人作为义务人承担责任，对权利人进行赔偿时，这种赔偿法律关系的双方主体才都是具体明确的。

双向（双边）法律关系，是指在特定的双方法律主体之间存在两个密不可分的单向权利义务关系，其中一方主体的权利对应另一方的义务，反之亦然。例如，买卖合同就是典型的双向（双边）法律关系，其中，卖方的权利（收取货款）对应着买方的义务（支付货款），而买方的权利（收取货物）则对应着卖方的义务（交付货物）。

多向（多边）法律关系，又称"复合法律关系"，是指三个或三个以上的相关法律关系的复合体。例如，张三向李四借款，找了王五做担保。这里就存在张三和李四之间的借款合同关系，张三和王五之间、李四和王五之间的担保合同关系。

当然，无论多么复杂的法律关系，无论是双向（双边）法律关系还是多向（多边）法律关系，最终都可以被解构和还原为单向（单务）法律关系。所以，单向（单务）法律关系是分析法律关系的基本单元。

三、第一性法律关系（主法律关系）与第二性法律关系（从法律关系）

根据相关法律关系的作用和地位不同，可以将法律关系分为第一性法律关系（主法律关系）与第二性法律关系（从法律关系）。第一性法律关系（主法律关系），是法律主体之间形成的不依赖于其他法律关系而独立存在的法律关系，或在多向法律关系中居于支配地位的法律关系。相反，依赖于其他法律关系而存在的法律关系，或在多向法律关系中居于从属地位的法律关系，就是第二性法律关系（从法律关系）。例如，张三和李四订立了买卖某物的合同，但李四迟迟不交付约定之物，张三遂去法院起诉。这里，张三和李四之间的合同法律关系就是第一性法律关系（主法律关系），而诉讼法律关系就是第二性法律关系（从法律关系）。因为两个法律关系之间具有引起与被引起的联系，而且合同法律关系可以独立存在，而诉讼法律关系则不能独立存在，它只是在前者被破坏时才出现的。再如，在上述借款担保的例子中，张三和李四之间的借款合同关系就是主法律关系，而张三和王五之间、李四和

---

[1] 参见隋彭生："绝对法律关系初论"，载《法学家》2011 年第 1 期。

王五之间的担保合同关系则是从法律关系。

要注意的是：第一性法律关系（主法律关系）与第二性法律关系（从法律关系）的划分是一种相对性的分类，也就是说，只有当至少两个法律关系放在一起时，才能判断哪个为主、哪个为从，单独一个法律关系是没有办法作此判断的。例如，张三和李四之间的合同法律关系，相对于诉讼法律关系来说是主法律关系，但相对于另一个法律关系可能就是从法律关系。[1] 所以，这种分类具有相对性。而前两种分类则不存在这种相对性，也就是说，可以就单个法律关系作独立判断。

本章知识梗概

1. 狭义上的法律关系是指法律规范在调整社会关系的过程中形成的人与人之间的权利和义务关系。

2. 法律关系具有合法性，法律规范是法律关系产生的前提，法律关系是法律规范的实现形式。

3. 法律关系具有意志性，它必然体现国家意志，有时还同时体现法律关系当事人的意志。

4. 法律关系是特定主体之间的权利和义务关系，一方面，它必须是主体之间的关系；另一方面，它必然展现为法律上的权利和义务关系。

5. 法律关系根据法律主体在法律关系中的地位不同，可以分为纵向法律关系与横向法律关系；根据法律主体的多少以及权利义务是否一致，可以分为单向（单务）法律关系、双向（双边）法律关系与多向（多边）法律关系；根据相关法律关系的作用和地位不同，可以分为第一性法律关系（主法律关系）与第二性法律关系（从法律关系）。

相关参考文献

1. 张文显："法律关系论纲——法律关系若干基本问题的反思"，载《天津社会科学》1991 年第 4 期。

2. 舒国滢："略论法律关系的历史演进"，载《法学家》1993 年第 3 期。

3. 舒国滢："法律关系"，载王勇飞、张贵成主编：《中国法理学研究综述与评价》，中国政法大学出版社 1992 年版。

4. 董国声、高云超："论我国法律关系的分类"，载《法律科学（西北政法学院学报）》1990 年第 4 期。

第七章　拓展阅读

---

[1]　比如，这个合同关系是因为张三侵犯了李四对某物的所有权，双方之间就赔偿达成的协议。

第八章

法律关系的主体与客体

✉ 导　语

　　法律关系的主体涉及"谁"拥有权利和义务的问题，而法律关系的客体涉及对"什么"拥有权利和义务的问题。简单地说，法律关系的主体就是"人"。但是法律意义上的人不等同于生物意义上的人：有的时候其范围要比生物意义上的人来得窄，有的时候又要比生物意义上的人来得宽。关键在于看是否符合法律主体的构成资格（第一节）。法律关系的客体不仅包括"物"，也包括其他类型的对象（第二节）。

☞ 第一节　法律关系的主体

一、法律关系主体的概念与类型

　　法律关系的主体，是法律关系的参加者，即在法律关系中一定权利的享有者（权利人）和一定义务的承担者（义务人）。在每一具体的法律关系中，主体的多少各有不同，但大体上都归属于相互对应的双方：一方是权利的享有者，即权利人；另一方是义务的承担者，即义务人。在特定法律关系中，谁是权利人，谁是义务人，并不是固定的，要依据最终被还原成的单向（单务）法律关系中来厘定。例如，在买卖合同法律关系中，就收取和支付货款这一关系而言，卖方就是权利人，买方则是义务人；而就收取和交付货物这一关系而言，买方是权利人，而卖方则是义务人。

　　法律关系的主体包括以下三类：

　　1. 自然人或公民。自然人与公民都以生物意义上的人为基础，它们是不同性质之法律关系主体的称呼，在私法关系中是自然人，在公法关系中则是公民。参加私法关系通常不需要具备特定的国籍，而参加公法关系则往往需要主体具备特定的国籍。自然人和公民虽然以生物人为基础，但不等同于生物学意义上的人，它们属于法律概念，因而要符合一定的法律标准，也就是符合法律关系主体的构成资格。如果不符合相应的资格，法律上就会为他们设定代理其行为的人，即法定代理人。当然，具备法律关系主体的构成资格的人在特定条件下也可以指定代理人（即意定代理人）来代表自己参加某些法律关系。无论是法定代理人还是意定代理人，在法律和委托的范围内从事活动所取得的法律效果归属于被代理人。此外，在中国，还有个体工商户和农村承包经营户的称呼。自然人从事工商业经营，经依法登记，为个体工商户。农村集体经济组织的成员，依法取得农村土地承包经营权，从事家庭承包经营的，为农村承包经营户。他们都参加私法关系，属于自然人的范畴。

2. 法人与非法人组织。法人是具有民事权利能力和民事行为能力，依法独立享有民事权利和承担民事义务的组织。法人主要包括三类：第一类是各种国家机关（立法机关、行政机关、司法机关等）；第二类是各种企事业组织，如公司、学校、行业协会等；第三类是各政党和社会团体。法人可以根据不同的标准进行分类。例如，根据参加法律关系的性质不同，可分为公法人与私法人。根据是否以营利为目的，可以分为营利法人与非营利法人。营利法人是以取得利润并分配给股东等出资人为目的成立的法人，又可分为有限责任公司、股份有限公司和其他企业法人等。非营利法人是为公益目的或者其他非营利目的成立，不向出资人、设立人或者会员分配所取得的利润的法人，又可分为事业单位、社会团体、基金会、社会服务机构等。非法人组织是不具有法人资格，但是能够依法以自己的名义从事民事活动的组织，它包括个人独资企业、合伙企业、不具有法人资格的专业服务机构等。

3. 国家。在特殊情况下，国家可以作为一个整体成为法律关系的主体。有学说曾将作为法律关系主体的国家也看作法人。[1] 但是，国家与一般的法人或非法人组织毕竟不同。国家参加法律关系的情形主要有三种：①国家作为国际公法关系的主体，例如签订国际条约，参加国际公法组织的活动，经授权参加国际维和行动等。此时虽然有特定的公民（国家机关），如国家元首、外交部长、外交全权代表等来进行实际的活动，但他们代表的是自己的国家，法律关系的主体依然是国家。②国家参与国际经济法律关系，成为对外贸易活动中的债权人或债务人。例如，国家之间就某种自然资源进行交易、国家向国际性银行贷款等。③国家以自己的名义参加国内法律关系。比如发行国库券，其实就是国家向民众借款，虽然在操作时可能会通过国有银行来进行，但债务人依然是国家。当然，在绝大多数国内法律关系中，并不需要国家作为整体出现，而通常是由国家机关或经其授权的组织作为代表来参加法律关系。

综上，通常情况下，前两类主体，即自然人（公民）与法人（及非法人组织）构成了绝大多数法律关系的参加者。[2]

---

[1] 此谓"国家法人说"，参见王天华："国家法人说的兴衰及其法学遗产"，载《法学研究》2012年第5期。

[2] 为了简便起见，以下只涉及自然人和法人，非法人组织在法律关系主体的构成资格方面类似于法人。

二、法律关系主体的构成资格

自然人和法人要成为法律关系的主体，就必须符合一定的构成资格。这类构成资格包括两个：一个是权利能力，一个是行为能力。

（一）自然人的主体构成资格

1. 权利能力。自然人（natural person）虽然以生物人（human）为基础，但不同于后者。human 是从生物学的角度而言的，是从生理条件和外貌特征等方面对人的界定。但 person 的本义是"面具"（"人格"），它具有社会文化的意义。"自然人"是个法学概念，具有自己的规范意义，这里所谓的"自然"指的仅仅是以生物人为基础而不同于法人罢了。奴隶制时代的奴隶之所以不能成为法律关系的主体，首先就在于奴隶们虽然是 human，但却绝非 person，因为奴隶制法律从一开始就不承认奴隶的法律人格或者说法律主体地位。所以，虽然他们的行为在现实生活中发生了，却不会像奴隶主的行为那样发生法律上的效果。可见，生物人能否成为自然人，他的行为能否发生法律上的效果，首先就要看法律承不承认他的主体资格，这就涉及权利能力。

所谓权利能力，是指能够参与一定的法律关系，依法享有一定的权利和承担一定的义务的法律资格。所以，简单地说，权利能力指的就是"法律资格"。首先，权利能力不仅包括享有权利的能力或资格，也包括承担义务的能力或资格。在中文世界中，之所以用"权利能力"来指称这两方面的资格，主要是因为翻译的问题。"权利能力"一词来自于德语 Rechtsfähigkeit，它由两个词根构成，即 Recht 和 Fähigkeit。在前面第二章中说过，Recht 在德语中是个多义词，既有"法"的意思，也有"权利"甚至"正义"的意思，而Fähigkeit 也可以被翻译为"能力"或者"资格"。或许是一开始的译者受到权利本位思想的影响，或者是觉得中国人缺乏主观意义上的权利的观念，所以对 Recht 单采了"权利"一义，以至于约定俗成、流传至今。只是要记得，"权利能力"是一个综合性的资格概念。其次，权利能力与权利既有区别又有联系：①权利本身不包含义务，而权利能力则包括承担义务的资格；②无权利能力则无权利，有权利能力则具备享有权利的初步条件（是否享有法律权利还得看是否符合相应行为能力的条件）。

自然人的权利能力可以分为一般权利能力与特殊权利能力。一般权利能力是一切自然人均具有的权利能力，是任何人取得法律主体资格的基本条件。现代社会不承认奴隶制度，所以，自然人享有权利能力的期间与作为生物人存活于世的时间是一致的，那就是从出生到死亡。这就使得出生与死亡不仅仅具有生物学上的意义，也具备了法律上的意义。学说史上对于出生或死亡曾提出过不同的观点。就出生而言，有"啼哭说""脱离母体说""剪断脐带说"等。由于这三个时刻点是不一致的，所以采纳不同的学说就会具有不同的效果。比如，医生将婴儿从母体中取出，尚未剪断脐带，也未啼哭，出于过失使得婴儿死亡。那么根据"脱离母体说"，此时婴儿已经成为"人"，所以医生就可能构成过失致人死亡，但根据"啼哭说"或"剪断脐带说"，此时婴儿尚未成"人"，所以医生就不构成过失致人死亡。就死亡而言，有"呼吸终止说""心跳停止说""脑死亡说"等。假如某人呼吸已经停止，心脏也停止跳动了，但大脑尚处于活动状态（从最后一个角度说就是"假死状态"），此时他的仇人拿着一把刀捅进他的心脏中，如果根据"呼吸终止说"或"心跳停止说"，他就是在侮辱尸体，而如果根据"脑死亡说"，他则可能构成故意杀人。所以，生物学意义上的发现和理论同时会具有法学上的意义。

与一般权利能力不同，特殊权利能力是自然人在特定条件下具有的法律资格。这种资格并不是每个自然人或公民都可以享有的，而只赋予某些特定的法律主体。例如，我国《民法典》第 1047 条规定："结婚年龄，男不得早于 22 周岁，女不得早于 20 周岁。"所以，（在不考虑民族自治地方的条例作出不同规定的前提下）只有年满 22 周岁的男性和年满 20 周岁的女性才具有婚姻权利能力。正因为如此，一个 20 周岁的男孩和 18 周岁的女孩想要"结婚"，但父母粗暴干涉、强行拆散，并不会构成暴力干涉婚姻自由，因为他们压根就没有结婚的法律资格。再如，我国《宪法》第 79 条第 2 款规定："有选举权和被选举权的年满 45 周岁的中华人民共和国公民可以被选为中华人民共和国主席、副主席。"所以，"年满 45 周岁""有选举权和被选举权"就是公民享有被选举为国家主席、副主席这一政治权利的资格条件。[1]

2. 行为能力。所谓行为能力，是指法律关系主体能够通过自己的行为实际取得权利、履行义务、承担责任的能力。如果说权利能力是"法律资格"，与自然人的个人能力无关的话，那么行为能力就是与自然人的个人能力有关的"实际能力"。自然人的权利能力由法律统一赋予，而自然人的行为能力则因人而异（当然也是依照法律提供的标准来认定）。

自然人的行为能力是他的意识能力的反映，一个人的行为是否发生特定的法律效果，与这个人的心智成熟程度和自我把控能力相关。在理论上，确定自然人有无行为能力以及行为能力是否完整的标准有二：①行为人能否认识自己行为的性质、意义、后果。这里所说的"性质、意义、后果"指的只是一般性的社会性质、意义和后果，而不是法律上的性质、意义和后果。换言之，哪怕不具有相应的法律知识（即"法盲"），只要认识到例如我拿刀捅入了别人的心脏，后者会死，这就可以了。②行为人能否控制自己的行为，并对自己的行为负责。行为人虽然认识到了自己行为的性质、意义、后果，却无法控制自己的行为，也不需要对自己的行为负责。

但这只是理论标准，在法律的实际运作过程中，有两个供操作的标准：

（1）年龄。一个人的心智成熟程度和自我把控能力会随着年龄的增长（成人）而加强，又会随着年龄的继续增长（衰老）而衰退，所以，年龄就

---

[1] 要注意，年龄在不同的情形中具有不同的意义，要么是权利能力的条件，要么是行为能力的条件。

成为认定一个人具有何种行为能力的外在标准。当然，在实际情形中，相同年龄的人可能会具有不同的心智成熟程度（有所谓"早熟"的现象）。但在法律上无法做到对每个人作个别考察来认定其行为能力，因为这样做的成本过于高昂。所以，法律会做一般拟制，也就是直接规定一定年龄与一定的行为能力状况挂钩，而不问实际情况。例如，在民法中，采取的是"两刀三段法"：以 8 周岁和 18 周岁（特殊情形下"16 周岁"）为界，分为无行为能力、限制行为能力和完全行为能力。在刑法上，采取的同样是"两刀三段法"：首先以是否满 16 周岁来划分完全刑事责任能力与部分刑事责任能力，其次分别针对已满 14 周岁不满 16 周岁和已满 12 周岁不满 14 周岁两种情形，就特定罪行（第二种情形同时要考虑结果、情节、程序）来追究刑事责任。但同时又规定，不满 18 周岁的人犯罪，应当从轻或者减轻处罚；已满 75 周岁的人故意犯罪的，可以从轻或者减轻处罚；过失犯罪的，应当从轻或者减轻处罚。

（2）神智是否正常。有的人虽然满足了具备相应的年龄条件，但由于先天或后天的原因，神智并不正常，即所谓的精神病人，他们也不能预见自己的行为后果或无法控制自己的行为，所以也不能具有相应的行为能力。当然，神智是否正常只能作个别鉴定（比如当案件发生后作司法鉴定），而无法作一般拟制。

3. 权利能力与行为能力的关系。自然人的权利能力与行为能力之间的关系可以被概括为：

（1）在定义上，权利能力是一种法律资格，而行为能力是一种实际能力。

（2）在逻辑关系上，有权利能力不一定有行为能力，有行为能力必然有权利能力。这意味着：自然人的权利能力构成行为能力的前提，或者说是后者的必要而不充分条件。

（3）在时间上，自然人的权利能力与行为能力并不同时产生，也可能不同时消灭。丧失行为能力并不意味着丧失权利能力。也就是说，自然人的这两种能力有的时候是统一的，有的时候则可能分离。

以民事领域试举一例：张三从出生到死亡都具有一般权利能力，也就是成为法律意义上的"人"。出生计为 0 岁，假设其死亡时为 70 岁，那么这就意味着他拥有民事一般权利能力的期间就是 0 岁到 70 岁。[1] 正常情况下，张三拥有（包括限制）民事行为能力的期间是从他年满 8 岁（从 18 岁开始具备完全民事行为能力）一直到他死亡，即 70 岁为止。假如他 35 岁时不幸发生了车祸，变成了植物人，此后终生就在病床上度过直到去世。可以看到，张三享有一般权利能力的期间是从 0 岁到 70 岁，但他具备完全民事行为能力的期间却是从 18 岁到 35 岁。所以，自然人的权利能力与行为能力有可能并

---

[1] 当然，特殊情形下，张三的民事法律主体资格会往前延伸，这就是继承法上胎儿的应留份额的场合。但这里不考虑这种特殊情况。

不统一。[1]

（二）法人的主体构成资格

法人要成为法律关系的主体，同样得具有权利能力与行为能力，但并不像自然人那样复杂。法人的权利能力与行为能力具有两个特征：

1. 有限性。这是相对于自然人的权利能力与行为能力而言的：相比自然人，法人的权利能力与行为能力总是受到其成立宗旨和业务范围的限定。例如，一家公司有它的经营范围，一家高校也有其业务范围（开展特定专业领域的教育）。

2. 同时性。相对于自然人的权利能力与行为能力可能不统一的情况，法人的权利能力和行为能力总是统一的，它们同时产生、同时消灭，也就是从法人成立时产生，到法人解散或撤销时消灭。

第二节　法律关系的客体

一、法律关系客体的概念

法律关系的客体是指法律关系主体之间权利和义务所指向的对象。法律规范以分配权利和义务的方式来调整人们的行为，法律关系是经过法律规范调整后的社会关系，这种社会关系一定是权利人与义务人之间的行为关系。所以，法律关系必然是围绕人的行为来展开的，"权利"和"义务"都是对这些行为在法律上的定性。行为有行为的对象，所以，体现为权利和义务的行为必然是围绕一定的客体来展开的，这就是法律关系的客体。

法律关系的客体是一定利益的法律形式。法律关系建立的目的，总是为了保护某种利益、获取某种利益，或分配、转移某种利益。实际上，客体所承载的利益本身才是法律权利与义务联系的中介。这些利益在表现形态上可分为物质利益和精神利益、有形利益和无形利益、直接利益和间接利益（潜在利益）等。正因为存在利益，才有必要将某种对象上升为法律关系的客体。

二、法律关系客体的种类

法律关系的客体大体可分为四类，即物、人身、精神产品与行为结果。

（一）物

物是最常见的一类法律关系的客体。法律意义上的物，是指法律关系主体支配的客观（物理）实体。它包括不同的种类，例如有体物与无体物（如声、光、电灯）、天然物与产生物、活动物与不活动物等。作为法律关系客体的物尽管以物理意义上的物为基础，但它又不同于后者。它不仅具有物理属性，也具有法律属性。物理意义上的物要成为法律关系的客体，必须具备以

---

[1] 考虑到从出生到达到限制民事行为能力年龄为止这段时间，甚至可以说必然不统一。

下条件：

1. 应得到法律的认可。这是大前提，体现了合法性原则。不同国家对于不同的物会作出不同的法律认可。在我国，不得成为私人法律关系客体之物包括：①人类公共之物或国家专有之物（海洋、山川、水流、空气）。②军事设施、武器（枪支、弹药）。③危害人类之物（毒品、假药、淫秽书籍影像等）。以这些物理意义上的物为对象无法成立法律关系，不会发生法律上的效果。当然，要注意的是：上述限制仅限于中国，也仅限于中国的私人法律关系。这意味着：在国外，它们有可能成为私人法律关系的客体，例如在美国，枪支弹药就可以合法地为私人所持有。同时，在中国，它们也有可能成为以国家或国家机关为主体的法律关系的客体，如军队向军工企业订购武器，或者国家对于境内一切山川和水流的所有。

2. 应为人类所认识和控制。这两个方面必须同时具备，不能为人类所认识，或者虽然能为人类所认识却未能为人类所控制的对象，都不能成为法律关系的客体。例如，月球虽然已经为人类所认识，却尚未能被人类所控制，所以它就不能成为法律关系的客体。假如以月球为对象订立合同，那么这样的合同就是无效的，因为它虚构了一个不适格的法律关系的客体，从而也就设定了一项自始就客观不能的义务。

3. 能够带来物质利益。这是客体的利益性在物这一特定客体上的显现。

4. 必须具有独立性。这意味着，物要么必须自己是独立存在的，要么是可以从其他物体上分离的。不可分离之物，如道路上的沥青、房屋上的门窗等，一般不能脱离主物，所以不能单独作为法律关系客体存在。

哪些物可以作为法律关系的客体，可以作为哪些法律关系的客体，应由法律予以明确规定。

（二）人身

人身是由各个生理器官组成的生理整体（有机体）。人身在物理形态上也是物，在这个意义上与动物（如牛、羊）的身体没有差别。但由于人身是法律关系主体（人）的物质载体，它既是人的物质形态，也是人的精神利益的体现，所以成为特殊的物。它的特殊性就体现在，由于人作为主体拥有尊严这一不可侵犯的属性，所以，作为人的物质载体的人身也会被人的尊严这一要求所笼盖。人的尊严的限制体现在：一方面，与人身有关的行为义务是不能被强制履行的。例如我是一个歌唱家，与某家剧院签订了表演合同，但后来因某种原因不愿按约定来表演，此时剧院方就不能强迫我来演唱，而只能主张赔偿。当然，此时人身并不是作为合同法律关系的客体出现的，只是在履行合同义务时必然涉及我的人身自由。另一方面，在人身作为法律关系客体的情况下，也存在很多的限制：

1. 活人的整个身体不能视为法律上的物。人身不能作为物权、债权和继承权的客体，禁止任何人（包括本人）将整个身体作为"物"来参与有偿的经济活动，所以，买卖人口、买卖婚姻是法律所禁止的违法或犯罪行为。当然，在现代社会，随着科技和医学的发展，出于救死扶伤的目的，人身的一部分（如血液、器官、皮肤等）是可以转移给他人的（被转移方可以给予转移方一定的补偿，但不能买卖）。人身部分的法律性质，要根据阶段进行区分对待：当人身的部分尚未脱离人的整体时，即为所属主体的人身本身；当人身的部分从身体中分离，已成为与身体相脱离的外界之物时，就是法律上的"物"，也就是上一类客体；当该部分已经植入他人的身体时，即为他人人身的组成部分。举例来说，张三和李四通过合同约定，张三将自己的一个健康的肾脏给李四，以挽救后者的生命，李四则给予张三一定的营养费用补偿。在做肾脏移植手术之前，如果张三反悔了，合同就不能强制履行，因为此时这个肾脏属于张三人身的组成部分，不能强制履行。如果肾脏从张三身体上取下来后尚未植入李四的体内，此时张三反悔了，那么由于此时这个肾脏的法律地位是"物"，不享有特别的保护，所以要按照合同的约定植入李四体内。如果肾脏已经植入李四体内，此时张三反悔了，当然也不能让李四返还，因为此时这个肾脏已成为李四人身的组成部分。

2. 权利人对自己的人身不得进行违法或有伤风化的活动。人对自己的身体当然拥有法律权利，但是这种权利同样要受到限制。一般来说，各国的法律都会对权利人滥用人身或者自贱人身或人格的行为作出限制。例如，卖淫、自杀、自残行为在多数国家都属于违法行为，至少是法律所不提倡的行为。

3. 对人身行使权利时必须依法进行，不得超出法律授权的范围。有时，特定主体会对他人的人身拥有一定的权利，例如监护人对被监护人（如父母对未成年子女）就是如此。但这种权利也必须依法行使，不能超出必要的界限，否则就是滥用。所以，父母可以要求未成年子女必须每天几点之前回家，但不能虐待或体罚未成年子女。

（三）精神产品

精神产品是人通过某种物体（如纸张、砖石、胶片、磁盘等）或大脑记载下来并加以流传的思维成果，即物化的思维成果。精神产品的价值与利益在于物所承载的信息、知识、技术、标识和其他精神现象，而不在于物本身。总言之，精神产品是人的主观精神活动成果的展现，是精神活动的物化和固定化，它体现了精神利益。知识产权所涉及的对象通常就是精神产品，如著作权涉及的一部小说、一部电影，商标权涉及的图文标识，专利权涉及的发明创造等。

精神产品不是纯粹的主观精神活动，而是它的物化，所以它具有一定的物质载体（至于载体的形式可以是多样化的）。但是精神产品不等同于物质载体本身，知识产权要保护的也不是这个载体本身，而是它所反映的精神利益。所以要注意区分第一类客体"物"与这里所说的通过物来体现的精神产品。例如，张三从李四那里借了一本小说，结果被毁损了，又重新买了一本赔给李四，此时法律关系的客体就是"物"，也就是由纸张组成的这本书。但如果张三发现有一本小说很畅销，所以进行了盗版印刷出售，结果被著作权人起诉并赔偿，此时法律关系的客体就是精神产品，也就是纸张上所记载的思维成果。

（四）行为结果

行为结果是义务人完成其行为所产生的能够满足权利人利益要求的结果。这种结果一般分为两种：

1. 物化结果，即义务人的行为最终凝聚在一定的物体之上，转化为一定的物化实体。换言之，义务人的行为效果最终能展现为一定的物化外观的，就是物化结果。例如，建造房屋、道路、桥梁等合同法律关系的客体，就是典型的物化结果，因为义务人（建造者）的行为效果最终展现为房屋、道路、桥梁这些物体之上。物化结果与第一类客体"物"的共同之处是：法律关系中义务人的行为都涉及特定的物体。二者的区别在于该物体的产生或存在与义务人之行为履行之间在时间上的关系：如果物体存在于义务人的行为之前，那么法律关系的客体就是"物"；如果物体产生于义务人的行为之后，那么法律关系的客体就是"物化结果"。举个例子：买衣服与做衣服。张三去商场买衣服，衣服在买卖合同订立和商家将衣服交付给张三之前就已经存在了，所以买卖合同关系的客体就是"物"。相反，如果张三去一家裁缝铺定制一件衣服，衣服是在裁缝将衣服做出来后才产生的，所以承揽合同关系的客体是"物化结果"，它其实"买"的是裁缝的手艺，只是这个手艺最终凝聚在了衣服上。

2. 非物化结果，即义务人的行为最终没有转化为一定的物化实体，而仅表现为一定的行为过程所产生的满足权利人需求的结果或效果。典型的涉及非物化结果的法律关系是服务合同，如运输合同、演出合同、美容合同等。如，张三在北京买了一张地铁票，乘 2 号线从西直门坐到东直门下车，这一运输合同法律关系的客体不是物（地铁票或地铁），也不是人身（张三的身体），而是非物化结果，也就是张三从西直门到东直门的空间位置的转移。再如，李四买票去国家大剧院看了一场话剧表演，这一表演合同法律关系的客体不是物（话剧票或剧院），也不是人身（表演者的人身），而是非物化结果，也就是李四通过观看表演者的演出所满足的精神上的愉悦和享受。当然，在这两个例子中，为买票所支付的价款也是法律关系的客体，即物。

🎯 **本章知识梗概**

1. 法律关系的主体，是法律关系的参加者，即在法律关系中一定权利的享有者（权利人）和一定义务的承担者（义务人）。法律关系的主体包括自然人或公民、法人与非法人组织以及国家三类。

2. 法律关系主体的构成资格包括权利能力与行为能力。权利能力，是指能够参与一定的法律关系，依法享有一定的权利和承担一定的义务的法律资格。行为能力，是指法律关系主体能够通过自己的行为实际取得权利、履行义务、承担责任的能力。

3. 自然人的一般权利能力期间为从出生到死亡，行为能力则依据年龄和神智来确定。

在逻辑关系上，权利能力构成行为能力的前提。在时间上，权利能力与行为能力并不同时产生，也可能不同时消灭。

4. 法人的权利能力与行为能力具有有限性和同时性。

5. 法律关系的客体是指法律关系主体之间权利和义务所指向的对象，是一定利益的法律形式。

6. 法律关系的客体大体可分为物、人身、精神产品与行为结果四类，它们各有各的认定条件和/或限制条件。

相关参考文献

1. 闫国智："法律关系主体资格浅议——'两条件说'评析"，载《政法论丛》1996年第4期。

2. 沈建峰："权利能力概念的形成和变迁"，载《北方法学》2011年第3期。

3. 周清林："中国语境中的'权利能力'"，载《北大法律评论》2009年第1期。

4. ［德］康拉德·茨威格特、海因·克茨："行为能力比较研究"，孙宪忠译，载《外国法译评》1998年第3期。

第八章　拓展阅读

第九章

法律关系的内容

✉ 导 语

　　法律关系的内容涉及谁对于什么"拥有什么样的权利和义务"的问题。据此，权利和义务看起来是"人"指向对象的行为内容。但事实上，权利和义务永远是一种关系性范畴，它们真正指向的永远是他人。作为法学上的重要概念，它们各有各的含义与类型（第一、二节）。但权利和义务并没有穷尽法律关系的内容，后者至少还包括责任（第三节）。

☞ 第一节 权 利

一、权利与义务的重要性

　　权利与义务是法和法律关系的核心内容和要素。一方面，从法律的直接效果看，即在于分配权利和义务。法律关系是经由法律所调整的社会关系，因而也就可以被刻画为法律关系主体之间的权利和义务关系。从这个意义上讲，权利与义务并非实体性的范畴，而是关系性的范畴，它们刻画的是法律关系主体之间围绕特定客体所展现的一种规范性的作为或不作为。"权利"的作用在于区隔，也就是划分"你的"和"我的"，它在人与人之间竖起了一堵墙；而"义务"的作用则在于联系，即界定什么是"我对于你的"，什么是"你对于我的"，它用一把锁[1]将人与人之间联结在一起。另一方面，从法律规范的内容看，即在于规定权利与义务。法律关系的内容是法律规范所规定的内容在社会关系中的落实，而法律规范的内容则是围绕权利和义务展开的。有时候，法律规范规定的是对行为的命令和禁止，这在法条中通常对应于"应当""必须""有……的义务""禁止""不得""不准"等。有时候，法律规范规定的是对行为的允许，这在法条中通常对应于"可以""有权""享有……的权利""由……决定（规定）"等。作为法律关系内容的权利、义务与作为法律规范内容的权利、义务之间的唯一区别，在于前者是特定主

---

〔1〕 "义务"的概念即源自古罗马的"法锁"。

体之间具体的权利和义务，后者则是不特定主体之间的抽象的权利和义务。

二、权利的概念与类型

（一）权利的概念

对于权利的概念迄今为止依然存在争议。其中重要的原因在于对权利的本质的理解存在分歧，这种分歧突出体现为"利益论"与"意志论"（或"选择论"）之争。利益论者认为权利的本质在于受规范保护的利益，而意志论或选择论则认为权利的本质在于对权利人自由意志或个人选择的规范保护。实际上，无论是利益论者还是意志论者，都不否认权利本身包含着利益和意志这两个要素，区别只在于将哪个要素视为更为根本性的。本书更倾向于意志论，原因在于：受规范保护的利益未必一定要以"权利"的方式来加以保护，受规范保护的利益是一个比权利外延更大的概念。但同时也不否定权利的利益相关性，因为反过来说，权利一定是一种正当利益。

所谓权利，是指受规范保护的自由意志所支配的行为范围，它体现了权利人的正当利益。当这里的"规范"是法律规范时，涉及的就是法律权利。具体来说，权利具有这样几个特点：

1. 权利必然体现正当利益。利益是一个人类学上的描述性概念，但权利则是一个规范性概念。权利一定体现某种利益，但并非所有的利益都能够被上升为一项权利。一个简单的例子就是"赌债"：A 因赌博欠了 B 一大笔钱，B 对于这笔钱当然有其利益存在，但我们很难说这里存在着 B 对于 A 的权利。所以，需要对某种利益正当与否作出规范性判断，[1] 只有正当的利益才有可能被作为权利来保护。正当性涉及价值判断，而价值判断既包括普适性的部分，也包括特殊性的部分。某些权利，尤其是人权，建立在普适性价值的基础上，如生命权、健康权、财产权、政治自由与权利等。而其他一些权利则与特定国家与民族的生活形式相关，承载着特殊的历史—文化背景。例如，像凶宅补偿权、贞操权、哀悼权这类权利可能只有在特殊的文化背景下才能成立。如果这些正当利益得到法律的认可，那么就会上升为合法利益。

2. 权利必然保护自由意志或自治。首先，权利概念在逻辑上的出发点是个人的独立性。社会是由一群人所组成的共同体，但这群人首先是一个个独立的个体。权利必须表达出对个人的这种独立性或分离性的尊重。在道德上，承认个人的独立性就相当于承认"人"作为道德主体的地位，也就是承认一个人仅仅因为拥有"人的资格"这一点就值得被尊重。权利在某种意义上就是对"人"的这种道德主体地位的肯认。其次，权利旨在保护个人的自治。如果义务意味着限制，那么与义务对应的权利人，就获得一项比从纯正当利益所获得的更多的东西，那就是对于义务的"控制"，而"控制"的内容就

---

〔1〕 法学（尤其是刑法学）上有所谓"法益"的说法。但它并非只是指某种利益是否存在实在法基础，而更多涉及正当性判断。

是权利人针对义务的自由或者选择。[1] 这意味着，权利人成为关系性义务的操控者：选择的资格交于权利人之手，他的决定将影响这项义务的性质和程度。[2] 所以，认为个体拥有某些道德权利，就是认为个体在权利的内容所规定的领域内是自主的。换言之，权利是以一种独特的方式来表达对人的道德地位的尊重和保护，即尊重和保护权利人的自由意志或者说自治。

3. 权利隐含着个人选择的相对优先性。虽然个人拥有独立性，但毕竟每个人都生活在社会之中。一个社会应该被视为由一群人所组成的多少自足的联合体，一种为了共同利益的合作事业。由社会合作带来的好处就是所谓的公共利益。生活在社会中的个人既拥有权利，也要受到公共利益的约束。当二者发生冲突时，权利主张本身就蕴含着它初步优先于公共利益的后果。一方面，权利的基本规范效果就在于赋予权利人对抗大多数人的意见或利益的能力，假如当个人选择与公共利益发生冲突时，前者将无条件地服从后者，会严重挑战权利的重要性，使得这个概念变得无足轻重。[3] 另一方面，当在具体情形中个人选择与公共利益发生冲突时，个人选择并非不得被公共利益所排除或限制，但"认真对待权利"要求对此进行充分的证立。权利的存在为基于公共利益的干涉设置了论证门槛，除非干涉的正当根据强大到足以越过权利这个论证门槛，否则干涉就是不正当的。[4]

（二）权利的类型

权利包括三种类型，即自由、请求权与权力。

1. 自由（liberty）。自由意味着行为选择，即权利人可以自主决定做或不做一定行为，不受他人干涉。自由并没有揭示出某个拥有自由之人应当做什么或在特定条件下该做什么，而只是表明了做某事的可能。法律自由往往表达就是这种可能，因为它涉及的是对行为选择的法律保护。如果用 a 表示法律关系的一方主体，而用 b 表示法律关系的另一方主体，用 G 表示特定行为的话，那么自由就可以表述为：a 相对于 b 可以做 G，也可以不做 G。这里的"可以"指的是法律上的允许。

2. 请求权（claim）。[5] 请求权意味着权利人可以要求他人作出一定行为

---

〔1〕 参见陈景辉："法律权利的性质：它与道德权利必然相关吗?"，载《浙江社会科学》2018 年第 10 期。

〔2〕 哈特（Hart）就曾指出，拥有权利至少包括三件事：①权利人可以取消或放弃义务人对其负有的义务（这就相当于放弃权利）；②在相关义务（可能）被违反时，权利人可以选择是否（借助相应机制）迫使该义务被落实；③对于因义务人违反义务所带来的损害或损失，权利人可以选择是否要求其赔偿（H. L. A. Hart, Legal Right, in his *Essays on Bentham*, Oxford：Oxford University Press, 1982, pp. 183-184.）。

〔3〕 参见［美］罗纳德·德沃金：《认真对待权利》，信春鹰、吴玉章译，中国大百科全书出版社 1998 年版，第 261~263 页。

〔4〕 David Lyons, "Utility and Rights", in：Jeremy Waldron eds., *Theories of Rights*, Oxford University Press, 1984, pp. 114-115.

〔5〕 也有学者将之译为"主张"或"要求"的。

或不作出一定行为。运用上述符号，可以将请求权表述为：a 可以请求 b 做或不做 G。这里的"可以"同样指的是法律上的允许。请求权可以被进一步区分为：

（1）消极行为请求权。消极行为请求权又可以被分为三类，即不阻碍行为的请求权、不损害法益的请求权与不消除法律地位的请求权。不阻碍行为的请求权是指权利人有权请求义务人不得阻碍他实施一定行为，例如宪法上的选举、言论、出版、集会、结社、游行、示威、宗教信仰、劳动、休息、受教育、科学研究、文艺创作等基本权利。不损害法益的请求权是指权利人有权要求义务人不得损害他的合法权益。这种合法权益是广义上的权益，它包括权利享有者的属性、处境或其他相关权益。例如，宪法上基本权利享有者可能被侵害的属性包括"身体健康""人格尊严"；处境的例子是"住宅不受侵害"；其他权益如"通信秘密""华侨的正当的权利和利益""归侨的侨眷的合法的权利和利益"。不消除法律地位的请求权是指权利人有权要求义务人不得消除他的特定法律地位。这种请求权存在的前提是，一般而言，义务人相对于权利人具有一种政治上的优势地位。例如，义务人的典型情形为"国家"，而权利人为这个国家的公民。

（2）积极行为请求权。积极行为请求权又可以被分为两类，即积极的事实行为请求权与积极的规范行为请求权。积极的事实行为请求权的对象是一种事实行为。例如，合同缔约一方要求另一方按照约定转移标的物，侵权法上被侵权人要求侵权人进行损害赔偿，宪法上贫困人员要求国家提供最低生活保障。积极的规范行为请求权只在公法领域有意义，因为它的义务人是特定的，即国家；它的对象也是特定的，即制定法律规范的行为。例如，言论自由要求国家提供新闻自由、出版自由的制度保障，学术自由要求国家提供教授委员会、学术委员会等组织保障和大学自治的程序保障，人身自由、住宅自由等要求国家提供刑法上的保护。制度保障、组织与程序保障、法律保护都离不开制定相关规范的国家行为，公民对这种规范制定行为的请求权就是积极的规范行为请求权。

3. 权力（power）。[1] 如果说自由和请求权指的是法律上的"可以"（may）的话，那么权力就意味着法律上的"能够"（can）。自由和请求权构成狭义上的权利的类型，权力则属于广义上的权利。权力意味着权利人能够通过其行为引发预期的法律效果。[2] 权力既存在于私法领域，也存在于公法领域。赋予"私人"的法律权力，即通过实施法律行为创设法律规范，典型如民法上所谓的形成权，也包括缔结契约权等。公法领域的法律权力，如通过起诉、上诉、诉愿或通过行使选举权来参与法律规范的创设等。诉权，即

---

〔1〕 这里的"权力"指的是规范性权力（normative power），而非事实上的权力或暴力。在多数情况下它等同于欧陆语境中常用的"权能"（competence）。

〔2〕 参见［丹麦］阿尔夫·罗斯：《指令与规范》，雷磊译，中国法制出版社 2013 年版，第 162 页。

权利人认为自己的自由或请求权受到侵害时，启动国家诉讼程序来对义务人施加不法后果，就是一种典型的权力。[1] 由于权力与法律资格密切相关，相比自由或请求权处于更高的位阶（因为权力所创设之法律规范可以包含自由或请求权），所以在专业意义上，权力在广义的权利体系中更为核心。

在中国法学传统中，一直以来将"权力"限于特殊的公法语境，认为权力只能为代表公共利益的国家机关所掌握，而与私人所享有、代表个人利益的权利相区分，从而形成"公—权力"与"私—权利"的二元对立。但这种限缩用法并不符合法律科学研究。因为国家的公权力实际上是这里所说的权利与义务的复合：当法律授权某国家机关实施某一行为时，该机关既有权利、也有义务去实施这一行为。对于这种现象，莫如使用"职权"来得更好。

☞ 第二节　义　务

一、义务的概念与分类

（一）义务的概念

义务，是指法律规定对法律主体行为的约束，是法律规定人们应当作出和不得作出某种行为的界限。只有当某个法律规范将某种强制行为作为制裁联结于相对立之行为时，某个行为才能被视为客观上为法律所要求的，进而被视为某项法律义务。如果说权利体现个人对社会的主张，则义务体现的是社会对个人的要求。某个社会秩序所要求的个人行为是这一个人对此负有义务的行为。由于法律是一种社会秩序，所以，某人有法律上的义务去采取的行为就是一种直接或间接地相对于另外一人所发生的行为。法律义务具有这样几个特点：

1. 法律义务具有法定性。诚然，义务也存在于道德的领域，即有所谓的道德义务。但是，道德权利与法律权利以及道德义务与法律义务的关系有所不同。法律权利首先得是一种道德权利，人们可以从法律规定中推出具有道德正当性的新权利类型，即所谓的新兴（新型）法律权利。但法律义务不必然同时是道德义务，法律义务的成立只需、也必须有法律的明文规定。在此意义上，法律义务具有严格的法定性，严禁任何个人和机构在法律实施过程中创设法外义务。

2. 法律义务具有强制性。这一点与权利的自治性恰好相对：如果说权利人可以选择是否行使权利、在法律允许的范围内选择以何种方式来行使权利的话，那么义务人对于法律义务的内容就不可以随意转让或违反，他必须严格依照法律规定的方式来履行义务。

---

[1] 凯尔森甚至认为权力才是专业意义上的权利 [Hans Kelsen, Reine Rechtslehre (Studienausgabe der 2. Auflage 1960), hrsg. v. Matthias Jestaedt, Tübingen: Mohr Sieck, 2017, S. 273-274.]。

（二）义务的分类

1. 根据义务的表现形态，可分为积极义务与消极义务。积极义务又称作为义务，是指义务人根据法律规定必须作出一定的行为，如赡养父母、抚养子女、纳税、服兵役等。消极义务又称不作为义务，是指义务人根据法律规定不得作出一定的行为，如不得破坏公共财物、禁止非法拘禁、严禁刑讯逼供等。

2. 根据义务所针对之权利人的范围，可分为关系性义务与非关系性义务。关系性义务也称对人义务，即此一义务指向明确特定的权利主体，义务人应当根据权利主体的要求作出或不作出一定的行为。借贷合同中的债权和债务，婚姻家庭关系中夫妻之间、父母与子女之间都存在这种义务。非关系性义务也称对世义务，即此一义务并不指向明确特定的权利主体，而是泛泛针对义务人之外的其他人的一定的作为或不作为。例如，不得损害其他公民的人身自由、在公交车上要给老年人让座等。如果说违反义务是一种"错误"的话，那么关系性义务与非关系性义务的区别在于：前者是针对特定人（权利人）的错误，后者则是一种一般性的错误。

二、权利与义务的关系

权利和义务作为法律关系的核心内容，它们之间的连接方式和结构关系是十分复杂的。一般而言的权利与义务相关性的原理，即"没有无义务的权利，也没有无权利的义务"并不能当然成立。具体而言，这要视权利的类型而定：

1. 如果这里的权利指的是自由，那么它并不对应于他人的义务。如前所述，自由指的只是法律所允许的权利人的行为选择，并不当然意味着此时对应于他人应当做什么或不得做什么的义务。如果某种自由在允许权利人作行为选择的同时，还可以使得权利人可以请求他人作一定的行为（积极请求权）或不作一定的行为（消极请求权），那么它就已经成为"自由权"。自由权其实是自由与请求权的复合，它所包含的请求权部分适用下面的二点。

2. 如果这里的权利指的是请求权，那么它片面对应于义务。这意味着，请求权必然对应义务，但义务未必对应任何请求权。换言之，赋予权利人一项请求权必然意味着相关的义务人承担一项相应的义务。因为 a 可以请求 b 做或不做 G，就意味着 b 有义务相对于 a 去做或不做 G，这是一种概念或逻辑上的必然。例如，我的债权必然对应你的义务。但是反过来，对义务人施加一项义务未必就意味着赋予相关人相应的权利，因为法律可以通过施加义务来保护一般利益或公共利益的同时并不指定任何个人享有请求权。这里涉及的其实就是上面提到的关系性义务与非关系性义务的区分。请求权必然对应关系性义务，二者是相互蕴含的关系，但非关系性义务则不对应任何请求权。权利和义务相关的原理只有将前者限定为"请求权"，将后者限定为"关系性义务"时才能成立。

3. 如果这里的权利指的是权力，那么它也不对应于义务。权力涉及的是权利人通过自己的行为引发特定的法律效果，即创设特定法律规范或者说改变他人之法律地位的可能性。没有按照法律规定行使权力的后果是"无效"，即不产生特定的法律规范或发生改变他人之法律地位的后果。与之相关的，并非对应于特定或不特定之人的义务，而是对权利人的屈从。

👉 **第三节 责 任**

一、责任的概念与分类

（一）责任的概念

与义务的概念具有根本性联系、但又与之有别的概念是责任。[1] 在日常用语中，一般不区分使用义务和责任这两个概念。在政治哲学中，义务和责任的使用有着较为复杂的区分。[2] 在法学中，责任同样是在与义务有别的意义上来使用的，它主要包括三种情形：

1. 因违反义务而应承担的不利法律后果。这里的"违反义务"可以是违反法定义务（狭义上的"违法"），也可以是违反约定义务（"违约"）。狭义上的违法可以是违反刑事、民事、行政等性质的法律，而违约则属于违反合同（及其背后的合同法）。无论是违法还是违约，都属于没有履行、没有恰当履行或没有充分履行法律一般创设的义务或者合同为当事人特别设立的义务，法律或合同都会对义务人进一步施加不利的后果。在此意义上，原有的法律规定或合同约定的义务属于第一性义务，而这种进一步施加的不利法律后果则属于第二性义务。

2. 仅因法律规定而应为自己的行为承担的不利法律后果。有的时候，行为人的行为既不违法、也不违约，但由于法律的特别规定，只要行为人的行为在客观上侵害到了他人的权利，就要承担不利的法律后果。最典型的例子就是民法侵权领域的"公平责任"。我国《民法典》第 1186 条规定："受害人和行为人对损害的发生都没有过错的，依照法律的规定由双方分担损失。"

例如这样一个案件：一个青年农民开着一辆手扶拖拉机在路上行驶，突然不知何故，拖拉机的手柄脱靶飞出砸在路边一位老大爷的脑袋上，造成后者死亡，最后法院判定由这位青年农民承担一半的医疗费和丧葬费。在这种情形中，这位青年农民既没有违法，也没有违约，而属于意外事件，但他的行为与被害人的死亡之间存在因果联系。出于社会风险分担的公平考虑，法律让他承担一定的赔偿责任。这种责任与违反义务而导致的责任所发挥的作

---

〔1〕 在英语中，表示"义务"的单词是"duty"或"obligation"，表示"责任"的单词是"liability"或"responsibility"。不同单词的使用微有区别。

〔2〕 参见毛兴贵编：《政治义务：证成与反驳》，江苏人民出版社 2007 年版，第 4~5 页。

用也是不同的：如果说违反义务所导致的责任重在发挥对义务人之惩罚与教育的功能的话，那么这种责任则重在救济和恢复，即救济被侵害的权利，恢复被破坏的社会关系。

3. 仅因法律规定而应为他人的行为承担的不利法律后果。法律责任除了可以针对违反义务者或法律规定的行为人之外，也可以针对其他与义务人之间存在法律所确定之关系的人来实施。在前一种情形中是为自己的行为负责，即负有义务的个人与负有责任的个人是同一个。而在后一种情形中，个人为他人所实施的不法行为负责：负有义务的个人与负责的个人不是同一个。人们有义务实施某种合法的行为，但要为某种违法的行为承担责任。负有义务的个人可以通过其行为来招致或避免不利法律后果。只是为他人不履行义务的行为（为他人所犯下的不法行为）承担责任的个人，既无法通过其行为来招致不利后果，也无法通过其行为来避免不利后果。[1] 比较典型的情形是：父母要为子女侵害他人权利的行为负责，法人代表要为法人成员以法人名义对外实施的不法行为负责。

所以，责任是指因违反义务或者仅因法律规定应为自己或他人的行为承担的不利法律后果。

（二）责任的分类

根据不同的标准，可以对法律责任进行不同的分类。

1. 过错责任与无过错责任。这是根据主观过错在法律责任中的地位对责任所作的分类。所谓过错责任，是以行为人存在主观过错为必要条件的法律责任，它在责任形式中占主导地位。从过错的表现形态来看，可分为故意和过失，故意又可分为直接故意和间接故意，过失又可分为疏忽大意的过失和过于自信的过失。这种区分在刑事责任中意义比较明显。从过错的程度看，过错可分为轻微过错、一般过错和严重过错。这种区分在民事责任中意义比较明显。过错责任的理论前提在于人的主体性。人一方面是理性的，具有认知能力和判断能力；另一方面是自由的，具有意志自由和选择能力，他可以在意志自由选择的范围内，用理性指导自己的自由选择。如果他没有用理性指导自己的自由选择，造成损害他人和社会利益的后果，主观上就可以对他进行苛责，他就要为此承担不利的法律后果。过错就是对理性的违反，对意志自由的滥用，责任与理性、责任与自由是一体两面的事。

所谓无过错责任，是指不以主观过错的存在为必要条件的法律责任。换言之，无论行为人有无主观上的过错，只要行为人的行为与损害结果之间具有因果联系，就要承担法律责任。所以，无过错责任不是指以行为人主观上没有过错为归责的条件，而是压根就无需考量行为人的主观方面。具体适用时要注意区分：

---

[1] Vgl. Hans Kelsen, Reine Rechtslehre (Studienausgabe der 2. Auflage 1960), hrsg. v. Matthias Jestaedt, Tübingen: Mohr Sieck, 2017, S. 226~227.

（1）公平责任与无过错责任。公平责任原则只有在双方当事人均无过错的情况下才能适用，双方当事人都应当举证证明自己没有过错，法院应当对此予以认定。而无过错责任原则的含义是：行为人损害他人民事权益，不论有无过错（并非无过错），法律规定要承担侵权责任的，都应当承担侵权责任。所以，不能将无过错责任等同于上述"仅因法律规定应为自己或他人的行为承担的不利法律后果"。过错责任和无过错责任构成了因违反义务而应承担的不利法律后果的两种责任形式。

（2）无过错责任与举证责任倒置。无过错责任不需要考量行为人的主观过错即可认定责任的存在，而举证责任倒置则是一种诉讼法上的责任证明机制（和风险分配机制），它既可以针对过错责任，也可以针对无过错责任。前者如《民法典》第 1165 条规定："行为人因过错侵害他人民事权益造成损害的，应当承担侵权责任。依照法律规定推定行为人有过错，其不能证明自己没有过错的，应当承担侵权责任。"推定过错是一种以过错责任为前提的举证责任倒置机制，它将风险分配于行为人一方。后者如《民法典》第 1229、1230 条规定："因污染环境、破坏生态造成他人损害的，侵权人应当承担侵权责任。""因污染环境、破坏生态发生纠纷，行为人应当就法律规定的不承担责任或者减轻责任的情形及其行为与损害之间不存在因果关系承担举证责任。"生态环境侵权责任是一种无过错责任，这里的举证责任倒置以是否存在因果关系为核心，风险分配于侵权者一方。

2. 民事责任、刑事责任、行政责任与违宪责任。这是根据要负责任的行为所违反之法律的性质所作的分类。这里要弄清楚的是各类责任产生的原因及主观过错问题：

（1）民事责任可以因违反民法义务（违反民事法律、违约）或仅因民法规定应为自己或他人的行为来承担。民法责任既有可能是过错责任，也有可能是无过错责任。

（2）刑事责任只能因为违反刑事法律来承担，它只可能是过错责任。因为主观可责难性（有责性）是构成刑事责任的必要条件。

（3）行政责任要区分两种情形，一种是由行政机关来承担的，另一种是由行政相对人来承担的。由行政机关承担的行政责任可以因违反行政法律产生，也可以因行政法的特殊规定来产生。由行政机关承担的行政责任属于无过错责任。与此不同，由行政相对人承担的行政责任只能因违反行政法律产生，只能是过错责任。

（4）违宪责任比较特殊，它的承担主体是国家机关及其领导成员。它是因违反宪法所产生的责任，属于无过错责任。

3. 职务责任与个人责任。这是根据行为主体的名义所作的分类。所谓职务责任，是指行为人以职务的身份或名义从事活动时造成损害所应承担的责任。所谓个人责任，是指行为人以个人的身份或名义从事活动时造成损害所应承担的责任。一个人究竟是以职务身份还是以个人名义从事活动，要综合行为的场所、发生的时间和情境来确定。例如，法官张某在从事庭前调解活动时有违法行为，应承担的就是职务责任；但当他在下班回家途中与人发生纠纷，将人打伤了，此时应承担的则是个人责任。职务责任与个人责任的法律后果并不一致：职务责任是由行为人所属的法人来承担的。无论是国家机关还是企事业单位，只要是该法人的成员在代表该法人履行职务时违法，就要由法人代表出面承担其成员由此导致的法律责任。当然，对外承担责任后，法人可以对该成员进行一定的处分，但这就属于内部问题了。与此不同，个人责任是由该行为人直接承担的，与所属的法人无关。

4. 有限责任与无限责任。这是根据责任承担的限度所作的分类，尤其出现于商业组织活动中。有限责任，是指责任人仅以自己投入企业的资本对企业债务承担清偿责任，资不抵债的，其多余部分自然免除的责任形式。有限责任公司和股份有限公司都承担有限责任。无限责任，是指责任人对企业债务不以其投入的资本为限，当企业负债摊到他名下的份额超过其投入的资本时，他除了以原投入的资本承担债务外，还要以自己的其他财产继续承担债务。根据国际上的通行做法，合伙企业的普通合伙人和部分一人公司的投资人对其投资企业的债务应承担无限责任。我国《中华人民共和国合伙企业法》（以下简称《合伙企业法》）规定，合伙企业的合伙人都要对企业债务承担无限责任。

5. 按份责任与连带责任。这种分类适用于民事责任中的共同责任。所谓共同责任，是指两个或更多的民事主体共同承担一项民事责任。根据共同责任人分担责任的方式不同，可以分为按份责任与连带责任。所谓按份责任，是指对于共同的民事责任，各个责任人之间只按照固定的份额来承担自己那部分责任，权利人无权请求其中一个责任人承担超出自己份额的责任。所谓连带责任，是指数个责任人就同一责任各负全部给付的一种责任形式。即权利人可对责任人中的一人、数人或全体，同时或先后请求全部或部分给付的一种责任承担形式。例如，合伙债务的债权人，对于合伙成员的一人、数人或全体，均可请求其同时或先后，部分或全部地清偿合伙债务。再如，《民法典》第1170条规定："二人以上实施危及他人人身、财产安全的行为，其中一人或者数人的行为造成他人损害，能够确定具体侵权人的，由侵权人承担责任；不能确定具体侵权人的，行为人承担连带责任。"

二、责任的竞合与免除

在认定和追究责任（归责）的过程中，可能会出现两种特殊的情况：一种是责任的竞合，另一种是责任的免除。

（一）法律责任的竞合

法律责任的竞合，是指一种法律事实的出现导致多种法律责任的并存或冲突。根据竞合的后果是多种法律责任的并存还是冲突，又可以区分为责任的聚合与狭义责任竞合。

1. 责任聚合是指一种法律事实的出现导致多种法律责任的并存，它通常发生于不同的法律部门之间，可对同一行为人同时追究不同的责任。[1] 例如，某人从事了针对受害人的严重的身体伤害或财产类犯罪，就有可能被提起刑事附带民事诉讼。此时，他既要承担刑事责任，也要承担民事责任，例如赔偿受害人或受害人家属，二者可以同时追究，并行不悖。

2. 狭义责任竞合是指一种法律事实的出现导致多种法律责任的冲突，它往往发生于同一法律部门内部，只能择一追究。最典型的例子是同属于民法的侵权责任与违约责任的冲突。例如，假如张三与某旅游公司订立了去某地旅游的合同，合同条款中有旅游公司确保张三的人身安全的条款，并约定了相应的违约责任。张三在旅游期间果然发生了人身损害（例如因旅游公司的大巴发生了车祸），此时既存在侵权责任（旅游公司侵害了张三的人身权利），又存在违约责任（旅游公司没有履行约定的确保张三的人身安全的义务）。对于张三而言，他可以在这两种责任之中择一来主张，但不能同时主张。

责任竞合要与同一责任的不同承担方式区分开来。例如，《民法典》第179条规定："承担民事责任的方式主要有：①停止侵害；②排除妨碍；③消除危险；④返还财产；⑤恢复原状；⑥修理、重作、更换；⑦继续履行；⑧赔偿损失；⑨支付违约金；⑩消除影响、恢复名誉；⑪赔礼道歉。法律规定惩罚性赔偿的，依照其规定。本条规定的承担民事责任的方式，可以单独适用，也可以合并适用。"这些都是同一种责任，即民事责任的不同承担方式而已，即便一起适用也不构成责任竞合，因为责任竞合必须在不同责任类型之间发生。

法律责任的竞合来自于法律规范的竞合。不同法律规范由不同的立法主体制定，不同的立法主体在制定各自的法律规范时往往从特定的角度出发来对社会关系进行调整。假如这些法律规范对于同一类社会关系进行调整（范围重合或交叉）且关于责任的规定不一致，就可能发生法律责任的竞合。法律规范的竞合往往在制定抽象的法律规范时没有被发现，而是在法律适用的过程中被发现：当法官在依据法律处理个案时，发现可以适用于个案事实的法律规范有多个且后果不一，此时就是法律责任竞合的出现场合。所以，责任竞合其实是法律规范竞合的表现形态。

（二）法律责任的免除

法律责任的免除，又称免责，是指在认定和追究责任（归责）的过程中，由于出现某种法律规定或允许的条件，全部或部分地免除行为人的法律责任。这里要注意三点：①免责发生于归责的过程中，属于归责的一环，其前提是行为人存在责任，只是因为符合特定条件而免除责任，并不是说行为人自始

---

[1] 当然，这并非一定如此。例如，行政责任（如行政处罚）与刑事责任就有可能不能重复施加，重的责任会吸收轻的责任。归根结底，是因为有可能这两种责任在性质上具有类似性（例如都剥夺了行为人的人身自由），而与刑事责任和民事责任的聚合情形不同。

不存在责任，这一点与认定不符合责任的条件不同。②免责既包括责任的全部免除，也包括责任的部分免除，所以其实指的是"减免"，"减"是部分的免，"免"是全部的减。③法律规定的是法定的免责条件，而法律允许的是当事人意定的免责条件。私法的免责条件与公法的免责条件有所不同，前者包括法定免责与意定免责两类，而后者只包括法定免责一类。

1. 私法免责条件。法定免责条件包括：

（1）时效免责。法谚有云：法律不保护躺在权利上睡觉的人。如果权利人知道或应当知道自己的权利被侵害，却不向责任人主张，经过一段时间（诉讼时效）后，对方的责任就将被免除。从现实的角度看，时效免责除了能起到督促权利人及时主张自己的权利，维护社会关系和社会秩序的稳定的作用外，还有一个重要考量在于：主张自己的权利是需要得到证据支撑的，但由于时间的流逝，证据可能被湮没，如果不规定一定的期限，即便赋予权利人诉权，他也很有可能无法举证来支持自己的主张了。如我国《民法典》第188条第1款规定："向人民法院请求保护民事权利的诉讼时效期间为3年。法律另有规定的，依照其规定。"

（2）人道主义免责。在追究责任人的法律责任时，也应考虑其财产状况，以保证责任人及其家庭必要的生活条件。例如，面对一位家徒四壁的残疾债务人，就不能执行其最低生活保障金，执行其轮椅。此时就要减免其债务。人的尊严与存活构成了对民事责任的限制。

（3）不可抗力、正当防卫、紧急避险、自愿救助行为免责。不可抗力，是指不能预见、不能避免且不能克服的客观情形；正当防卫，是为了使公共利益、本人或他人的人身和其他权利免受正在进行的不法侵害而采取的防卫行为；紧急避险，是为了使本人或第三人的人身或财产或者公共利益免遭正在发生的实际存在的危险而不得已采取的加害于他人人身或财产的损害行为；自愿救助行为，是指并无法定或约定义务而对他人自愿实施紧急救助却造成受助人损害的行为。《民法典》第180、181、182、184条分别对这些情形作出了规定。

意定免责条件包括：①自愿协议。在法律允许的范围内，受害人与责任人可以协商同意，全部或部分免除后者的责任。②受害人放弃，受害人不起诉责任人，不主张责任人承担责任，对方的责任也就被免除。这两种情形都是私法领域意思自治的体现。

2. 公法免责条件。包括：

（1）时效免责。如我国《刑法》第87条规定："犯罪经过下列期限不再追诉：①法定最高刑为不满5年有期徒刑的，经过5年；②法定最高刑为5年以上不满10年有期徒刑的，经过10年；③法定最高刑为10年以上有期徒刑的，经过15年；④法定最高刑为无期徒刑、死刑的，经过20年。如果20年以后认为必须追诉的，须报请最高人民检察院核准。"

（2）自首或立功。《刑法》第67条第1款规定："犯罪以后自动投案，如实供述自己的罪行的，是自首。对于自首的犯罪分子，可以从轻或者减轻处罚。其中，犯罪较轻的，可以免除处罚。"第68条规定："犯罪分子有揭发他人犯罪行为，查证属实的，或者提供重要线索，从而得以侦破其他案件等立功表现的，可以从轻或者减轻处罚；有重大立功表现的，可以减轻或者免除处罚。"

（3）当事人不起诉。这类免责条件只适用于轻微的自诉刑事案件和行政机关实施行政违法行为导致的案件，即"告诉才处理的"情形。否则，在公诉刑事案件中，即便当事人（受害人或其亲属）不起诉，也应由国家检察机关代表国家起诉，因为犯罪一般被认为是对公共利益的侵害。

（4）正当防卫与紧急避险。《刑法》第20条第1款规定："为了使国家、公共利益、本人或者他人的人身、财产和其他权利免受正在进行的不法侵害，而采取的制止不法侵害的行为，对不法侵害人造成损害的，属于正当防卫，不负刑事责任。"第21条第1款规定："为了使国家、公共利益、本人或者他人的人身、财产和其他权利免受正在发生的危险，不得已采取的紧急避险行为，造成损害的，不负刑事责任。"[1]

本章知识梗概

1. 权利与义务是法和法律关系的核心内容和要素：一方面，从法律的直接效果看，即在于分配权利和义务；另一方面，从法律规范的内容看，即在于规定权利与义务。

2. 权利是指受规范保护的自由意志所支配的行为范围。权利必然体现正当利益，必然保护自由意志或自治，它隐含着个人选择的相对优先性。

3. 权利包括三种类型，即自由、请求权与权力。自由意味着行为选择，即权利人可以自主决定做或不做一定行为，不受他人干涉；请求权意味着权利人可以要求他人做一定行为或不做一定行为；权力意味着权利人能够通过其行为引发预期的法律效果。

4. 义务是指法律规定对法律主体行为的约束，是法律规定人们应当作出和不得作出某种行为的界限。法律义务具有法定性和强制性，它可分为积极义务与消极义务、关系性义务与非关系性义务。

5. 权利和义务并不存在一一对应关系：自由和权力都不对应于他人的义务，请求权则片面对应于义务，即请求权必然对应关系性义务，但非关系性义务则不对应任何请求权。

6. 责任是指因违反义务或者仅因法律规定应为自己或他人的行为承担的不利法律后果。根据不同的标准，可以对法律责任进行不同的分类。

7. 在认定和追究责任（归责）的过程中，可能会出现两种特殊的情况：一种是责任的竞合，另一种是责任的免除。法律责任的竞合，是指一种法律事实的出现导致多种法律责任的并存或冲突。法律责任的免除（免责），是指在归责的过程中，由于出现某种法律

---

[1] 关于正当防卫和紧急避险究竟是构成"违法阻却事由"抑或是"责任阻却事由"是有争议的。但可资对比的是《刑法》第16条的规定：行为在客观上虽然造成了损害结果，但是不是出于故意或者过失，而是由于不能抗拒或者不能预见的原因所引起的，不是犯罪。如果对比该条规定的"不可抗力"与正当防卫和紧急避险，可以明显发现不同：不可抗力造成损害"不是犯罪"，也即没有责任；而正当防卫和紧急避险是"不负刑事责任"，似可认为是有责任但不负（也即免除）。

规定或允许的条件，全部或部分地免除行为人的法律责任。私法与公法领域各有各的免责条件。

相关参考文献

1. 王涌："法律关系的元形式——分析法学方法论之基础"，载《北大法律评论》1998 年第 2 期。

2. 冉昊："法律关系的内容及其模型建立——传统法律关系理论的缺陷及其补救初探"，载《南京大学法律评论》1999 年第 1 期。

3. 舒国滢："权利的法哲学思考"，载《政法论坛》1995 年第 3 期。

4. 陈景辉："权利和义务是对应的吗?"，载《法制与社会发展》2014 年第 3 期。

5. 雷磊："法律权利的逻辑分析：结构与类型"，载《法制与社会发展》2014 年第 3 期。

6. 蔡宏伟："'法律责任'概念之澄清"，载《法制与社会发展》2020 年第 6 期。

第九章 拓展阅读 1　　　第九章 拓展阅读 2

第十章

法律事实

✉导 语

法律关系是动态的，而非静态的。法律规范规定了法律关系的主体、客体和内容，但要引起法律关系的形成、变更和消灭，还需有符合这些规定的法律事实存在或出现。法律事实包括法律行为与法律事件两种类型，我们需要分别来理解它们各自的概念与进一步的分类，并知晓两者之间的区别。

☞ 第一节 法律行为

一、法律事实概述

法律关系是法律规范在调整社会关系的过程中形成的人与人之间的权利和义务关系。这类社会关系在性质上是与法律有关的特定事实，也可称之为法律事实（legal facts）。所以，法律关系是法律规范与法律事实的结合。从动态的角度看，法律关系处于不断地形成、变更和消灭的过程之中，它的形成、变更和消灭需要具备一定的条件，而法律规范与法律事实就是两个条件，缺一不可。法律规范与法律事实同时存在，是法律关系形成的条件；法律规范与法律事实其中之一变更或二者都变更，是法律关系变更的条件；法律规范与法律事实其中之一消灭或二者都消灭，则是法律关系消灭的条件。其中，法律规范是法律关系形成、变更和消灭的法律依据，法律事实是法律规范与法律关系的中介。打个比方的话，法律规范是法律关系的大前提，而法律事实则是法律关系的小前提。

所谓法律事实，是指具有法律关联性的，能够引起法律关系形成、变更和消灭的状态或过程。它具有两个特点：

1. 法律事实属于客观的外在状态或过程，而非心理状态或过程。这是因为法律只调整人的行为，不调整人的内心活动，经法律调整之后的法律关系同样是客观外在关系。同样地，要由法律调整、产生法律关系的法律事实也必须是客观的外在状态或过程。

2. 法律事实必须具有法律关联性。社会关系是一个极其宽泛的范畴，并非所有的社会关系都会受到一国法律规范的调整，只有由法律规定的、具有法律意义的事实才属于法律事实。与法律无关联的社会关系或事实尽管客观存在，但与法律关系的形成、变更和消灭无关。

依据法律关系的形成、变更和消灭是由法律关系主体还是主体之外的原因所引起，可以将法律事实分为法律行为与法律事件两大类。

二、法律行为的概念与类型

（一）法律行为的概念

所谓法律行为（Rechtsakt），是指法律关系的主体所实施的、能够发生法律上的效果，即引起法律关系形成、变更和消灭的法律事实。法律行为具有如下特点：

1. 法律行为具有社会性。法律行为不是一种纯粹自我指向的行为，而是一种社会指向的行为。因为法律是一种社会规范，法律规范调整的是社会关系，是人们所实施的能够影响到他人的关系。如果某种行为只具有个人意义，不会对他人产生影响，就不是法律行为，也不会发生法律效果（即引起法律关系的变化）。例如，一个人躲在家里看低俗小说不是法律行为，而一个人看完低俗小说后复制传播就会构成法律行为。

2. 法律行为具有法律性。所谓法律性，是指法律行为由法律调整或保护，能够产生特定的法律后果。首先，法律行为是由法律调整或保护的行为。行为具有社会指向性，可能会对社会造成影响，所以它们才有可能和有必要受到法律的调整或保护。其次，法律行为能够产生特定的法律后果，即能够引起人们之间权利义务关系的产生、变更或消灭。

法律行为的法律性不等同于合法性，指的只是它具有法律上的意义。法律关系必然是合法的，但引起法律关系形成、变更和消灭的法律行为则未必。法律行为可分为合法行为与违法行为。合法行为会受到法律的承认、保护或奖励（法律发挥调整性功能），会正向引起法律关系的形成、变更或消灭；违法行为会受到法律的否定、撤销或惩罚（法律发挥保护性功能），会反向引起法律关系的形成、变更或消灭。合法行为所引起的法律关系称为调整性法律关系；违法行为引起的法律关系称为保护性法律关系。但无论是调整性法律关系还是保护性法律关系，其本身都是合法的。

3. 法律行为具有意志性。法律行为是由法律关系主体所实施的行为，当然体现主体的意志。或者说，正是通过意志的表现，行为才会获得人的行为（包括法律行为）的性质。所以，纯粹无意识的行为不被视为法律行为，如完全的精神病人所实施的行为。并且，是否以法律关系主体的意志为转移，恰好构成了法律行为得以区分于法律事件的关键点。但要注意的是：

（1）这里所谓的"意志"，指的并不一定是"合法意志"。违法行为（如侵权行为）同样含有法律关系主体的意志，但保护性法律关系的发生就不符合主体的意志（但仍可以说是他的意志所引发的，也就是反向引发）。

（2）这里所谓的"意志"，指的也不一定是民法上所说的"意志（意思）表示"，也就是指法的效果或者说法律关系的形成、变更或消灭必须依照法律关系主体的意志内容来发生。非表示行为同样具有意志性，只不过非表示行为所引发的法的效果是由法律直接规定的，而与主体的表意内容无关。例如，某人拾得遗失物，其意志至少包括想要将此遗失物捡起来，可能也包括想要据为己有，但拾得遗失物的法律后果与他的这些意志无关。

（二）法律行为的类型

法律行为可以分为表示行为与非表示行为。表示行为（Rechtsgeschäft）[1]也称"意思表示行为"，指的是行为人基于自己的意思表示而能造成法律关系之形成、变更或消灭的行为。民法学界往往将表示行为视为私法领域独有的现象，认为这是私人创设（个别）法律规范的典范，并将它与意思自治等价值联系在一起。但事实上，私人之所以能通过表示行为来创设个别法律规范，只是因为国家的法律允许其这么做；或者说，是制定法使得特定法律后果取决于这一条件，即当事人曾如此意愿过，而在其他法律后果那里则没有顾及这一点。所以，只有当国家的法律顾及它时，私人意志才会产生这样的法律后果。私人表示行为所创设之个别法律规范的拘束力仅仅基于这一点之上，即国家的法律秩序规定了要服从它，并且指示法官当它被违背时要强制去遵守。例如，合同行为就是典型的表示行为，双方当事人通过意思表示达成合意，合同（作为个别法律规范）对于双方当事人都有拘束力。但合同法律关系之所以有效，之所以有一方违反合同时对方可以诉诸法院去强制实施（或主张赔偿），是因为合同法对此进行了授权。表示行为这种"私人立法"其实是在国家的正式立法所容许的空间内进行的。就此而言，公法领域与私法领域没有本质区别。公法领域同样存在此类授权规范，授权特定公权力主体去实施表示行为，并根据这种表示行为产生相应的法律后果，形成、变更或消灭特定的公法关系。所以，任何非强制性的法律规范都同时包含着这样一个授权规范（授予权力），或以这样一个授权规范为前提。[2] 所以，如果有需要，则要进一步区分私法表示行为（private Rechtsgeschäft）[3] 与公法表示行为（öffentliche Rechtsgeschäft）。

---

[1] 民法学界一般将 Rechtsgeschäft 直接译为"法律行为"，并指责法理学者对"法律行为"的用法造成了混淆。但事实上，法理学中作为上位概念的"法律行为"指的是"具有法律意义的行为"，或"法律上的行为"，是在十分宽泛的意义上使用的。而 Rechtsgeschäft 指的仅仅是意思表示行为，将它等同于"法律行为"始自萨维尼。为了避免误解，这里还是将 Rechtsgeschäft 直观地译作"（意思）表示行为"。

[2] Vgl. Hans Nawiasky, *Allgemeine Rechtslehre als System der rechtlichen Grundbegriffe*, 2. Aufl., Einsiedeln u. a.：Verlagsanstalt Benziger & Co. AG., S. 213~215. 这一点与第九章中所说的"权力"不限于公法的领域恰好是相互呼应的。

[3] 我国现行立法上的称呼是"民事法律行为"。

非表示行为[1]又称"事实行为",是指无需行为人的意思(或者行为人的意思对此无关紧要),仅基于某种事实上的行为而引发法律直接规定之后果,造成法律关系之形成、变更或消灭的行为。在民法上,上面提过的遗失物的拾得、无主物的先占、埋藏物的发现等,都属于事实行为。例如,我国《民法典》第 314 条规定:"拾得遗失物,应当返还权利人。拾得人应当及时通知权利人领取,或者送交公安等有关部门。"第 317 条第 1 款规定:"权利人领取遗失物时,应当向拾得人或者有关部门支付保管遗失物等支出的必要费用。"这就是拾得遗失物这一事实上的行为的法律后果,它是由法律直接规定的,不以拾得人的意思为转移,也不根据拾得人的意思发生相应的法律后果。

表示行为/非表示行为与合法行为/违法行为这两组区分并没有对应关系。表示行为固然都是合法行为,但非表示行为可能是违法行为,也可能是合法行为。

☞ 第二节 法律事件

一、法律事件的概念与类型

所谓法律事件(Rechtsereignissen),是指具有法律关联性、与法律关系主体意志无关而引起法律关系形成、变更或消灭的法律事实。

法律事件既可以与人的意志有关,也可以与人的意志无关;前者是社会事件,后者是自然事件。自然事件是由于客观自然的原因造成的法律关系主体之间权利义务关系的形成、变更或消灭。自然事件可以很小,如一个人的生老病死,也可以很大,如山崩、海啸、泥石流等自然灾害。例如,由于人的出生便产生了父母与子女之间的抚养和监护关系,而人的死亡又导致婚姻关系、抚养关系的消灭。出生和死亡都是不以人的意志(包括出生者和死亡者的意志)为转移的自然现象,它引起了特定主体之间法律关系的形成、变更或消灭。再如,甲和乙订立了货物买卖合同,甲按照约定的时间雇佣车队将货物送往指定地点,可是途经一个地区时发生了泥石流,将这批货物埋在了底下。这一自然灾害造成了甲的违约(当然可能免责),引起了甲乙之间合同关系的变更。对于特定主体而言,自然灾害属于外部的自然现象,但它同样引起了他们之间法律关系的形成、变更或消灭。

与此不同,社会事件与人的意志有关,但这里的"人"指的是法律关系

---

[1] 非表示行为的德语对译存疑。纳维亚斯基采用的是"Rechtshandlung"(Vgl. Hans Nawiasky, *Allgemeine Rechtslehre als System der rechtlichen Grundbegriffe*, 2. Aufl., Einsiedeln u. a.: Verlagsanstalt Benziger & Co. AG., S. 207),但有不精确之嫌。因为 Rechtshandlung 直译同样为"法律行为",与 Rechtsakt 基本相同。

主体之外的其他人。也就是说，是"外人"的行为引起了法律关系主体之间权利义务关系的形成、变更或消灭。这一点，与法律行为，即法律关系主体自己的行为引起他们之间权利义务关系的形成、变更或消灭有所不同。质言之，社会事件是指由法律关系主体之外的人的行为造成的法律关系主体之间权利义务关系的形成、变更或消灭。社会事件同样可小可大，小到家长里短的身边事，大到社会革命、战争、罢工等群体性事件。例如，张女士去一家美容院做美容，进门时恰好遇到另一位顾客李女士与美容师发生争吵和冲突，李女士情急之下抓起化妆台上的修眉刀抛向美容师，结果误中了张女士，造成张女士脸被割伤，张女士起诉了美容院，法院判决美容院进行赔偿。这里可以看到，赔偿法律关系是在美容院和张女士之间产生的，但是产生的原因却是李女士的行为，即第三方。再如，中国的一家出口公司与美国纽约一家公司签订合同，要在约定时间前将一批圣诞节礼品送到纽约，中国公司租用了一艘货轮按时送往，但达到纽约港时碰上港口工人罢工，封港示威，结果造成货物滞留，错过了圣诞节销售期，造成违约。同样，在这里引起中国公司与美国公司之间法律关系变化的原因也来自第三方，也就是纽约港口工人的罢工行为。所以，区分法律行为与法律事件的关键不在于引起法律关系形成、变更或消灭的原因中有没有人的因素，而在于（如果有的话）这个人是法律关系的主体还是其他人。

二、法律事实与法律关系的复杂联系

在典型的情况下，一个法律事实引起一个法律关系的形成、变更或消灭。但是在有的时候，存在较为复杂的情况，即"一对多"或"多对一"的情况。

1. 一个法律事实引起多个法律关系的形成、变更或消灭。例如，某工人在工厂中因操作机器不当发生工伤死亡，一方面会导致劳动关系、婚姻关系的消灭，另一方面也会导致劳动保险合同关系、继承关系的产生。

2. 两个或两个以上法律事实引起同一个法律关系的形成、变更或消灭。此时，可以认为这多个法律事实构成了关涉同一个法律关系的整体，所以称之为"事实构成"。在事实构成中，可以同时存在法律行为与法律事件。例如，男女结婚要有三个条件，一是男女双方自愿结合的意思表示，二是向登记机关办理登记手续，三是登记机关颁发结婚证，三者缺一不可。其中，前两个条件属于法律行为，而最后一个条件属于法律事件，它们共同导致了婚姻法律关系的形成。

本章知识梗概

1. 法律事实是具有法律关联性的、能够引起法律关系形成、变更和消灭的状态或过程。它既属于客观的外在状态或过程，又具有法律关联性。

2. 法律行为是法律关系的主体所实施的、能够发生法律上的效果，即引起法律关系形成、变更和消灭的法律事实。它具有社会性、法律性和意志性。

3. 法律行为可以分为表示行为与非表示行为。表示行为是行为人基于自己的意思表示而能造成法律关系之形成、变更或消灭的行为；非表示行为是无需行为人的意思（或者行为人的意思对此无关紧要），而仅基于某种事实上的行为而引发法律直接规定之后果，造成法律关系之形成、变更或消灭的行为。

4. 法律事件是具有法律关联性、与法律关系主体意志无关而引起法律关系形成、变更或消灭的法律事实。

5. 法律事件可以分为自然事件与社会事件。自然事件是由于客观自然的原因造成了法律关系主体之间权利义务关系的形成、变更或消灭；社会事件是指由法律关系主体之外的人的行为造成了法律关系主体之间权利义务关系的形成、变更或消灭。

6. 法律事实与法律关系有时存在复杂的联系：一个法律事实可能引起多个法律关系的形成、变更或消灭，两个或两个以上法律事实可能引起同一个法律关系的形成、变更或消灭（事实构成）。

◎ 相关参考文献

1. 陈金钊："论法律事实"，载《法学家》2000年第2期。

2. 常鹏翔："法律事实的意义辨析"，载《法学研究》2013年第5期。

3. 朱庆育："意思表示与法律行为"，载《比较法研究》2004年第1期。

4. 朱庆育："法律行为概念疏证"，载《中外法学》2008年第3期。

5. 薛军："法律行为理论在欧洲私法史上的产生及术语表达问题研究"，载《环球法律评论》2007年第1期。

第十章 拓展阅读

第三编

法学方法论

法学方法论是关于法律适用的理论，其核心是司法裁判过程中的法律适用。按照德国法学家恩吉施（Engisch）的说法，法律适用是"具体的法律上应然判断的获取"过程。[1] 这种获取可分为两个层面，一个是发现的层面，另一个是证立的层面，法学方法论研究的重点在于后一个层面，即法律论证。任何法律适用和论证都以法律规范为起点，因而论证理论需要与法规范论相联系。鉴于法律规范的内容已在本书第二编中涉及，所以在此只处理法律概念与法条理论（第十一章）。在此基础上，首先要明确法律论证的目标与层次（第十二章）。法律论证的重点是在外部证成的层次上围绕法律论证的小前提与大前提，也即案件事实（第十三章）与法律规范的形成来展开的，后者又涉及法的渊源（第十四章）、法律解释（第十五章）和法的续造（第十六章）。

---

〔1〕 Karl Engisch, *Logsiche Studien zur Gesetzesanwendung*, 2. Aufl., Heidelberg: Carl Winter Universit? ts-verlag 1960, S. 3.

第十一章

法律概念与法条

✉ 导　语

　　法律适用的基础性工作在于掌握法律规范中出现的法律概念，以及法律条文的基本知识。"法律概念"这一概念可以作不同理解，也可以被区分为不同类型，它与法律适用的基本模式（即涵摄）之间存在紧密联系（第一节）。法条的类型同样极其多样化，并且不同的法律之间可能发生竞合，竞合的不同类型，解决竞合所依据的基本准则也不同（第二节）。

☞ 第一节　法律概念

一、法律概念的概念

　　无论是在日常生活中还是在理论活动中，概念都是人们进行清晰思考和对象认知的必要工具，对于法学研究和法律实践而言同样如此。在法理学教科书中，法律概念一般与法律规范并列作为"法的要素"之一。[1] 各个部门法理论的体系化构造也往往是从本部门的基本概念入手的，如民法中的"法律行为"、刑法中的"犯罪"与"刑罚"、行政法中的"行政行为"与"行政关系"等。同样地，在法学方法论中，法律规范的适用往往涉及的核心问题就是特定案件能否被毫无疑义地涵摄于特定法律规范所包含的概念之下；而法律适用的争议焦点也往往表现为概念之内涵和外延的争议。所以，了解、掌握法律概念的基本理论对于正确的法律适用而言具有基础性的意义。

　　法律概念有狭义与广义之别。狭义上的法律概念指的是为法律和法学所独有、具有特定之法律意义的概念，如"无因管理""紧急避险"。而广义上的法律概念指的则是一切具有法律意义的概念，它既包括狭义上的法律概念或者说专门概念，也包括其他可能起源于日常生活、却具有法律意义的概念，如"自然人""财产"。法学方法论中的"法律概念"一般是在广义上来理解的，它指的是在法律和法学（尤其是法教义学）活动中所使用的一切具有法

---

[1]　参见张文显主编：《法理学》，高等教育出版社 1999 年版，第 76 页。

律意义的概念。[1]

二、法律概念的分类

从不同的角度，可以对法律概念进行不同的分类，相应地，在方法论上也会导致采用不同的方法来处理这些概念。

（一）描述性概念、评价性概念与论断性概念

根据功能的不同，可以将法律概念分为描述性概念、评价性概念与论断性概念。

1. 描述性概念就是对事实进行描述的概念。这类概念的特性在于，那些含有描述性概念并将之运用到某种情形上的语句有真假之别，判断的标准就在于这些语句与被描述之对象或情形是否相符。描述性概念的对象不仅包括自然事实，也包括制度性事实。前者如"汽车""自行车""辐射"等，后者有"婚姻""家庭""所有权"等。制度性事实的最大特征在于必然存在一些"构成性规则"，它们构成了这些事实存在的前提。也就是说，没有构成性规则就不会出现制度性事实。例如，张三在北京三环边上拥有一套房产（的所有权）就是个制度性事实。有一些规则规定了某人成为不动产所有人的条件。例如，张三可以因为从他的父亲那里继承了这套房产而成为它的所有人。因为根据我国《民法典》第1127条的规定，子女是遗产的第一顺序继承人，可以通过法定继承取得其父母遗产的所有权。描述制度性事实的语句同样有真假之分，这取决于它与制度性事实是否相符，而制度性事实则取决于那种事实是否是依据构成性规范来产生的。

2. 评价性概念是包含对事物之价值判断的概念。例如我国《民法典》第8条规定的"公序良俗"。一般认为，公序良俗包括公共秩序与善良风俗两个部分，前者指的是"法律的一般原则和法律学说的概括""法制本身内在的伦理道德价值和原则"，常表现为一种法律和意识形态上的概念；后者是一种一般道德或社会的最低伦理标准。[2] 至于这些意识形态的伦理道德原则和最低伦理标准是什么，虽不无客观基础（习惯与生活），但也在很大程度上受适用者主观评价的影响。评价性概念的特征在于：包含它的评价性的语句是没有真假可言的。

3. 论断性概念也叫推定性概念，它是基于某个事实来论断（推定）另一个事实存在的概念。前一个事实被称为基础性事实，后一个事实被称为论断性事实。论断性概念所运用的推定可以被分为可推翻的推定与不可推翻的推定。在可推翻的推定中，基础性事实与论断性事实之间的推定关系可以通过

〔1〕 类似的观点参见 Karl Engisch, Die Relativität der Rechtsbegriff, in Murad Ferid Hrsg. , *Deutsche Landesreferate zum V. Internationalen Kongreß für Rechtsvergleichung in Brüssel*, Berlin: Walter de Gruyter, 1958, S. 59.

〔2〕 参见于飞：《公序良俗原则研究——以基本原则的具体化为中心》，北京大学出版社2006年版，第20~21页。

举证被推翻。一个例子是"宣告死亡"的概念。《民法典》第 46 条第 1 款规定："自然人有下列情形之一的，利害关系人可以向人民法院申请宣告该自然人死亡：①下落不明满 4 年；②因意外事件，下落不明满 2 年。"这意味着，只要存在"下落不明满 4 年"或"因意外事件，下落不明满 2 年"这两个事实中的一个，就可以论断有自然人死亡的事实。但是这种推定是可推翻的。因为《民法典》第 50 条规定："被宣告死亡的人重新出现，经本人或者利害关系人申请，人民法院应当撤销死亡宣告。"相反，不可推翻的推定无法通过任何方式被推翻，即便这种推定是反事实的。民法上的"劳动成年者"的概念就提供了一个例子。《民法典》第 18 条第 2 款规定："16 周岁以上的未成年人，以自己的劳动收入为主要生活来源的，视为完全民事行为能力人。"这意味着，只要存在"16 周岁以上、以自己的劳动收入为主要生活来源"的事实，就推定为"完全民事行为能力人"，而不论满足前一事实的人实际上是否具备年满 18 周岁的人那般的心智成熟程度。

（二）分类概念与类型概念

根据定义要素的不同，可以将法律概念分为分类概念与类型概念。

1. 分类概念是指采取下定义的方式，即列出对此概念而言必要且充分的要素来阐明内涵的概念。这些必要的个别要素，可以是累积式的，也可以是选择式的。在前一种情形中，这些个别要素相互间通过"并""且""并且"等连接在一起，可以被称为"连言式的定义"；在后一种情形中，这些个别要素相互间通过"或""或者"等连接在一起，可以被称为"选言式的定义"。联言式的定义，比如"窃取，是指破坏他人对某物的持有并且建立自己对于该物的新持有"。选言式的定义，比如"取得某物，是指将该物的本体或该物的价值并入自己的财产中"。

2. 类型概念是在其中至少出现一个可区分层级之要素的概念。这一要素之外的其他要素，要么也是可区分层级的，要么是可选择的。一个可区分层级的概念要素在个案中实现的程度越高，其他可分级之要素所必须被实现的程度便可随之降低，或者其他选言式的要素就越不需要被实现，二者间呈现出"此消彼长"的情形。以"持有"这个类型概念为例："持有，是自然人出于支配意志，对于某个对象所具有的一种事实、社会上的支配。"这个概念表明，"持有"既和事实上对某物的支配力有关，也和社会对这种支配力的承认有关。事实上的支配力与社会对支配力的承认都是可分级的要素。某人事实上对某物的支配，强度上可以由强到弱：把该物握在手中，将该物放在他随手能拿取的地方，把该物放在能自由进出的空间，把该物放在公共空间且知道它在哪里但无法立刻取得该物，等等。社会对支配力的承认也可以区分出占有权和无权占有这两个不同的等级。将这两个要素联结起来，就可以发现，就持有概念的实现而言，一个人在事实上对于某物的支配力（拿取的可能性）越强，社会对于此支配的承认就可以越弱；反之，社会对于此种支配的承认度越高，事实上拿取该物的可能性就可以越弱。比如，窃贼在商店中拿取到一块表时依然不算持有，只有离开柜台时才算；而所有权人即使对于停放在远处的汽车还是具有持有关系。[1]

（三）描述性不确定概念与规范性不确定概念

根据概念是否确定，可以将法律概念分为确定的法律概念与不确定的法律概念。不确定法律概念又可以进一步被区分为描述性不确定概念与规范性不确定概念。

1. 描述性不确定概念是指这样的概念，它们在对客观对象进行描述时因判断标准不明而造成不确定。例如，究竟以哪个时刻点或者何种天黑的程度来判断是否进入了"夜间"。但是一旦以某种方式确定了这一标准，不确定的情形就会马上消失。因此，描述性不确定概念也可以被称为"封闭的不确定概念"。描述性不确定概念又分为两类：

（1）有歧义的概念。歧义指的是一个法律概念与多种不同的语义发生关联的情形。换言之，这多种语义本身是明晰的，只是在当下情形中应该选择何种语义不确定。它又包括两种情形：第一种情形是，概念在不同的语境中拥有不同的语义，而在同一语境中则语义相同。例如，"本人"在一般语境中指的是"我自己"，而在代理法律关系中则指"被代理人"。这种情形中的歧义可通过"语境原则"来解决，即通过区分不同语境来明确特定的清晰语义。第二种情形是，语词在同一语境中拥有不同的意义，这种情形也可被称为"不连贯"。不同的受众在同一语境中可以不同的方式来使用同一个概念，这些概念彼此间不相容，从而造成逻辑矛盾。此时的一般解决办法为：如果既有日常意义，又有专业意义，后者优先；如果专业意义有疑义，日常意义优先；如果无法预先决定何者优先，只能取决于不同受众为此提出的论据。

（2）模糊的概念。模糊指的是一个概念的语义并不明显，或者说一个概念的外延范围无法被确定，某个对象是否应涵摄于该概念之下不确定。一个概念的对象领域可以被分为肯定域、否定域与中立域。[2]肯定域是肯定属于该概念之对象领域的事实集合；否定域是肯定不属于该概念之对象领域的事实集合。在这两个领域中，概念的语义是清晰的，它们构成了表达概念之语词的界限。真正的模糊出现于概念的中立域，在该领域中，根据语义规则不能肯定某个事实究竟是否属于某个法律概念，也就是说，它既可能是这一概念所指的对象，也可能不是。对于中立域而言，概念是开放的，因此无法仅凭概念的语义来确定，而需要借助于其他的论据，如概念的形成史、概念所处的体系、概念运用的目的等来确定。例如，对于"机动车"这一概念来说，"小汽车""公交车""货车"属于它的肯定域，"脚踏自行车""三轮车"属于它的否定域，而"电动自行车""电瓶车"属于它的中立域。由于运用其

---

[1] 参见［德］英格博格·普珀：《法学思维小学堂——法律人的6堂思维训练课》，蔡圣伟译，北京大学出版社2011年版，第25~27页。

[2] Vgl. Hans-Joachim Koch und Helmut Rüßmann, *Juristische Begründungslehre*, München: Beck, S. 195.

他论据（尤其是运用目的论据）时难以完全避免评价，所以，模糊的概念其实已经开始向规范性不确定概念过渡了，或者说，是处于从描述性不确定概念向规范性不确定概念过渡的概念类型。

规范性不确定概念是指这样的概念，它们在适用于相关的对象时根本就不存在固有的客观标准，而是涉及适用者的主观评价，所以它们属于"开放的不确定概念"，也可被称为评价开放的概念。这类概念涉及未被确定的价值要素。法律中有大量的价值概念，如"善良风俗""重大过失""恶意"等。例如，当追问什么是"善良风俗"时，至少可以区分出"合法""合乎日常道德""合乎特殊道德（如宗教）"三层含义，每层含义都既有描述性意义成分，又有评价性意义成分。这指的是，有时存在客观清晰的日常道德要求，此时适用者只需通过描述来判断某种情形是否合乎日常道德即可；但有时并不存在这种客观清晰的日常道德要求，此时适用者就需要添加自己的主观评价。但这并不表示完全无法对评价进行证立，法律论证就是要尽可能以客观的手段对这类评价进行证立。

三、法律概念与涵摄

法律概念与法律适用的基本模式，即涵摄存在着紧密联系。涵摄有广义和狭义之分。广义上的涵摄指的是将特定案件事实归属于法律规则的构成要件之下，以得出特定法律后果的推论过程，此谓"涵摄推理"。而狭义上的涵摄指的是将个案事实与法律规范之构成要件所确凿涵盖的案件之间的等置，其核心就在于将某个个案事实归于法律规范构成要件中的概念（外延）之下，此谓"概念涵摄"。概念涵摄是涵摄推理的一部分，它其实是一种关于某个特定概念是另一个概念的一种特殊情形的陈述（如"王海"是"消费者"）。这个陈述有时是非常明显的，无需再进一步论证。例如，"张三趁李四不注意，一把抢过李四手中的包并立刻跑开"，可以被直接涵摄于"抢夺"这个概念之下，不需要进一步的论证。但有时涵摄的上位概念与被涵摄的下位概念之间无法形成直接对接，而需要有所谓的中间概念来将二者衔接起来。形成中间概念的方式有两种：[1]

1. 水平的概念涵摄。这是指将上位概念拆解成个别的要素，然后将个案事实的各部分分别涵摄于这些个别要素之下的涵摄方法。水平的概念涵摄其实就是给上位概念下定义。例如，我国《刑法》第 388 条[2]规定了斡旋受贿，根据其定义可以分解出四个要素：行为人利用的是其他国家工作人员的职务上的行为；或者行为人利用了该国家工作人员职权或者地位形成的便利

---

[1] 参见［德］英格博格·普珀：《法学思维小学堂——法律人的6堂思维训练课》，蔡圣伟译，北京大学出版社2011年版，第37页。

[2] 按照该条款的规定，斡旋受贿的主体是"国家工作人员的近亲属或者其他与该国家工作人员关系密切的人"，这里以"行为人"简称之。

条件；必须是为请托人谋取不正当利益；索取了请托人财物或者收受了请托人财物。国家机关工作人员甲在离退休前通过其下级国家工作人员乙为请托人丙谋取不正当利益，但其与丙约定，在其离退休以后再收受丙的财物。甲是否构成斡旋受贿？这里的关键在于，甲是否利用了本人职权或地位形成的便利条件。实务对此采肯定见解。这是因为：①甲为丙谋取不正当利益时，凭借的是当时本人拥有的职权或地位；②其与丙约定时其仍未离退休，身份上仍然符合斡旋受贿罪的主体要求。可见，通过拆解要素可以更明确关键点所在，从而为涵摄扫除障碍。

2. 垂直的概念涵摄。这是指将中间概念作为上位概念的特殊概念（更为具体，在抽象的层级构造中，位居前者之下），或者说，由较为一般的上位概念进展到较为特殊的下位概念的涵摄方法。这个链接的环节，并不是通过给出一般概念的定义连接在一起的，而是通过将特殊概念被涵摄于先前较为一般的概念之下来实现连接的。这一链条的末尾，同样也是一个个案事实的涵摄，也就是将个案事实涵摄于符合一般概念之构成要件的无限接近于个案事实的特殊概念之下。所以，垂直的概念涵摄其实是在用概念换（套）概念。例如，在德国刑法上，"身体伤害"是指"身体上的虐待"或"对健康的损害"。在一例中，甲想要从乙那里套取某个消息，于是在两人一起喝酒时，一再偷偷地将烈酒倒入乙的啤酒杯中，最后使得乙酩酊大醉。显然，在一般概念"身体伤害"（"健康损害"）和特殊概念"酩酊大醉"之间存在落差。此时我们要来解释"健康损害"。在德国刑法学中，"健康损害"也包括对正常身体功能的干扰。"酩酊状态"属于对书中不同身体功能的干扰，同时它有程度之分，让某个无论如何都会出现的酩酊状态加剧，也属于惹起酩酊状态。甲通过暗中添加烈酒的行为使得乙的酩酊状态加剧，属于损害乙的健康。可见，通过加入"对正常身体功能的干扰"这个中间概念，一般的上位概念与特殊的下位概念之间形成了链条。

☞ 第二节 法条理论

一、法条的类型

法条是用以表述法律规范的语句，是在制定法中基于立法技术之需要所发展出来的建构单元。[1] 法条也是法律概念的语言场所，它构成了理解法律概念的"语境"，而恰当地理解法律概念及其所在的法条则是正确适用法律的前提。

依据不同的标准，可以对法条进行不同的分类。本书第三章所说的规范性法条与非规范性法条，就是根据法条是否直接表述法律规范所作的分类。

―――――――――――――
〔1〕 参见本书第三章。

而根据是否同时具备构成要件和法律后果两个要素，可以将法条分为完全法条与不完全法条。[1]

（一）完全法条

完全法条是具备构成要件和法律后果这两个要素，并将法律后果联结于该构成要件的法条，又包括基本型法条、括弧型法条和拆配型法条三种。

1. 基本型法条。基本型法条的构造为：一个法律构成要件加明确的法律后果。这是最典型、结构最简单清晰的完整法条。例如，我国《民法典》第1165条第1款规定："行为人因过错侵害他人民事权益造成损害的，应当承担侵权责任。"这里的构成要件是"行为人因过错侵害他人民事权益"，法律后果是"应当承担侵权责任"。基本型法条的基本内容是"什么事""怎么样"，在构成要件和法律后果之间存在一一对应关系。只是这里的"明确"法律后果需从广义上来理解，指的未必只有一个可供选择的法律后果。如我国《刑法》第295条规定："传授犯罪方法的，处5年以下有期徒刑、拘役或者管制……"这里的法律后果就允许法官从"5年以下有期徒刑""拘役""管制"这三种量刑方式中去选择。所以，基本型法条并不意味着在适用它时没有裁量和选择的余地。

2. 括弧型法条。这类法条指的是数个构成要件不同，但法律后果相同，列为一条的情形。例如，《民法典》第1093条规定："下列未成年人，可以被收养：①丧失父母的孤儿；②查找不到生父母的未成年人；③生父母有特殊困难无力扶养的子女。"研读括弧型条文时，须将其括弧打开，还原为应有之数条基本型法条。在本例中，就要还原为这样三个基本型条文：①丧失父母的孤儿可以被收养。②查找不到生父母的未成年人可以被收养。③生父母有特殊困难无力扶养的子女可以被收养。在将括弧型法条适用到具体案件时，适用到的只是其中的一个基本型条文。

3. 拆配型法条。这类法条指的是原本有两个以上条文，但因其共同用语很多，为免重复，立法时合成一个法条，等到适用时再把它们拆开复归原形。这类法条与括弧型法条很接近，区别只在于：括弧型法条是将彼此不同的构成要件联结于同一个法律后果，而拆配型法条可能涉及的数个构成要件彼此在某些要素上相同，而在其他要素上不相同，这些构成要件分享着同一个法律后果。例如，我国《民法典》第45条规定："失踪人重新出现，经本人或者利害关系人申请，人民法院应当撤销失踪宣告。"这个条文涉及两个构成要件：一个是"失踪人重新出现且经本人申请"，另一个是"失踪人重新出现且经利害关系人申请"。这两个构成要件既有相同的部分"失踪人重新出现"，也有各自不同的部分。两个构成要件的法律后果都是"人民法院应当撤销失踪宣告"。所以，在适用时，这一法条要被拆配为这样两个基本型条文：①失踪人重新出现，经本人申请，人民法院应当撤销失踪宣告。②失踪人重新出

---

[1] 参见黄茂荣：《法学方法与现代民法》，法律出版社2007年版，第159-205页。

现，经利害关系人申请，人民法院应当撤销失踪宣告。在将拆配型法条适用到具体案件时，适用到的也只是其中的一个基本型条文。

（二）不完全法条

不完全法条并不具备构成要件或法律后果这样的要素，而是对完全法条起到说明、限制作用或者提示援引其他法条、将某事拟制为特定概念的法条。它可以分为说明性法条、限制性法条、引用性法条和拟制性法条。

1. 说明性法条。这类法条是对完全法条中的概念进行定义或加以补充规定的条文。它又包括两类：

（1）定义性法条。定义性法条的功能在于对完全法条构成要件中所使用的概念进行定义或解释。按其内容不同，定义性法条又可以分为：

第一，内涵型法条。内涵型法条是在给特定的概念下定义，定义通常采取"属加种差"的方式。属是该概念所从属的上位概念，种差是该概念与属于同一上位概念之其他概念之间的差别。这是最经典的定义方式。比如，《民法典》第770条第1款规定："承揽合同是承揽人按照定作人的要求完成工作，交付工作成果，定作人支付报酬的合同。"这里的被定义项是"承揽合同"，属是"合同"，种差则是"承揽人按照定作人的要求完成工作，交付工作成果，定作人支付报酬"。

第二，外延型法条。外延型法条不给特定概念下定义，而是或完全或部分指明该概念指涉的对象。它可以被分为两类：一类是把概念所涉及的具体事物一一列举出来，用以说明某一上位概念的意义的法条，被称为"列举排斥型法条"。也就是说，列举穷尽了概念的所有情形。例如，《刑法》第33条规定："主刑的种类如下：①管制；②拘役；③有期徒刑；④无期徒刑；⑤死刑。"它的意思就是，我国刑法上的所谓"主刑"包括且只包括这五种刑罚。另一类是将所欲阐明的事项，先举例子，然后再加以抽象、概括的语句。此抽象文句相当于"上位概念"，所举例子相当于"种差"。这类法条被称为"例示概括型法条"。换言之，列举没有穷尽概念的所有情形。例如，我国台湾地区"民法"第69条规定，称法定孳息者，谓利息、租金及其他因法律关系所得之收益。这里的例示就是"利息"和"租金"，概括即为"因法律关系所得之收益"，后者是个半开放的结构，需要由适用者依据个案来加以认定。但它又不是完全开放的，因为填入概括之中的情形必须与例示具有特性上的等同性。

第三，注解型法条。这类法条是对于完全法条中所使用的概念，在另一条、项中加以说明的法条。这种说明既非内涵（严格意义上的定义），也非外延（列举对象）。注释型法条不拘泥于形式，它可以说明"人""物"，也可以说明"方法""期间"等。例如，《刑法》第382条第1款规定："国家工作人员利用职务上的便利，侵吞、窃取、骗取或者以其他手段非法占有公共财物的，是贪污罪。"这一条款并没有给贪污罪下一个定义，也没有列举出贪污罪的类型或对象，而是从这种犯罪的行为手段方面对贪污罪进行了一定说明。

（2）补充性法条。补充性法条旨在对于其他法条之法律后果加以具体化。例如，《民法典》第577条规定："当事人一方不履行合同义务或者履行合同义务不符合约定的，应当承担继续履行、采取补救措施或者赔偿损失等违约责任。"该条没有具体说明这三种违约责任的表现形式是什么。对此，《民法典》第579条规定："当事人一方未支付价款、报酬、租金、利息，或者不履行其他金钱债务的，对方可以请求其支付。"这是对"继续履行"的说明。而《民法典》第582条规定："履行不符合约定的，应当按照当事人的约定承担违约责任。对违约责任没有约定或者约定不明确，依据本法第510条的规定仍不能确定的，受损害方根据标的的性质以及损失的大小，可以合理选择请求对方承担修理、重作、更换、退货、减少价款或者报酬等违约责任。"这就是对"采取补救措施"的具体说明。

2. 限制型法条。这类法条是指排除特定案件类型，以限制其他法条适用范围的条文。它又包括两类：

（1）但书型法条，即在法条文本之后，指出例外或附加限制，以"但"字开端的语句。但书的主要内容有二：一是指出例外，即法条规定的后果需要有例外时指明之。如《民法典》第204条规定："期间的计算方法依照本法的规定，但是法律另有规定或者当事人另有约定的除外。"二是附加限制，即法条规定的要件须加以限制时指明之。如《刑法》第21条第2款规定："紧急避险超过必要限度造成不应有的损害的，应当负刑事责任，但是应当减轻或者免除处罚。"

（2）除外型法条，即法条中，以"除"字开端，以"外"字结尾的语句。除外型法条的作用同样有二个：一是作出相反规定。如《民法典》第480条规定："承诺应当以通知的方式作出；但是，根据交易习惯或者要约表明可以通过行为作出承诺的除外。"二是指出特别法。如《民法典》第188条第1款规定："向人民法院请求保护民事权利的诉讼时效期间为3年。法律另有规定的，依照其规定。"

3. 引用性法条。这类法条指的是构成要件或法律后果只有参引其他法条才能确定的条文。这类法条的功能在于：对于相似的案件类型，立法者明文赋予相同的法律效果，以避免烦琐的重复规定或挂一漏万，而实际效果为授权司法机关与法官进行法律补充（法内补充）。它又包括这样几种情形：

（1）法条采取"适用"的规定，这意味着适用与被适用的案件类型实际同一或在规范上被评价为同一。如《民法典》第960条规定，本章（行纪合同）没有规定的，适用委托合同的有关规定。

（2）法条采取"参照""比照""准用"的规定，这意味着参照与被参照的案件类型事实上不同但类似，所以法律上要做类似评价。例如，《民法典》第647条规定："当事人约定易货交易，转移标的物的所有权的，参照买卖合同的有关规定。"

（3）法条采取"亦同""有同一效力"的规定，其指的是两个案件类型属于同一上位类型，因而法律后果准用。如我国台湾地区"民法"第197条规定，因侵权行为所生之损害赔偿请求权，自请求权人知有侵害及赔偿义务人时起，2年间不行使而消灭，自有侵权行为时起，逾10年者亦同。

（4）法条采取"依……规定""法律另有规定"的表述，这是纯粹对构成要件或法律后果的参引。如《民法典》第502条规定，依法成立的合同，自成立时生效，但是法律另有规定或者当事人另有约定的除外。

4. 拟制性法条。所谓"拟制"，是指立法者明知两个案件类型符合不同的构成要件，却为了赋予它们相同的法律效果，而将两者视为等同。它又包括两类：

（1）隐藏的引用，这是指以将案件类型乙拟制为案件类型甲的方式来实现引用的案件类型甲之法律后果的目的。例如，《民法典》第18条第2款规定："16周岁以上的未成年人，以自己的劳动收入为主要生活来源的，视为完全民事行为能力人。"进行隐藏的引用的拟制性法条与引用性法条的功能接近。之所以采用拟制的形式，主要是出于三方面的考虑：①为了维持原有规定之一贯的外观，即所谓表见拟制。如《民法典》第159条规定："附条件的民事法律行为，当事人为自己的利益不正当地阻止条件成就的，视为条件已经成就；不正当地促成条件成就的，视为条件不成就。"②立法者本身不十分肯定到底两个案件的类型是否同一，此时他可能会采用推定式的拟制。例如，《民法典》第1124条规定："继承开始后，继承人放弃继承的，应当在遗产处理前，以书面形式作出放弃继承的表示；没有表示的，视为接受继承。"③立法技术上力求简洁的考虑，即所谓引用性拟制。如《民法典》第503条规定，无权代理人以被代理人的名义订立合同，被代理人已经开始履行合同义务或者接受相对人履行的，视为对合同的追认。

（2）隐藏的限缩，这是指以拟制的方式隐性地限缩某个法条的适用。如《海商法》第267条第1款规定："时效因请求人提起诉讼、提交仲裁或者被请求人同意履行义务而中断。但是，请求人撤回起诉、撤回仲裁或者起诉被裁定驳回的，时效不中断。"这其实相当于限缩了"时效中断"的适用范围。

二、法条间的竞合

法条间的竞合，指的是不同法条的构成要件重合（完全重合或部分重合）但其法律后果并不相同，从而对于个案发生适用效果上竞争状态的情形。竞合产生的原因，可能是由于法出多门，可能是由于立法的疏忽，也可能是由于某些特殊考量。当法条发生竞合时，就必须依据某些准则去决定该适用哪一个。法条间的冲突包括异位阶的法条之间的冲突与同位阶的法条之间的冲突两种情况。

（一）异位阶法条之间的冲突

异位阶的法条之间的冲突指的是处于不同层级或位阶的法条之间的冲突，

即空间冲突。它具体表现为两种方式：

1. 行为模式的冲突。其情形有：下位法扩大或缩小违法行为的范围，下位法对上位法必须为一定行为的规定作出了任意为该行为的规定，下位法扩大了上位法授予的权力范围且违反授权限制或上位法授权意图，下位法对上位法赋予的权利进行了剥夺或限制，等等。还有一些情形，表面看来是规范适用条件的冲突，实际上则是行为模式冲突的变种。这样的情形包括：

（1）授予权利的条件的冲突，如下位法增加上位法授予权利的条件、下位法减少上位法授予权利的条件又有悖上位法限制权利范围的意图等。

（2）设定义务的条件的冲突，如下位法增设义务的条件并违背上位法意图、下位法扩展义务主体的范围、下位法减少上位法规定的违法行为的构成要件等。

2. 法律后果的冲突。赞成与反对的后果差异自然构成上下位法律后果的冲突。此外，这种冲突主要发生在行政法领域，其情形有：

（1）下位法超范围标准，如行政法规超出了"法律规定的给予行政处罚的行为、种类和幅度的范围"（《行政处罚法》第 11 条第 2 款）标准设定处罚。

（2）下位法超越职权，如行政法规或地方性法规超出了法律准予设定行政处罚的权限范围（《行政处罚法》第 11 条第 1 款、第 12 条第 1 款）设定处罚。

（3）下位法在追究法律责任的时效上与上位法不一致〔如《行政处罚法》第 36 条第 1 款和《中华人民共和国海关法行政处罚实施细则》（已失效）第 8 条第 1 款第 3 项〕。

解决空间冲突的基本准则是"上位法优于下位法"。我国《立法法》的相关规定被视为对这一准则的具体规定。例如，《立法法》第 87 条规定："宪法具有最高的法律效力，一切法律、行政法规、地方性法规、自治条例和单行条例、规章都不得同宪法相抵触。"第 88 条规定："法律的效力高于行政法规、地方性法规、规章。行政法规的效力高于地方性法规、规章。"第 89 条规定："地方性法规的效力高于本级和下级地方政府规章。省、自治区的人民政府制定的规章的效力高于本行政区域内的设区的市、自治州的人民政府制定的规章。"

（二）同位阶法条之间的冲突

同位阶的法条之间的冲突是指不具有层级关系的法条之间的冲突，它包括两种情况：

1. 时间冲突。这指的是处于同等的空间位阶但时间位阶不同（新与旧）的法律规范之间的冲突。判断两个法律规范间是否存在时间关系，需要从三方面进行考量：

（1）法律规范的实际生效时间。有的时候，法律的颁布日期与生效日期并不相同，如规定在颁布后一定时期或某个特定的日期生效，这就可能造成颁布在前的法律反而生效在后的情况。由于生效日期才是法律效力的始期，所以法律的新旧关系应当以该法律规范的实际生效之日为准。

（2）新旧法关系是否只存在于不同法律的规范之间。一般而言，新旧法关系不存在于同一法律的不同规范之间。同一法律中任何经过修正或增加的规范，对其他规范都不构成新法与旧法的关系，因为其他规范虽然未经修正或增加，但它被容许与修正或增加后的规范一起并存的事实，就意味着立法者无意因后者的修正或增加而否定前者的效力。[1] 新旧法关系是否只存在于同一立法主体制定的规范性法律文件之间。一般而言，新旧法关系的构成不仅需要两个法律规范处于同一空间位阶，而且它们应当是同一立法主体制定的，即"不得废除他人之法"。例如，国务院财政部和商务部制定的规章虽然处于同一位阶，但不出自同一部门，其规章的效力和适用范围要取决于各自的职权范围，因而在法律效力上不具有在前与在后的可比性。[2]

解决法条间的时间冲突的基本准则是"新法优于旧法"。这一准则假定，立法者制定新法时，有意废除与新法相冲突的旧法，因此舍旧而取新。要注意的是：新旧法的冲突有时也有程度问题，若新法明示废止或有意完全取代新法，则旧法失效；若新法只是废止了旧法的一部分规定，则旧法未被废止的另一部分规定可以与新法并存而继续生效，并对新法起到补充和辅助的作用。

2. 逻辑冲突。这指的是处于同等的空间位阶但逻辑位阶不同（特别与普通）的法律规范之间的冲突。在逻辑上，若一条规范的构成要素为另一条规范所全部具备，而该另一条规范具有前一规范所没有的构成要素，则它相对于前一条规范就具有特别性。要注意的是，"特别—普通"关系既可以发生在不同法律中的法条之间，也可以发生在同一法律的不同法条之间，如民法典总则和分则中的条文。认定逻辑关系的标准有两个：

（1）效力范围。①以人为区分标准。普遍适用于一般民众的法律为普通法，如民法、刑法；仅适用于具有特定身份的人的法律为特别法，如公务员法、军事审判法等。②以事为区分标准。适用于一般事项的法律为普通法，如一般民事行为适用民法；仅适用于特殊种类的事项的法律则是特别法，如公司的设立要适用公司法。③以时为区分标准。适用于平时并未特别限定适用时期的法律为普通法，国家一般法律大多如此；而仅适用于某一特别时期或为某一时期的需要而制定的法律为特别法，如我国台湾地区曾颁布的"严重急性呼吸道症候群防治及纾困暂行条例"第19条规定，其效力自2003年3月1日至2004年12月31日止。④以地为区分标准。适用于国家全部领土范围的法律为普通法，如宪法；仅适用于国内某一地区的法律为特别法，如

---

〔1〕 参见黄茂荣：《法学方法与现代民法》，中国政法大学出版社2001年版，第172页。

〔2〕 参见孔祥俊：《法律规范冲突的选择适用与漏洞填补》，人民法院出版社2004年版，第271页。这一点也适用于特别法和普通法关系的认定上。

《香港特别行政区基本法》。

（2）冲突部分的个别认定。有时，许多相冲突的法条在构成要素上互有交集（交叉冲突），每个条文分别拥有其他条文所没有的特别构成要件，这种情形下只有联系具体的个案才能判断法条间是否存在冲突。如我国台湾地区"民法"曾在第 186 条（已废除）规定，土地所有人建造房屋时故意或过失地越界侵犯邻人的土地，邻人可以请求拆屋还地，恢复原状。而第 796 条（已修正）规定，土地所有人建造房屋越界时，邻人明知而不提出异议的，他不得请求恢复原状。[1] 比较第 186 条和第 796 条，前者多了土地所有人故意或过失的归责要件，而后者多了邻人明知而不提出异议的要件。如在个案中，土地所有人建造房屋时故意或过失地越界，邻人明知而不提出异议时，第 796 条相对于第 186 条就构成特别法。

解决逻辑冲突的基本准则是"特别法优于普通法"，这是仅就特别法与普通法处于同一时间位阶而言的。当旧特别法与新普通法发生冲突时应如何适用，在理论和实务上有不同的见解。我国《立法法》第 94 条则根据法律和行政法规的不同，将判断权分别赋予了全国人大常委会和国务院，并未从实体上加以规定。本书认为应作如下区分处理：①如果特别法仅属于旧法的加重或减轻情节，在新法施行后，如无明令废止，这项特别法应被认为继续有效。②如果特别法仅属于旧法的补充规定，而新法内已有此补充规定，这项特别法虽无明令废止，也应被认为失效。③如果特别法对于旧法而言，有一部分是加重或减轻的规定，一部分是补充规定，那么新法虽然已将补充规定部分吸收在内，但其他部分未经明令废止的，仍应被认为继续有效。

在解决上述三种冲突的三个基本准则中，"上位法优于下位法"具有最强的效力。这意味着，当上位法生效在前而下位法生效在后时，或者当上位法为普通法而下位法为特殊法时，仍需适用旧的或普通的上位法。所以，当两个法条发生冲突时，首先要来判断有无层级或位阶关系，然后再考虑其他关系。

🎯 **本章知识梗概**

1. 法律概念是在法律和法学（尤其是法教义学）活动中所使用的一切具有法律意义的概念。从不同的角度，可以对法律概念进行不同的分类。

2. 法律概念与涵摄存在着紧密联系。涵摄有时可以直接进行，有时则需要通过中间概念来衔接，形成中间概念的方式包括水平的概念涵摄与垂直的概念涵摄两种。

3. 法条分为完全法条与不完全法条。完全法条是具备构成要件和法律后果这两个要素，并将法律后果联结于该构成要件的法条，包括基本型法条、括弧型法条和拆配型法条三种。不完全法条并不具备构成要件或法律后果这样的要素，可以分为说明性法条、限制

---

〔1〕 修正后的条文为："土地所有人建筑房屋非因故意或重大过失逾越地界者，邻地所有人如知其越界而不即提出异议，不得请求移去或变更其房屋。"

性法条、引用性法条和拟制性法条。

4. 法条间的竞合，指的是不同的法条构成要件重合（完全重合或部分重合）但其法律后果并不相同，从而对于个案发生适用效果上竞争状态的情形。它包括异位阶的法条之间的冲突与同位阶的法条之间的冲突两种情况。

5. 异位阶的法条之间的冲突涉及空间冲突，解决冲突的基本准则是"上位法优于下位法"。同位阶的法条之间的冲突包括时间冲突与逻辑冲突两种，解决前者的基本准则是"新法优于旧法"，解决后者的基本准则是"特别法优于普通法"。

相关参考文献

1. ［德］英格博格·普珀：《法学思维小学堂——法律人的 6 堂思维训练课》，蔡圣伟译，北京大学出版社 2011 年版，第 3~49 页。

2. 雷磊："法律概念是重要的吗"，载《法学研究》2017 年第 4 期。

3. 陈坤："概念涵摄与规则适用：一个概念与逻辑的分析"，载《法制与社会发展》2017 年第 5 期。

4. 黄茂荣：《法学方法与现代民法》，法律出版社 2007 年版。

5. 秦季芳："法律规范竞合关系的再思考"，载《玄奘法律学报》2005 年第 3 期。

第十一章　拓展阅读

第十二章

法律论证概述

✉ 导 语

　　法律适用的基本框架是围绕规范与事实展开的说理和论证。法律论证具有追求依法裁判与个案正义的双重目标（第一节）。与这种双重目标相应，法律论证可分为内部证成与外部证成两个层面，它们有各自的相关要求或问题（第二节）。其中外部证成既要证成事实命题，又要证成法律命题。前者涉及案件事实理论（第十三章），后者涉及法的渊源理论（第十四章）、法律解释理论（第十五章）、法的续造理论（第十六章）。

☞ 第一节 法律论证的目标

一、法律论证的概念

　　法律适用在本质上是一种"说理"的活动。说理是提供理由的过程，我们也可以称之为 reasoning，即"推理"。法律推理也就是为司法裁判的结论提供理由，或者说证明结论之正当性的过程。因而这个过程同样可以被称为法律论证（legal argumentation）。所谓推理或论证，简单地说，就是举出理由支持某种主张或判断。[1] 相应地，法律论证就是举出理由来支持某个法律主张或法律结论的过程。说理和论证的效果在于"证成"（justification），即为司法裁判的结论提供充足的理由与根据。

　　说理与证成要尽可能地实现法律适用的最终目标，即获得一个正确的或者说理性的法律判决。那么，什么是"正确的（理性的）"法律判决？这就涉及对司法裁判的性质的理解了。通常来说，正确或理性的司法裁判要满足两个方面的目标：一是依法裁判，二是实现个案正义。

---

〔1〕 参见颜厥安："法、理性、论证——Robert Alexy 的法论证理论"，载颜厥安：《法与实践理性》，允晨文化实业股份有限公司 1998 年版，第 98 页。

二、依法裁判

司法裁判的任务在于解决纠纷，但它的特点在于解决纠纷的方式。司法裁判在本质上是一种法律推理或法律论证。司法裁判中的法律论证，就是举出规范性理由和事实性理由来支持最终得出的具体判决。司法裁判与其他纠纷解决机制最大的差别在于其所运用的规范性理由是一种事前已经以权威性的方式确定下来的一般性规范，即"法"。所以，司法裁判不仅是一种法律论证活动，而且是一种依法裁判的论证活动。换言之，从严格的意义上说，只有依"法"裁判的活动才能被视为"司法"。

依法裁判包括几层含义。一方面，从正面讲：①法官的司法判决是建立在已确立之一般法律规范的基础上的，它不是法官个人主观擅断或心血来潮的产物。②这种一般法律规范是事先已经向社会公众公布的，而司法判决又是这种已公布的一般性规范的产物，所以公民有预测司法判决之可能。这就要求裁判者将判决建立在因事先公布并生效的一般性法律规范的基础上，并合乎逻辑地证明前者与后者之间的推导关系。另一方面，从反面讲，依法裁判意味着尽量避免武断与肆意的裁判，而这意味着要对法官自由裁量权尽可能地约束。武断与肆意的判决意味着裁判结论无需受制于任何一般性规范，而只需凭借法官个人的主观偏好作出裁判。也就是说，对于满足依法裁判要求的"司法"而言，法官的可替换性构成了基本要求（尽管没法完全满足）。

依法裁判与一系列重要的价值或者制度安排相关：①依法裁判意味着裁判者要服从立法者的权威和维系权力分立的准则。因为"法"通常是立法的产物。为社会创制一般性规范不属于裁判者的任务，他的任务在于将立法已经确立的一般性规范适用于个案中，以证明个案的裁判结论与这些一般性规范之间的联系。②依法裁判能够实现法的安定性和可预测性的价值。法律主要由规则构成，而依法裁判的关键因素就在于遵从规则的语词，即使规则有时看起来是错的或者与规则背后的正当化依据不一致，即使服从规则在某些场合会产生糟糕的结果。[1] 因为对于社会公众而言，经颁布而成为其行为准则的仅仅是法律文本和语词本身，只有建立在规则语词基础上的裁判才具有法的安定性与可预测性。③依法裁判通常意味着对民主原则的贯彻。由于现代社会的法律通常是立法的产物，而立法机关通常又是民意代表机关（议会或人民代表大会），所以法律是多数人意志的体现。法官依法裁判，就相当于将多数人的意志贯彻到个案裁判的过程中去。由于这些价值涉及的是法律（立法）的功能和权限问题，因而可以被称为"形式价值"。从法治的角度看，依法裁判实现的是形式法治的要求。

---

[1] See Frederick Schauer, *Thinking like a Lawyer*, Harvard: Harvard University Press, 2009, pp. 17-18.

三、个案正义

司法裁判要实现的另一个重要目标在于实现个案正义，也即要"努力让人民群众在每个司法案件中都感受到公平正义"。[1]。个案正义意味着司法裁判不仅要合法，而且要合理，这就涉及实质价值或道德考量。这里所谓的实质价值或道德考量，是有一定的范围或受到限制的，它们应当是特定国家或地区中流行的或符合大多数人道德观念的主流价值观。主流价值观集中体现为一个国家在特定时代的核心价值观。核心价值观承载着一个民族、一个国家的精神追求，是最持久、最深层的力量。[2] 在当代中国就表现为社会主义核心价值观。也就是说，法官不能将裁判仅仅建立在自身独特的价值判断的基础上，他所援引的价值判断必须符合社会主义核心价值观，必须尽可能具备可普遍化的特征。此外，在一个国家的主流价值观中，有一部分属于制度化的价值，也就是得到法律制度化支撑的价值判断，这主要是指特定法治国家的宪法规定的一些该国家的公民都承认的、法律和公共权力应予保障与促进的实质价值，例如，我国宪法规定的人权、自由和平等。尤其是宪法中关于公民基本权利的规定，是任何国家机关、包括立法机关制定的普通法律都不得违背的"客观价值秩序"。任何法官或作出法律决定的机关都不应违背这些宪法价值作出裁判。

个案正义的实现大体上要具备三个要素：①要具备规范基础。也就是说，法官的论证绝不能只是纯粹的道德论证或价值诉求，而必须在现有的法律体系内寻找到规范基础作为这种价值的支撑。通常情况下，一般法伦理原则可以承担起这一任务。②要运用法学方法。即通过运用法律人共同体所普遍承认的法学方法，保证法律决定与实质价值或道德保持一致。③要承担论证负担。也就是说，法官在超越依法裁判的层次去追求个案正义时，负有论证义务来说明他所主张和所欲实现的价值具备规范基础，是通过理性的论证形式得出的，符合宪法和社会主流价值观的价值。个案正义同样与一系列重要的价值或者制度安排相关，如追求正义、正确性原则、实质正义、正当性、合理性等，这些都是"实质价值"。从法治的角度看，个案正义实现的是形式法治的要求。

司法裁判尽可能同时去满足依法裁判与个案正义的要求，从而在法的可预测性与正当性之间保持最佳的平衡。一方面，司法裁判不能仅追求依法裁判，因为如果将"法"作为一种权威指令的话，那么纯粹的依法裁判就是服从命令的思维。另一方面，司法裁判也不能仅追求个案正义，因为仅仅追求正义的是道德思维。但不可否认，依法裁判与个案正义、司法裁判的可预测性与正当性之间有时存在着一定的紧张，产生所谓合法不合理、合理不合

---

〔1〕 习近平：《在十八届中央政治局第四次集体学习时的讲话》（2013 年 2 月 23 日）。
〔2〕 习近平：《在北京大学师生座谈会上的讲话》（2014 年 5 月 4 日）。

法的问题。通常情况下，此时依法裁判具有初始的优先性，因为法官的首要任务就在于依据法律作出裁决，只有在合法性的框架内才能去追求合理性。在例外情形中，实现个案正义的要求会凌驾于依法裁判的要求之上。但假设真的如此，就需要裁判者承担相比通常情形更重的论证负担，也要准备承担论证不利的风险。因此，依法裁判在适用上具有推定优先性。

👉 第二节　法律论证的层次

一、内部证成与外部证成

法律论证可以分为内部证成与外部证成两个层面。内部证成处理的问题是：所欲证立的法律命题是否从为了证立而引述的前提中逻辑地推导出来，外部证成的对象则是这些前提本身的正确性或可靠性问题。[1] 我们可以通过如图 12-1 来说明内部证成与外部证成：[2]

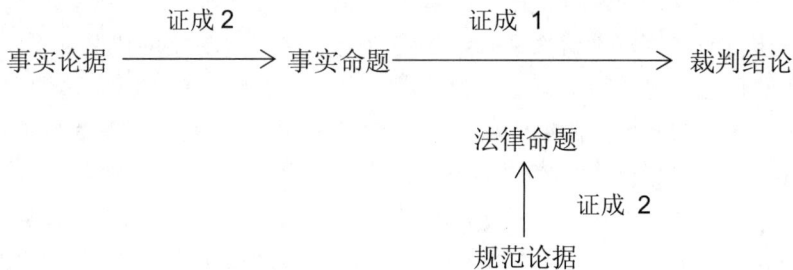

图 12-1　内部证成与外部证成

在法律论证中，裁判结论的得出要得到两方面命题的支持，即事实命题与法律命题。显然，从事实命题与法律命题推导出裁判结论的过程构成了一个证成的层次（证成 1），它涉及的是从既定前提中（在不质疑事实命题与法律命题，或者说在两者的正确性或可靠性已得到证明的前提下）推导出作为结论的法律决定的有效性问题，它对应前面所讲的内部证成的层面。但有时候，论者者提出的事实命题与法律命题本身会受到质疑，此时就需要对这两个命题本身是否站得住脚进行进一步的论证，其中，事实论据是用以证明事实命题成立的依据（如经验法则、证据法则等），而规范论据是用以证明法律命题成立的依据（通常是它的来源即法源，也可能包括解释性命题、续造性

---

〔1〕　Jerzy Wróblewski, "Legal Decision and its Justification", in H. Hubien (ed.), *Le Raisonnement Juridique*, *Akten des Weltkongress für Rechts- und Sozialphilosophie*, Bruylant, 1971, p. 412.

〔2〕　这一图式改编自英国哲学家图尔敏提出的"图尔敏模式"（See Stephen Toulmin, *The Uses of Argument*, Cambridge: Cambridge University Press, updated edition 2003, p. 96.）

命题等）。在此，规范论据对法律命题的支持、事实论据对事实命题的支持构成了另一个证成的层次（证成 2），它涉及的是证成 1 的层面上所使用之前提（法律命题与事实命题）本身的正确性或可靠性问题，对应前面所讲的外部证成的层面。

内部证成主要实现的是可预测性的要求，而外部证成主要实现的是正当性的要求。一个正确的裁判结论是从正确或可靠的前提出发，经由合乎逻辑的推导过程得出的结论，这样才能同时满足依法裁判与个案正义的目标。需要说明的是，内部证成与外部证成的划分仅仅是从论证层次或结构角度对法律论证的划分，而不是从动态的角度对法律论证活动之阶段和步骤的划分。因此，它是基于论证理性的一种重构，而不是对真实论证活动的复制或描述。

二、内部证成的相关要求

内部证成涉及的是从既定法律论证前提中推导出作为结论的法律命题的逻辑有效性问题。一个论证，当前提皆为真或正确时，则其推出的结论也必为真或正确。涵摄推理就是确保推论有效性的理性形式，即内部证成的逻辑形式。但内部证成并不是一种单纯的逻辑推演，它除了技术意义上的推论外，还提出了下述要求：

1. 连贯性要求。法律论证的前提必须连贯，即无矛盾，这是因为：一方面，如果作为前提的命题之间彼此不连贯，那么它们不可能都为真或正确。但一个能成立的论证，其前提必然都为真或正确，否则无法确保从它们推导出的结论为真或正确。另一方面，从不连贯的前提集合中我们可以推导出任意结论。我们不仅可以推导出所欲证立的命题，也可以推导出它的否定命题，但对于司法裁判而言，两者显然不能同时是真的或正确的。这意味着，以不连贯的命题为前提的论证无法区分正确与错误的结论。

2. 可普遍化要求。论证的前提中必须至少包含一条普遍性的规范和一个充分描述具体案件事实的命题。既然司法裁判是一种法律"适用"活动，即将法律规范适用于个案的活动，而法律规范通常又是以全称命题的形式来表达的，那么第二个要求就不证自明。这里体现了形式正义或平等原则：凡是满足同一构成要件的个案，都应当适用相同的法律后果，换言之，当两个具体案件在重要性特征上完全相同时，应该对它们得出相同的判决结论。

3. 完备性要求。如果具体案件事实的描述与法律规范的构成要件之间存在缝隙，则必须引入解释性命题来加以弥补，直至对具体案件事实是否符合构成要件不存在疑义为止。平等原则不仅要求必须至少引用一条普遍性的规范作为大前提，而且当对这条规范能否适用于具体案件存在疑义时，还必须加入额外的前提来弥补规范与事实之间的缝隙。此时就不能直接得出法律后果，否则就存在论证上的跳跃而不合乎逻辑。要避免跳跃论证，就必须加入额外的前提来弥补这一落差，而这正属于涵摄推理的主要任务。当然，由于这些前提是无法从法条中直接演绎得出的，它们正确与否就成为外部证成的重点。所以，涵摄推理不仅可以避免推论谬误的发生，也使得在论证过程中无法缺失或隐藏某些前提，从而避免规避对它们进行外部证成的工作。

所以，内部证成的要求其实是为司法裁判提出一系列的论证标准，这些标准体现了形式正义，而对它们的满足则属于外部证成的任务。通过内部证成的分析，可以显露出推论出法律后果所需的所有前提，从而确立了需要进行外部证成的对象。[1]

三、外部证成的相关问题

外部证成的对象即内部证成所使用的两个前提：法律命题与事实命题，外部证成就是对这两类命题进行证成。

（一）法律命题的证成

就法律命题的证成而言，其核心问题在于：如何证明裁判者所找到的法律命题是正确适用于当前案件的大前提？裁判者在证立法律命题的过程中可能会遇到以下几方面的问题：

1. 应当去哪里寻找大前提？对于裁判个案的法官来说，适用于当下案件的法律规范并不是给定的，而是需要他自己去寻找。这里遇到的第一个问题就是：他可以用来证立裁判结论的大前提可以从多大范围的权威性材料里寻找。超出特定范围去寻获的法律规范无法成为裁判依据，据此得出的裁判结论也不具有法律效力。处理裁判依据之来源和范围的理论，就是"法的渊源"理论。

2. 大前提与小前提之间存在缝隙怎么办？有时候，法官在特定的法源范围内找到了一个可以直接适用于当下个案的法律规范，却发现这个法律规范（法律命题）与对于个案事实的描述（事实命题）无法直接衔接起来。这是因为法律规范具有一般性，它是面向不特定的主体和不特定的情境来制定的，在这一过程中，它会"抹去"许多个别化的细节，而仅在构成要件中保留那些类型化的特征并赋予其法律后果，但个案事实总是具体的、细节化的。所以，必须有一套能够将抽象的法律命题与具体的事实命题衔接起来的方法，那就是"法律解释"理论。

3. 找不到可直接适用的大前提怎么办？有时候，法官在法源范围内找不到一条可以直接适用于当下个案的法律规范用于裁判案件，但又不能以"法无明文规定"为由拒绝案件的审理。这就造成了两难的困境：一方面是不能拒绝裁判，另一方面则是缺乏明确的裁判依据。此时我们说法律出现了漏洞，也就是应当规定而没有规定的情形。面对这一情形，在不同性质的案件中，法官应采取不同的办法：如果涉及的是刑事案件，那么基于"罪刑法定"这一刑法领域的最高准则，法官须以"法无明文不为罪"为由宣告被告人无罪，

---

〔1〕 Robert Alexy, *Theorie der juristischen Argumentation*, 2. Aufl., Frankfurt a. M.：Suhrkamp, 1991, S. 281.

此时涉及的为"不可填补的漏洞";但如果涉及的是民事案件,法官则需要运用特定方法去填补漏洞。这就涉及"法律漏洞的填补"理论。

4. 可适用的大前提在个案中会产生明显不公正的后果时该怎么办?有时候,法官在特定的法源范围内找到了一个可以直接适用于当下个案的法律规则,但是会产生明显不公正的后果。也就是说,个案事实在语义层面上确定地属于法律规则之构成要件的外延(或者说,属于该构成要件之概念的肯定域),但是从评价的层面来看,其后果却普遍地被认为不能接受。例如,在本书第二章所举的"公园内禁止驶入机动车"的例子中,如果发生的个案事实是:有一辆救护车被阻止驶入公园,这辆车上载着生命垂危的病人,公园的后边有一家医院,公园很大,绕道会浪费时间,最快捷的方式就是让救护车穿过公园将病人送往医院。从语义的层面看,救护车无疑属于"机动车",因而"公园内禁止驶入机动车"这一规则也适用于本案的情形;但从评价的角度来看,如果不让救护车驶入(过)公园,就有可能耗费宝贵的抢救病人生命的时间,导致其死亡。在这里,语义层面与价值论层面发生了冲突。对此,裁判者不能停留于诉诸直觉的方式来抛开可适用的规则,而是必须有一套帮助说理和论证的方法,这就涉及"法律修正"理论。

"法律漏洞的填补"理论与"法律修正"理论合称"法的续造"理论。之所以称之为"法的续造",是因为"造法"原本属于立法者的当然任务,而在这两种情形中,因法律沉默或者对于个案明显不当,法官不得不接替立法者的任务接着造法,它们已经超越了纯粹的法律适用活动。

(二)事实命题的证成

在外部证成中,事实命题证成的核心问题在于:司法裁判所要采纳的小前提(即案件事实)是什么?案件事实的形成是一个复杂的问题。作为法律论证之小前提,它并不等同于现实世界中发生的事,而是一种语言陈述(所以称为"事实命题"),并且,裁判者不仅使用日常语言进行描述,还要使用法律语言(具有法律意义的语言)进行加工和剪裁,最终成为写进裁判文书中的恰当的"案情"。

为此,一方面,要区分事件与事实。事件是实际上发生的某种状态或过程,而事实是用语言陈述出来的对象。另一方面,在形成事实命题时要处理三个不同层面的问题:①我们要用日常语言描述出,在现实世界中实际发生了什么?②我们如何对生活事实的诸要素选择重构出具有法律意义的事实?③如何对具有法律关联的事实要素进行判断、评价和认定?事实的认定是一个关涉法律规范并综合运用经验法则、自然法则、证据法则、诉讼规定等考量的过程,通过这一过程最终形成的关于案件事实的命题才是法律论证的小前提。

⊙ 本章知识梗概

1. 法律适用在本质上是一种"说理"的活动,法律论证就是举出理由来支持某个法律主张或法律结论的过程。

2. 法律适用的最终目标在于获得一个正确的或者说理性的法律判决，它要尽可能地同时满足两个方面的目标：一是依法裁判，二是实现个案正义。当二者发生紧张关系时，依法裁判在适用上具有推定优先性。

3. 法律论证可以分为内部证成与外部证成两个层面。内部证成处理的问题是：所欲证立的法律命题是否从为了证立而引述的前提中逻辑地推导出来；外部证成的对象则是这些前提本身的正确性或可靠性问题。

4. 内部证成以涵摄推理为逻辑形式，它同时提出了连贯性、可普遍化和完备性的要求。

5. 外部证成的对象是内部证成所使用的两个前提，即法律命题与事实命题。法律命题的证成涉及法的渊源理论、法律解释理论和法的续造理论；事实命题的证成涉及从事件到个案事实的过程。

相关参考文献

1. 雷磊："法律方法、法的安定性与法治"，载《法学家》2015 年第 4 期。

2. 雷磊："从'看得见的正义'到'说得出的正义'——基于最高人民法院《关于加强和规范裁判文书释法说理的指导意见》的解读与反思"，载《法学》2019 年第 1 期。

3. 焦宝乾："法的发现与证立"，载《法学研究》2005 年第 5 期。

4. ［德］罗伯特·阿列克西："法律判决的逻辑分析"，载［德］罗伯特·阿列克西：《法·理性·商谈：法哲学研究》，朱光、雷磊译，中国法制出版社 2011 年版。

5. Jerzy Wróblewski，"Legal Syllogism and Rationality of Judicial Decision"，*Rechtstheorie* 5 (1974)，pp. 33–46.

第十二章　拓展阅读

第十三章

案件事实

✉ 导　语

　　法律论证的很大一部分工作是围绕案件事实来展开的。但"法律之眼"中的事实并不等同于自然视角下的事件。本章我们要来回答两个问题：第一，在法律适用的活动中，如何区分事实问题与法律问题（第一节）？第二，案件事实是如何形成的（第二节）？

👉 第一节　事实问题与法律问题

一、区分两类问题的意义

　　事实命题与法律命题既然构成了法律论证之内部证成的两组前提，那么它们之间的区分似乎就是当然之理。这两类问题之间的区分具有重要的实务意义：事实与法律的区分贯穿于整个诉讼法之中，许多二审终审制的国家通常会区分事实审与法律审。法庭上对于事实与法律的处理也是不同的：就事实问题，法官（或陪审团）需要根据当事人及其代理人的主张和举证来作出判断；而关于法律问题，法官则应该依其本身的法律认识来决定，而不取决于当事人的主张，只有事实才适宜并且必须证明。对事实的法律判断并非由当事人主张来证明的客体，而是法官考虑和决定的对象。

二、两类问题各自的范畴

　　事实问题的对象是与法律相关的事实或实际情况。在传统上，可以对法律领域的事实进行这样的分类：

　　1. 外部事实与内部事实。外部事实是外在的物理性实情与事件，如人的外在行为及其结果。内部事实是主体内在的心理性状态与事件，如"意思"（不是意思表示）。

　　2. 描述性事实与规范性事实。描述性事实涉及对客观状态或事件的描述的事实，如某人的年龄、身高。规范性事实的存在则以相关法律规则的存在为前提，没有后者就没有前者，在此意义上，法律规则构成了相关规范性事实存在的构成性条件，如婚姻、收养。例如，张三和李四之间是否存在婚姻或收养的事实，要看他们之间的行为及关系是否符合婚姻法或收养法上规定的结婚条件和收养条件，如果符合，则存在各该要件事实；如果不符合，则张三和李四之间的关系尽管在外观上与符合条件的法律关系没有区别，但仍不构成法律意义上的婚姻与收养。与此不同，描述性事实无需以相关法律规则的存在为前提，不论是否存在相关的规则，某人的年龄、身高都不会受到影响。

3. 预测性事实。事实一般都是现实存在或存在过的状态与事件，但预测性事实是未来的事实（即将要发生的状态或事件），而非当下或过去的事实。比如，美国大法官霍姆斯曾在判定某人煽动颠覆政府的言论是否属于言论自由时指出，只要其言论不具备"明显而急迫的危险"就属于言论自由的保护范围。这里所说的"明显而急迫的危险"就属于预测性事实，因为这里的"危险"尚未现实地发生，而是对未来某种情况的预测。

与此相对，法律问题的对象是法。或者说，它处理的是实际发生的事依照法律体系的标准如何来安排的问题。在传统上，可以将法律问题区分为两类：

1. 确定与个案相关之法律后果的问题。例如，张三是否可以向李四基于特定法律条款主张特定权利。

2. 具有一般法律效力与规则化的问题。例如，硫酸是否是《德国刑法典》第 224 条中所说的"武器"。前者涉及裁判结论的得出，后者则涉及对作为大前提之法律规范（当然可以是联系个案）的理解和解释问题。法律问题可以被置于不同的抽象化层级。在法的适用过程中，合适的抽象化水平受到个案以及"判决显著性"标准的限定：如果个案的具体特征在法律评价上明显不显著，法律问题就应当作抽象处理。如果事实情境能作不同的法律评价，抽象化就不得过于偏离具体特征。不同的抽象化层级非常重要，它决定了能够涵盖的事实类型的范围。

👉 第二节　案件事实的形成

一、事件与事实

事件是实际上发生的某种状态或过程，它是自在的、客观的、不依赖于语言而存在的。它是案件事实形成过程中必须面对的客体。与此不同，事实是以特定的意向为导向，对已经发生的事件进行陈述和截取出来用作证据的东西。之所以有"事实"产生的必要，就是为了论证的需要。具体而言，事实与事件的区别在于：

1. 事件具有时态，而事实没有时态。事件在时间中发生、发展、结束，它展现为一个过程，而事实不是一个过程，至多只是一个状态。这从自然语言中也可以反映出来：不少语词只能和"事件"搭配，不能和"事实"搭配，例如，我们说"一件事发生了""事件的经过一波三折""这件事结束了"，但我们不能说"事实发生了""事实的经过""事实过去了"。[1] 事件在被陈述为事实时都已经处于过去完成时态，而不是现在时态，从这个意义上说，这个陈述的过程只能是对过去的陈述。而就事实被用作现在的论证过程而言，事实则是现在时态。

2. 事件具有空间性，事实不具有空间性。事件（一件事）总是在某个空间里发生的，也仅仅在特定的空间里发生。它一旦发生在特定的空间里，就必然不发生在其他空间里。相反，事实并不附着于特定的空间，它可以在任何地方被展现出来。它在特定空间中被人提出，并不排斥它可以同时、也可以不同时在不同的空间被提出。因此，事件具有时空性，而事实具有超时空性。

3. 事件作为现实世界中的经过与事态无真假可言，而陈述事件的命题具有真假。如果它是真的，它陈述的就是事实。因此，不是所有对事件的陈述都是事实，事实是被证实为真的对事件的陈述。换句话说，事实本身就包含着"真"的意思。对事件的陈述，除了能够得到公认的，都必须经过证据证明为真才能成为事实。但事实的不可复现性决定了裁判中的证明不可能成为自然意义上的科学证明，证据对这一陈述的证实必须遵循形式化的证据规则，如刑事裁判中的排除合理怀疑规则和民事裁判中的高度盖然性规则，只要能够满足证据规则的要求被证实，一个对事件的陈述就可以被认为是事实。

4. 事件是自在自为的，而事实具有知识兴趣性。事实是为论证服务的，它是就能够作证、能够以推论来说的。我们根据事实得出结论，推论出曾发生过另一件事件。正因为此，我们说"提供事实""给出事实"，不说"提供事件""给出事件"。相反，我们能中断一件事，参与一件事，但不能中断或参与一个事实，因为事实是就构成推论而言的。论证脱离不了论证的主体（即人），而人在进行论证时带有明显的知识兴趣性。他会从所发生的事件中截取自己感兴趣的那部分陈述为事实。所以，一件事发生后，可以被不同的人陈述为不同的事实。从这个角度讲，事件是本体论的概念，而事实更多的是一个认识论的概念。

所以，事件居于时空世界，而与此相关的事实则处于超乎时空的论理的世界。司法裁判中作为基础的是可以被提出、被证明、被主张的事实，而不是物理意义上的事件。因而将事件陈述为事实，就成为必不可少的第一步。

二、从生活事实到要件事实

人们只有在参照某种概念图式或解释框架时才能陈述出事实。最基础的概念图式来自日常生活本身，所以，事件首先可能被陈述为生活事实。但是，

---

〔1〕　参见陈嘉映："事物·事实·论证"，载赵汀阳主编：《论证》，辽海出版社 1999 年版，第 3 页。

个案中的生活事实要与法律发生关联，就要在法律的概念图式中被重述为要件事实。所以，生活事实是用日常生活的语言与概念对事件进行的陈述，而要件事实是用法律的语言和概念对生活事实进行的重述。之所以称之为"要件事实"，是因为对于生活事实进行重述和剪裁的标准来自于法律规范的构成要件本身。正是法律规范的构成要件为重述提供了概念图式。生活事实往往受个体化概念图式的引导，例如，同为目击证人的甲和乙会对案发当时作出不同的叙述。而要件事实的概念图式不来自个体化的经验，而更多地表现为法律职业共同体共同的概念图式。因为在诉讼过程中，无论是原告、被告，还是检察官和犯罪嫌疑人（及其辩护人），都必须运用这套概念图式来向法庭呈现要件事实。

要件事实的形成既可能来自直接的表述，也可以是被间接推断出来的。一方面，要件事实的形成可以是直接的表述。例如：在被告被控进入一房屋并在其中进行盗窃的刑事审判中，被告从窗外伸出一个只胳膊，这一事实不是侵入房屋的证据，其本身就是对房屋的侵入，所以是要件事实。另一方面，要件事实在更多情况下是借助证据进行的一种推断性重述。证据能够提供一定的逻辑基础，用以推断其他一些事实，只有后者才是要件事实。例如，一把刀（在法律的视野下被称为"凶器"）是一项证据（物证），而"凶器上带有犯罪嫌疑人的指纹和被害人的血迹"以及以此推论得来的"犯罪嫌疑人是拿着这个凶器伤害被害人的"都是事实。但是前者属于通过证据直接显现出来的事实，后者是通过证据及其直接显现出来的事实所推断出来的事实，它才是要件事实。

生活事实被重述为要件事实需要满足两个方面的要求：

1. 相关性要求。要件事实必须和案件相关，并且为形成案件事实所必需。重述的重要方面是去除生活事实中的非关涉法律的事实，从而得到案件的要件事实。例如，发生在河南郑州的张金柱案，大众和媒体陈述出的生活事实可能包括了许多催人泪下的细节，而形成案件事实所必需的仅仅是生活事实的大量细节中包括的法律指涉的相关事实。在张金柱案中，事后有关目击证人回忆，张所驾驶的是一辆白色"佳美"轿车，车牌号为豫 A54010，被撞的小孩好像是个男孩，小孩被撞倒后曾在地上向一个中年妇女求救。[1] 在生活事实被重述为要件事实时，这些事实基本上属于非法律关涉的事实而被排除。

2. 合法性的要求。要件事实的陈述必须符合法律本身的要求。在生活事实形成的阶段，只要能够真实地陈述事件就可以了，但在要件事实的形成阶段，还必须按照法律的要求对生活事实进行进一步合法陈述。例如，一个生活事实的表述可能是"甲的手腕在空中划了一道弧线击中了乙的脸"，当把这个生活事实重述为"甲殴打乙"这个要件事实的时候，必须要将甲和乙前前

―――――――――――――――

〔1〕 关于本案案情，参见桂娟："震惊全国的郑州张金柱交通肇事案"，载《记者观察》1998 年第 6 期。

后后的一系列行为作为整体上存在关联的集合体来把握，才能赋予这种特定的甲的手腕运动以殴打的意义。[1] 在这个赋予意义的过程中，生活事实"击打"就被重述为要件事实"殴打"，这是按照"殴打"这一法律制度的要求完成的重述。

三、从要件事实到案件事实

要件事实可能是复数的，因为适用于个案的法律规范及其构成要件可能看上去是复数的。原告和被告、检察官和犯罪嫌疑人（及其辩护人）都可能从自己对于案件的理解出发，选择特定的法律规范及其构成要件，重述和剪裁出特定的要件事实。所以，还必须在此基础上将要件事实进一步重构为唯一的案件事实。在诉讼当事人所陈述的诸要件事实的基础上，只有裁判者（法官）通过法定程序所认定的事实才能最终成为案件事实。由于它是司法裁判的基础，也可被称为裁判事实。形成案件事实要求裁判者必须在所选定之法律规范的关照下对要件事实进行重构。裁判者必须揭明对个案具有决定意义的法律规范及其构成要件是什么，并明确依据它来对各种要件事实进行重构。重构可能体现在两个方面：一是从有竞争关系的要件事实（争议点）中择取法庭所认定的那个；二是对既有的要件事实进行进一步的裁剪、梳理、补充。

所以，案件事实的最终形成是运用法律规范对生活事实（以及作为中间阶段的要件事实）进行重述和重构后的产物。被重构为案件事实不是一个单向和线性的过程，规范可能需要被解释，要件事实可能需要被剪裁，这个过程更多地表现为一个互动和循环的过程。在这整个过程中，裁判者总是小心翼翼地将"目光在大前提和生活事实间往返流盼"，[2] 去寻找构成要件与生活事实恰当的均衡点，最终形成个案的案件事实。

⊙ **本章知识梗概**

1. 区分事实问题与法律问题具有重要的实务意义。事实问题的对象是与法律相关的事实或实际情况；法律问题处理的是实际发生的事依照法律体系的标准如何来安排的问题。它们各自可以进行不同的分类。

2. 事件是实际上发生的某种状态或过程，而事实是用语言陈述出来的对象。事件具有时态和空间性，无真假可言，是自在自为的，属于本体论的概念；而事实没有时态，不具有空间性，必然为真，具有知识兴趣性，更多地属于认识论的概念。

3. 生活事实是用日常生活的语言与概念对事件进行的陈述，而要件事实是用法律的语言和概念对生活事实进行的重述，后者的标准来自法律规范的构成要件本身。要件事实的

---

〔1〕 ［日］棚濑孝雄："作为话语的法律援引——法的叙事和律师伦理"，载［日］棚濑孝雄：《现代日本的法和秩序》，易平译，中国政法大学出版社 2002 年版，第 149~150 页。

〔2〕 Kartl Engisch, *Logische Studien zur Gesetzesanwendung*, 2. Aufl., Heidelberg: Heidelberg Universit？t Verlag, 1960, S. 15.

形成既可能来自直接的表述，也可以是被间接推断出来的，它要满足相关性和合法性的要求。

4. 案件事实或裁判事实是裁判者通过法定程序从诸多要件事实中选择和认定的事实。

5. 案件事实是运用法律规范对生活事实（以及作为中间阶段的要件事实）进行重述和重构后的产物。在这一过程中，存在着构成要件与生活事实的互动与循环。

相关参考文献

1. 焦宝乾："事实与规范的二分及法律论证"，载《法商研究》2005 年第 4 期。

2. 陈杭平："论'事实问题'与'法律问题'的区分"，载《中外法学》2011 年第 2 期。

3. 陈景辉："事实的法律意义"，载《中外法学》2003 年第 6 期。

4. 黄泽敏："案件事实的归属论证"，载《法学研究》2017 年第 5 期。

5. 杨贝："论案件事实的层次与建构"，载《法制与社会发展》2019 年第 3 期。

第十三章　拓展阅读

第十四章

法的渊源

✉导 语

除了围绕案件事实展开的论证之外，法律论证也要围绕规范的适用来展开说理。这种说理活动面临的第一个问题就是：该去哪里寻找作为裁判基础的规范？这就涉及所谓的"法源"问题。理解法源的概念时要区分不同的层次和不同的类型（第一节），其中最重要的分类是效力渊源与认知渊源。在不同国家，法源范围的大小是不同的。当代中国有自己独特的法的效力渊源与认知渊源（第二节）。

第一节 法源概述

一、法源的概念

法的渊源（sources of law），又称"法源"，是迄今为止法理学中最复杂的概念之一。这不仅是因为它含义的丰富性，[1] 也因为法源理论本身的多层面性。从功能的角度看，法是一种裁判依据，而法源则是这种裁判依据的来源。或者说，它指的就是法律适用的大前提或规范性命题的来源，它要解决的是法官去哪里寻找法律决定之大前提的问题。这一理解预设了两点主张：①法源理论预设了一种特定的视角，即法律适用的视角。因此，它并不是从立法视角出发的理论。这也导致立法的产物（即制定法）并非法律适用过程中唯一的裁判依据。②法源不是法律规范。[2] 法律适用过程中的裁判依据是单数或复数的法律规范，法源并不是裁判依据或法律规范本身，而是它（它们）的来源。所以，如果将法律规范等同于"法"的话，那么法源本身未必一定具有法的性质，而只是发现或创设法的某些方式或途径。

前已述及，从法律适用的角度出发，我们将法源理解为法律论证之外部

---

[1] 例如参见舒国滢主编：《法理学导论》，北京大学出版社 2012 年版，第 66 页。该教材认为在西方法学中，法源具有历史渊源、理论或思想渊源、本质渊源、效力渊源、文献渊源、学术渊源六种。

[2] See Fábio Perin Shecaira, *Sources of law are not legal norms*, *Ratio Juris* 28（2015），pp. 15-30.

证成的一个层面，即围绕法律命题展开的规范论证的一部分。法律论证既然以依法裁判为首要目标，那么就必须有某种标准帮助法官来区分法律论证与非法律论证、法律裁判与非法律裁判。法源的意义就在于帮助法官确立依法裁判的基础，或者说确立依法裁判之"法"的范围。换言之，只有建立在法源基础上的论证才是法律论证，只有具有法律上来源的裁判才属于法律裁判。具体来说，理解法源概念时要进行三组区分：

1. 法律规范的产生根据与表现形式。"法源"一词通常在两种意义上被使用：有时人们用它来指涉特定的规范性行为或事实，如立法，即订立制定法的行为；有时人们用它来指涉特定的规范性文本，如制定法本身。[1] 但是，法律规范的表现形式只是对应于不同产生根据的产物，法源的准确含义指的是法律规范的产生根据。

2. 裁判的原因与理由。法源既可以被理解为法得以产生的原因，也可以被理解为法得以成立的理由。前者是社会学的"法源"概念，后者是规范理论的"法源"概念。理由与原因最大的区别在于：它不仅能"说明"裁判为什么会产生，而且能为裁判的正当性进行辩护。法学作为规范学科的性质决定了主要应当从裁判理论的角度来理解法源。

3. 权威理由与实质理由。依照理由对裁判结论的支持方式，可以将理由分为权威理由与实质理由。实质理由是一种通过其内容来支持某个法律命题的理由，它用以支持某个法律命题的方式是指出这个命题的内容上的正确性。例如，提出"不得杀人"这个主张的实质理由就在于杀人是错的。与此不同，权威理由是因其他条件而非其内容来支持某个法律命题的理由，其中最重要的就是指明它的来源。法源的确切意义就是为裁判提供权威理由。例如，对于"不得杀人"这个主张，权威理由在于"因为我国《刑法》第232条就是这样规定的"。

综上，法源是指法律适用过程中的裁判依据得以产生的根据，是裁判所要依循的权威理由。

二、法源的分类

从不同的角度可以对法源进行不同的分类。例如，依据产生法源之行为或事实的不同，可以将法源分为立法（制定法）、司法（判例法）、共同的规范性实践（习惯法）、共同的学术实践（教义学、法学家法）；依据法源对于裁判之拘束力的强弱，可以将法源分为必须的渊源、应当的渊源、可以的渊源；[2] 等等。本书采纳了以下两种分类：

1. 制度化的法源与非制度化的法源。当某个法源的地位完全来自于法律

〔1〕 See Riccardo Guastini, *Fragments of a Theory of Legal Sources*, *Ratio Juris* 9（1996），p. 368.

〔2〕 Aleksander Peczenik, *On Law and Reason*, Dordrecht：Kluwer Academic Publishers, 1989, pp. 328 – 329.

制度时，它就属于制度化的法源。制度化的法源要满足两项条件：①法律规范的存在条件是某种法律制度活动的作用；②法律规范之语境充分的证立或者其体系化或局部化的规范力完全来自于对这些存在条件的满足。[1] 制度化的典型标志是专门机构的专门活动，而最典型的法律制度活动就是立法活动。所以，制定法是最典型的制度化法源。此外，在英美法系国家，"遵循先例"（stare decisis）同样属于法律制度活动，因而，判例法也属于制度化法源。非制度化的法源至少包括事实性法源与说服性法源两类。事实性法源来自某个机关在司法系统中事实上所处的地位。例如，在民法法系中，尽管并不存在遵循判例的规范性要求，但具有管辖关系的上级法院的判决对于下级法院同样具有权威性。说服性法源来自法官对于某种理由来源的信任。这里的"说服"并不意味着让法官相信理由本身的实质合理性，而仅仅是理由本身的权威地位所产生的信任。最典型的说服性法源是习惯和习惯法。

2. 效力渊源与认知渊源。效力渊源指的是某个法律规范（裁判依据）之所以具有法律拘束力的来源；而认知渊源指的是某个法律规范（裁判依据）之其内容的来源。假如某个规范在效力上不具有独立的来源，也就是来源于其他的规范，那么它就不具有效力意义上的法源。一个典型的例子是关于合同之法源地位的争议。自治理论强调私人自治思想，并将自己通过合同承担义务的可能看作一种自然的、先在于任何法秩序的权利；而授权理论认为合同的法律拘束力只能来源于制定法的授权。现在民法学界的主流观点是倾向于否认合同作为独立的法源。[2] 这并非说（依法成立的）合同不能作为裁判的依据，而是说它作为裁判依据的效力来源是制定法（合同法）的授权。所以，说合同并非独立的法源是在效力渊源的意义上说的。在效力渊源的意义上，只有具备独立的来源的才属于效力渊源。所以，制定法、判例法与习惯法都是效力渊源。与此不同，认知渊源不涉及裁判依据的效力，它指的是司法裁判中用作法律适用大前提的规范命题本身在内容上的来源。换言之，认知渊源的意义在于说明法官的裁判依据并非来自个人的见解，而依然是基于来源的，判例、政策、习惯、合同都属于认知渊源。

法的效力渊源必然同时是法的认知渊源，但法的认知渊源未必同时是法的效力渊源。但同时存在法的效力渊源与认知渊源且二者不一致时，优先适用法的效力渊源。进而，法的效力渊源其实就是通常被称为"法"的东西，所以法必然是法源，但法源未必都是法，法源是一个在外延上比法更宽泛的概念。

---

[1] See Roger Shiner, *Legal Institutions and the Sources of Law*, Dordrecht：Springer, 2005, p. 3.

[2] 例如参见 ［德］卡尔·拉伦茨：《德国民法通论》，王晓晔等译，法律出版社 2003 年版，第 11 页。

第二节 当代中国的法源

一、当代中国的法的效力渊源

当代中国的法的效力渊源（即"法"）严格说来主要指的只是以宪法为最高效力层级的各类制定法（规范性法律文件）。

（一）宪法

这里指的是《宪法》这部规范性文件。《宪法》是国家的根本大法，这体现在：①具有最高效力层级。任何与宪法相抵触的法律、法规、规章都无效。我国全国人大下设的宪法与法律委员会就肩负着这种合宪性审查的任务。②修改程序的特殊性。普通法律的制定和修订只要全国人大代表或全国人大常委会全体组成人员的过半数通过，但宪法的修订需要全国人大代表的 2/3以上多数才能通过。

（二）法律

法律有广义和狭义之分。广义上的法律是指一切制定法或规范性法律文件，既包括狭义上的法律，也包括宪法和其他规范性法律文件。狭义上的法律则仅仅是指由最高国家权力机关及其常设机关制定的规范性法律文件。[1]作为当代中国法源的"法律"是在狭义上使用的，它的效力仅次于宪法。法律可以被分为两类：一类是基本法律，制定主体为全国人大；另一类是非基本法律，制定主体为全国人大常委会。两类法律的制定程序略有不同。但要注意的是：无论是基本法律还是非基本法律，二者的效力层级是一样的，基本法律并不构成非基本法律的"上位法"。根据我国《宪法》第 67 条第 3 项以及《立法法》第 7 条第 3 款的规定，在全国人大闭会期间，全国人大常委会可以对全国人大制定的法律进行部分补充和修改，但是不得同该法律的基本原则相抵触。

在内容上，有一些事项必须或应当由法律来规定。具体包括两类：

1. 绝对保留事项，包括犯罪和刑罚、对公民政治权利的剥夺和限制人身自由的强制措施和处罚、司法制度等。涉及这些事项的必须由法律来规定。

2. 相对保留事项，包括国家主权的事项，各级人民代表大会、人民政府的产生、组织和职权，民族区域自治制度、特别行政区制度、基层群众自治制度，税种的设立、税率的确定和税收征收管理等税收基本制度，对非国有财产的征收、征用，民事基本制度，基本经济制度以及财政、海关、金融和外贸的基本制度，以及必须由全国人大及其常委会制定法律的其他事项。涉及这些事项的一般只能制定法律，但尚未制定法律的，全国人大及其常委会

---

[1] 我国政治实践和学术语境中经常将"法律"与"宪法"并列，采用"宪法和法律"的表述，就是在狭义上使用的。

有权作出决定，授权国务院可以根据实际需要，对其中的部分事项先制定行政法规。

除了全国人大及其常委会制定的规范性文件外：①全国人大及其常委会作出的决议和决定，如其内容属规范性规定，也应视为法律。如从 2019 年 1 月 1 日起施行的《全国人民代表大会常务委员会关于专利等知识产权案件诉讼程序若干问题的决定》。这里所谓的"属规范性规定"，主要是指对于一般公民的行为具有拘束力。全国人大及其常委会作出的决议和决定，有的可能仅是针对其内部工作的规则，就不属于规范性规定。②全国人大及其常委会授权其他机关制定的规范性文件，视为法律。全国人大及其常委会有时会授权国务院或地方人大、政府制定本属于自己职权范围内的规范性文件。此时，根据"谁授权＝谁制定"的原理，将使得后者制定的规范性文件的效力层级被提升至法律的层级。在这两种情形中，被制定之规范性法律文件的名称都不叫《××法》，但它们在效力层级上都相当于法律。所以，判断在制定法内属于哪种法源类型，与相关文件之名称并无关系，而只需一看制定主体，二看是否属于规范性规定。这一原理也适用于法律之外的别的法源。③全国人大常委会所作的法律解释（立法解释），与法律具有同等效力。法律有以下情况之一的，由全国人大常委会解释：其一，法律的规定需要进一步明确具体含义的；其二，法律制定后出现新的情况，需要明确适用法律依据的。

（三）行政法规

行政法规是国务院制定的规范性法律文件的总称。行政法规的效力低于宪法和法律。除了国务院制定的规范性文件外，国务院作出的决议和决定，如其内容属规范性规定，也应视为法律。在名称上，行政法规大多叫《××条例》，但也可以叫"决议"或"决定"。行政法规可以就下列事项作出规定：①为执行法律的规定需要制定行政法规的事项；②《宪法》第 89 条规定的国务院行政管理职权的事项，即经济工作和城乡建设、生态文明建设，教育、科学、文化、卫生、体育和计划生育工作，民政、公安、司法行政等工作，对外事务，国防建设事业，民族事务。

总的来说，国务院从事两类立法活动：①职权立法，即根据《宪法》和《立法法》的规定制定行政法规的活动；②授权立法，即根据全国人大及其常委会的授权制定规范性法律文件的活动，此时规范性法律文件的效力层级相当于法律。

（四）地方性法规

地方性法规是省级与设区的市级地方人大及其常委会制定的规范性法律文件的总称。它包括两种情况：①省、自治区、直辖市的人大及其常委会根据本行政区域的具体情况和实际需要，在不同宪法、法律、行政法规相抵触的前提下，可以制定地方性法规。②设区的市的人大及其常委会根据本市的具体情况和实际需要，在不同宪法、法律、行政法规和本省、自治区的地方性法规相抵触的前提下，可以制定地方性法规。

地方性法规可以就下列事项作出规定：①为执行法律、行政法规的规定，需要根据本行政区域的实际情况作出具体规定的事项；②属于地方性事务需要制定地方性法规的事项，主要包括城乡建设与管理、环境保护、历史文化保护等方面的事项。

省级地方性法规需报全国人大常委会和国务院备案，设区的市的地方性法规需报省级人大常委会批准，并由后者报全国人大常委会和国务院备案。

（五）规章

规章包括部门规章与地方政府规章两类。部门规章是由国务院各部委、委员会、中国人民银行、审计署和具有行政管理职能的直属机构制定的规范性法律文件。部门规章规定的事项应当属于执行法律或者国务院的行政法规、决定、命令的事项。没有法律或者国务院的行政法规、决定、命令的依据，部门规章不得设定减损公民、法人和其他组织权利或者增加其义务的规范，不得增加本部门的权力或者减少本部门的法定职责。部门规章的效力低于宪法、法律、行政法规。部门规章与地方性法规之间对同一事项的规定不一致，不能确定如何适用时，由国务院提出意见，国务院认为应当适用地方性法规的，应当决定在该地方适用地方性法规的规定；认为应当适用部门规章的，应当提请全国人民代表大会常务委员会裁决。

地方政府规章是由以下两类主体制定的规范性法律文件：①省、自治区、直辖市的政府；②设区的市、自治州的政府。可见，地方政府规章与地方性法规的制定主体之间具有大体的对应关系：后者的制定主体是省市（设区的市）两级的地方人大及其常委会，而前者的制定主体是省市（设区的市以及自治州）两级的地方政府。

地方政府规章可以就下列事项作出规定：①为执行法律、行政法规、地方性法规的规定需要制定规章的事项；②属于本行政区域的具体行政管理事项，限于城乡建设与管理、环境保护、历史文化保护等方面的事项。地方政府规章的效力低于宪法、法律、行政法规、上级和本级的地方性法规、上级地方政府规章。地方政府规章内部亦有两个效力层级，即省、自治区的人民政府制定的规章的效力高于本行政区域内的设区的市、自治州的政府制定的规章。部门规章之间、部门规章与地方政府规章之间对同一事项的规定不一致时，由国务院裁决。

省、自治区、直辖市制定的地方政府规章需报国务院与本级人大常委会备案，设区的市和自治州制定的地方政府规章需报国务院、省级人大常委会与政府、本级人大常委会备案。

（六）民族自治法规

民族自治法规是民族自治地方的人大制定的自治条例和单行条例的总称。这里要注意：①民族自治地方在我国指的是自治区、自治州和自治县。民族乡的概念虽然在实践中被广泛采用，但它并不属于法律上的民族自治地方。如果说自治区等同于省级地方、自治州相当于设区的市级地方的话，那么可以看出，比较独特的是自治县拥有民族自治法规的制定权，因为普通的县级地方是没有地方性法规制定权的。②只有自治区、自治州和自治县的人大才有民族自治法规的制定权，这些地方的人大常委会或政府都没有这种权力。③民族自治法规包括自治条例和单行条例两类。自治条例全面规定当地的政治、经济、文化、社会等事项，相当于该地的"小宪法"；而单行条例则只针对单一事项进行立法。④自治区的地方人大既可以制定民族自治法规，又可以制定地方性法规，所以拥有双重立法权。

我国《民族区域自治法》第三章规定了自治机关的自治权。民族自治地方在自治权的范围内制定的自治条例和单行条例，在内容上可以与上位立法保持不一致，可以对上位立法进行变通处理。自治区的自治条例和单行条例，报全国人民代表大会常务委员会批准后生效。自治州、自治县的自治条例和单行条例报省、自治区、直辖市的人民代表大会常务委员会批准后生效，并报全国人民代表大会常务委员会和国务院备案。

（七）经济特区法规

经济特区所在地的省、市的人大及其常委会根据全国人大的授权决定，制定经济特区法规，在经济特区范围内实施。我国的经济特区所在地的省市包括福建（厦门）、广东（汕头、珠海、深圳）、海南、新疆（喀什）。在理解经济特区的法规时要注意几点：①大部分经济特区只是设区的市内的某些区，但是经济特区法规的制定权并不在这些区的手中，而在经济特区所在地的省、市手中。②只有经济特区所在地的省、市的人大及其常委会，而非政府有权制定经济特区法规。③经济特区所在地的省、市的人大及其常委会既有权制定地方性法规，又有权根据全国人大的授权制定经济特区法规。④经济特区法规属于全国人大授权立法，效力等同于法律。所以，一方面，经济特区法规在经济特区范围内优先于行政法规、具有隶属关系的地方性法规和地方政府规章适用。例如，适用于深圳特区的经济特区法规在特区范围内优先于国务院的行政法规、广东省人大的地方性法规以及广东省政府的地方政府规章适用。另一方面，经济特区法规与法律相矛盾并不必然失效，而要由全国人大常委会来裁决。

（八）特别行政区的规范性文件

与民族自治地方和经济特区不同，特别行政区享有高度自治权，实行全面特殊的制度，可以与法律（基本法除外）、行政法规不一致。适用于特别行政区的规范性文件包括三类：①特别行政区基本法。《香港特别行政区基本法》与《澳门特别行政区基本法》是各适用于该特别行政区的根本法，在特别行政区具有最高效力。但要注意的是，两部基本法的制定主体是全国人大，效力及于全国，属于法律，因而在严格意义上不属于这里所说的作为法源之一种、有别于法律的"特别行政区的规范性文件"。②两部基本法承认的本地区原有规范性法律文件。两部基本法的附则部分都规定，特别行政区成立时，原有法律除由全国人大常委会宣布为同基本法抵触者外，采用为特别行政区法律，如以后发现有的法律与基本法抵触，可依照基本法规定的程序修改或停止生效。③回归后特别行政区立法机关制定的规范性法律文件。所以，严格意义上的特别行政区规范性文件包括上述②③。

（九）军事法规与规章

中央军事委员会根据宪法和法律，制定军事法规。中央军事委员会各职能部门、各战区、各军兵种、武警部队，可以根据法令与军事法规、决定、命令制定军事规章。军事法规、军事规章在武装力量内部实施，在军事法院、军事检察院适用。

二、当代中国法的认知渊源

当代中国法的认知渊源是指在中国法院审理案件时可引用为裁判依据的内容，但是在效力上不具有独立来源，而需要借助其他效力渊源取得裁判依据地位的渊源。

（一）国际条约和协定

国际条约虽然不属于国内法的范畴，但在可能适用于中国法院审理的涉外案件，在这类案件中亦可以成为案件的裁判依据。国际条约的国内适用方式有两种：一种是并入，即将整个条约纳入国内法律体系并加以适用；一种是转化，即制定与条约相一致的国内法。前者是直接适用，后者是间接适用。转化的例子有1986年的《外交特权与豁免条例》、1990年《领事特权与豁免条例》。但是，转化了的国际条约无异于制定法，所以它的效力来源其实还在于国内立法机关的立法行为。能否并入则取决于国内立法的具体规定，也就是说，只有当我国某个立法明确规定相关条约可以在国内直接适用时，条约才可以在我国直接适用。例如，我国《票据法》第95条、《海商法》第268条、《中华人民共和国民用航空法》（以下简称《民用航空法》）第184条都规定："中华人民共和国缔结或者参加的国际条约同本法有不同规定的，适用国际条约的规定。但是，中华人民共和国声明保留的条款除外。"在这些领域内，相关法律、行政法规直接认可了国际条约的认知渊源地位。无论是转化还是并入，国际条约之所以能作为我国法院审理涉外案件之裁判依据的来源，其效力根据依然在于我国法律创制机关的行为或者说制定法本身。

我国加入的国际条约和协定有的由全国人大常委会批准，有的由国务院核准。当国际条约和协定与国内法发生冲突时，依据两个准则来解决：一是"不同层级，上位法优于下位法"；二是"同一层级，条约（协定）优先"。国际条约和协定与国内法的层级关系如图14-1所示：

```
                        宪　法
                 ↙               ↘
        法　律                        全国人大常委会批准的条约和协定
          ↓                                    ↓
      行政法规                          国务院核准的条约和协定
          ↓
      地方性法规

        ……
```

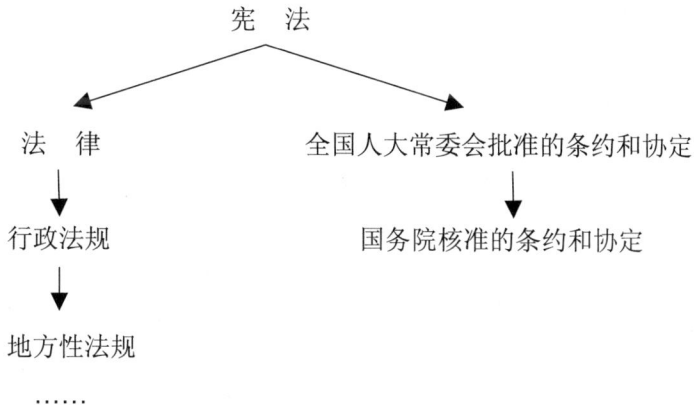

图 14-1　国际条约和协定与国内法的关系

国际条约和协定的层级地位要看批准或核准的主体。全国人大常委会批准的条约和协定，地位相当于法律，国务院核准的条约和协定，地位相当于行政法规（谁批准/核准 = 谁制定）。因此，宪法的效力高于所有其他规范性法律文件与国际条约和协定，法律的效力高于国务院核准的条约和协定，全国人大常委会批准的条约和协定的效力高于行政法规及以下的其他法源。另外，当法律与全国人大常委会批准的条约和协定发生冲突时，后者优先；当行政法规与国务院核准的条约和协定发生冲突时，后者优先。

（二）外国法

在某些涉外案件中，外国法的规定也可能成为我国法院审理案件之裁判依据的内容来源。例如，一位中国公民在美国将一位日本公民打伤，日本公民在中国公民住所地（上海）的法院起诉了该中国公民。法院调查后认为事实清楚、证据充分，构成侵权，此时承担侵权责任的法律依据就是美国的相关法律。因为根据我国《涉外民事关系法律适用法》第 44 条的规定，侵权责任，适用侵权行为地法律。此时，美国法律规定就成为我国司法裁判活动的认知渊源。这里要注意的是：一方面，外国法规范要成为法律渊源，一般要通过国际私法上的"引致条款"作为中介，外国法规范的效力取决于这些引致条款本身的效力。所以，上述案例中，虽然法院裁判依据在内容上来自美国法，但效力却来自《涉外民事关系法律适用法》第 44 条。另一方面，外国法规范的适用受到本国宪法规定与一般基本原则的约束，如"公共秩序保留"。《涉外民事关系法律适用法》第 5 条规定："外国法律的适用将损害中华人民共和国社会公共利益的，适用中华人民共和国法律。"因而外国法的适用会受到限制。

（三）司法解释

广义上的司法解释，是指最高司法机关就司法机关在司法工作中具体应用法律的问题所制定的解释性文件。它包括最高人民法院所作的审判解释、最高人民检察院所作的检察解释以及两高所作的联合解释。狭义上的司法解释仅包括审判解释，即最高人民法院就法院在审判工作中具体应用法律问题所制定的解释性文件。由于司法解释不是仅针对个案作出，而是具有普遍的拘束力，所以又可被称为"规范性司法解释"，属于我国司法适用中规范性法律文件的一种。《最高人民法院关于司法解释工作的规定》第 5 条规定："最高人民法院发布的司法解释，具有法律效力。"《最高人民检察院司法解释工作规定》第 5 条规定，最高人民检察院制定并发布的司法解释具有法律效力。但这些都属于最高司法机关的自我规定，司法解释之法源地位的真正授权依然在于立法。事实上，1981 年《全国人民代表大会常务委员会关于加强法律解释工作的决议》、《立法法》第 104 条和《人民法院组织法》第 18 条、《人民检察院组织法》第 23 条都明确赋予最高司法机关解释制定法的权力。这相当于间接认可了司法解释的认知渊源地位：司法解释并不具备独立的效力来源，它可以成为裁判依据的效力基础正在于这些法律条款一起引用。

（四）指导性案例

指导性案例是指由最高人民法院、最高人民检察院与公安部颁布的，对于全国审判工作、检察工作、刑侦工作与执行工作有指导意义的案例。指导性案例在同案同判、为将来的法官适用制定法解决具体案件提供思路，以及减轻法官的工作负担等方面具有积极的意义。但指导性案例毕竟与英美法系国家的判例不同，它并没有取得效力渊源的地位，即并不是"法"。《最高人民法院关于案例指导工作的规定》第 7 条规定："最高人民法院发布的指导性案例，各级人民法院审判类似案例时应当参照。"这意味着指导性案例定位于正式的效力渊源与单纯实质性的裁判理由之间。[1]

指导性案例的效力来源于法律的间接认可。由于《人民法院组织法》第 18 条第 2 款和《人民检察院组织法》第 23 条第 2 款分别授权最高法和最高检发布指导性案例的权力，再加上发布指导性案例本身的目的，以及现实中指导性案例以对法条的解释为主、漏洞填补为辅的特点，故而承认指导性案例的认知渊源地位（裁判依据的内容）但否认其具有像法律那样的效力渊源地位（裁判依据本身）是比较适当的方式。指导性案例的基本角色，就在于扮演被解释之法条的内容来源，与被解释之法条（效力来源）一起作为待决案件的裁判依据。

（五）国家政策

政策是在一定的历史时期基于社会政治经济等形势和问题作出的政治决策和对策。政策包括国家政策与执政党的政策。执政党的政策在中国历史上发挥过重要作用（抗日根据地时期形成的政法传统），现在对于司法一般只有

---

[1]《〈最高人民法院关于案例指导工作的规定〉实施细则》第 10 条规定："各级人民法院审理类似案件参照指导性案例的，应当将指导性案例作为裁判理由引述，但不作为裁判依据引用。"这种司法的自我节制其实相当于一方面将指导性案例排除于法的效力之外，另一方面又想强调其重要性（"应当……引述"），反映出最高司法机关的犹豫心态。

政治引导的意义，而不直接作为法源在判决书中引用。国家政策则作为法的认知渊源，在我国的司法实践中发挥着重要作用。目前，在民事领域，国家政策并没有被立法一般性地认可为认知渊源。[1] 但在其他领域则不乏有例证。如在经济法领域，《城市房地产管理法》第 55 条规定，住宅用房的租赁，应当执行国家和房屋所在城市人民政府规定的租赁政策。这里，国家和市政策的租赁政策就成为裁判住宅用房租赁纠纷的裁判依据（内容来源）。再如，在刑事领域，尽管《刑法》并没有一般性地认可国家刑事政策的法源地位，但有个别条款间接认可了这一点。如第 190 条将"违反国家规定"作为逃汇罪的构成要件之一。众所周知，外汇领域受国家宏观调控政策影响很大，这里的"国家规定"自然包含国家外汇管理政策，因此相当于间接认可了这些政策的法源地位。

（六）习惯

由于近代以来习惯法的空心化与立法中心主义倾向的加强，习惯法已丧失效力渊源的地位，蜕变为单纯的作为认知渊源的习惯。习惯法由两个要素组成：一是长时间持续不断、稳定、均质和普遍的交往实践，也就是不断被运用的事实；二是必要的确信，即这种交往实践的参与者普遍认为它是正确的，或认为这种实践就是在遵从既定的法。前者是外在的客观要素，而后者是内在的主观要素。[2] 习惯与习惯法的区别在于：前者并不存在参与者的必要确信（主观要素），而只有外在实践（客观要素）。而替补上这一主观要素的是立法的授权与司法的具体认可。我国《民法典》第 10 条规定："处理民事纠纷，应当依照法律；法律没有规定的，可以适用习惯，但是不得违背公序良俗。"这意味着：在没有法律明文作为裁判依据的情形中，立法授权法官去认定习惯，以作为裁判依据。此时，习惯提供的是裁判依据的内容，而这么做之所以有效，根据依然在于立法的授权。

在我国，可以作为民事裁判依据之内容来源的习惯主要包括特定的民族习惯、商业惯例和国际惯例。

（七）法律行为

法律行为作为法的认知渊源非常特殊，因为它们只能对特定案件的当事人起到拘束作用，而不具有普遍的拘束力。典型的法律行为有契约与行政行为。契约就是合同，它的拘束力表面上来自私人间的合意，但从根本上说来自法律的授权。如我国《民法典》第 465 条明确规定："依法成立的合同，受法律保护。依法成立的合同，仅对当事人具有法律约束力，但是法律另有规

---

[1] 已失效的《中华人民共和国民法通则》第 6 条曾规定，民事活动必须遵守法律，法律没有规定的，应当遵守国家政策。可见在当时，"国家政策"就扮演着替补性的认知渊源的角色。但新生效的《民法典》中并没有类似于上述第 6 条的规定。除非在民事单行法中针对具体情形个别地认可国家政策的法源地位，否则国家政策在民事裁判中就只能作为裁判理由，起到增强裁判说服力的作用。

[2] Vgl. Joachim Vogel, *Juristische Methodik*, Berlin: Walter de Gruyter, 1998, S. 39.

定的除外。"法典合同编的其他条款则就合同的订立、效力、履行、变更和转让等作了一系列的规定。所以，在不违反合同法相关规定的前提下，契约行为创设的具体内容可以成为以合同双方为当事人的裁判活动的依据，在确认合同有效之后，法官有义务将它作为确定双方当事人权利义务的准则。同样的道理，具体行政行为（如公证），只要不违反相关的法律法规（具备合法性），也可以成为以行政行为人为当事人的裁判活动的依据。所以，法律行为的存在虽然是事实问题，但它却能为相关当事人创设有约束力的个别规范。

本章知识梗概

1. 法源是指法律适用过程中的裁判依据得以产生的根据，是裁判所要依循的权威理由。法必然是法源，但法源未必都是法，法源是一个在外延上比法更宽泛的概念。

2. 从不同的角度可以对法源进行不同的分类。根据某个法源的地位是否完全来自于法律制度，可分为制度化的法源与非制度化的法源；根据某个法源是构成裁判依据之效力的来源还是内容的来源，可分为效力渊源与认知渊源。效力渊源必然同时是法的认知渊源，但法的认知渊源未必同时是法的效力渊源。

3. 当代中国的法的效力渊源主要是以宪法为最高效力层级的各类制定法（规范性法律文件）。

4. 当代中国法的认知渊源包括国际条约和协定、外国法、司法解释、指导性案例、国家政策、习惯、法律行为等。

相关参考文献

1. 王夏昊："法适用视角下的法的渊源"，载《法律适用》2011年第10期。

2. 马驰："法律认识论视野中的法律渊源概念"，载《环球法律评论》2016年第4期。

3. 王夏昊："论作为法的渊源的制定法"，载《政法论坛》2017年第3期。

4. 雷磊："指导性案例法源地位再反思"，载《中国法学》2015年第1期。

5. 吴从周："论习惯法作为民法的法源——以习惯法的内涵演变与空洞化现象之观察为中心"，载吴从周：《法源理论与诉讼经济》，元照出版有限公司2013年版。

第十四章 拓展阅读

第十五章

法律解释

✉ 导 语

　　很多时候，尽管我们可以在裁判过程中寻找到可作为裁判基础的法律规范，但却发现抽象的规范与具体的个案事实之间没法直接对接起来，因为该个案事实是否符合这一特定法律规范的适用条件并不是一目了然的。此时就需要澄清法律规范文本及其语词的含义，以便对个案事实的涵摄能够进行下去。这就涉及法律解释活动。我们将首先阐明法律解释的概念、特征和分类（第一节），其次叙明围绕法律解释之目标所产生的两种观点，及其各自的理由与缺陷（第二节），最后重点介绍法律解释的诸种方法及其顺序问题（第三节）。

👉 第一节　法律解释概述

一、法律解释的概念

　　解释（Interpretation）是人类所独有的一种现象，有别于说明（explanation）。说明涉及的是因果联系，常被自然科学用于阐明某个（作为结果之）现象的原因，具有客观性。而解释涉及的是对某个对象之意义的解明，具有规范性和评价性。最广义上的解释指的是对所有对象之意义的理解。这个对象可以是文本，也可以是非文本，后者如某种自然现象或某个人类的举止、信号等。广义上的解释指的仅是对文本（语言表述）之意义的理解。文本或语言表述是人类特有的一种媒介，在日常生活中我们借助于文本或语言表述来交流和沟通。广义上解释的结果有两种：一种是不同解释主体对同一个文本的理解取得了统一，即不存在理解上的分歧，此时我们说文本的含义是明确的、无歧义的；另一种是不同解释主体对同一个文本的理解存在分歧，此时我们说文本存在众多含义，或者说它的含义是模糊的、有争议的。如果是后一种情形，就面临对文本众多含义的选择问题，这就是狭义上的解释。

　　法律解释通常是从狭义上来理解的，也就是指对法律文本意义的理解与选择。严格来说，假如人们总是能够对法律文本的含义取得一致见解，也就没有法律解释的必要了。假如法律文本的含义总是清晰的，那么法律论证的规范命题与事实命题之间就不会存在缝隙，因为此时规范命题之概念总是拥有清晰的外延，对于事实命题能否落入外延之下总是能作出清晰的判断。但实情并非如此，在严格意义上，只有数字是不需要解释的。法律文本的含义总是存在不清晰之处，法律人也总是要为法律文本能否适用于某一个案而争论，因而总是存在法律解释的必要，而法律解释也总是具有"论辩"的性质。

二、法律解释的特征

法律解释具有这样几个特点：

1. 法律解释以法律规范为前提。在宽泛意义上，法律文本是法律解释的对象，而法律文本是由法律概念与其他组成部分（如连接词、标点符号等）组成的。但是在解释法律时，要以一个个的法律规范为最小的解释单位。法律以指引人们的行为为最基本的任务，而指引人们行为的功能要得以发挥，必须具备一定的单元结构，这就是规范。因此，在解释法律时，必须至少以一个法律规范为出发点。当然，有时解释的出发点不限于单个规范，而是从数个规范出发的。

2. 法律解释具有实践性。这体现在两个方面：一方面，法律解释是为了解决具体案件的法律适用问题而产生的。它不是一种纯粹的文字游戏，而是会产生现实的后果，影响当事人的权利和义务。例如，在前面举的"公园里禁止驶入机动车"的例子中，追问电动自行车是不是"机动车"并不是为了取得智识上的成果，而是为了解决实际问题：假如公园管理员让某人骑着电动自行车进入公园，而电动自行车撞伤了游人，此时公园方需不需要承担责任？如果认定电动自行车属于本规范中规定的"机动车"，那么此时公园管理者违反了该规范，自然是要承担责任的；如果不属于，那么公园方可能就无需承担责任。这就是对于该规范的解释不同所带来的后果。另一方面，法律解释只有结合法律规范和案件事实才能进行。法律解释并不是一种像看上去的那样单纯围绕法律规范来展开的阐述性活动，很多时候只有当个案发生之后才会产生解释的需要，而解释本身也正是在考虑到个案之后才形成的。例如，在 2006 年发生的广州许霆案中，广州的保安许霆在 ATM 机取款时发现机器发生错误，输入 100 元钱却跳出了 1000 元钱，一时贪心拿走了 17 万多元。当时的争议是：他的行为是否构成刑法上规定的"盗窃金融机构罪"。也就是本案中的 ATM 机是否属于刑法上所称的"金融机构"。事实上，1997 年《刑法》制定时，ATM 机还属于十分稀少之物，立法者根本就没有考虑过这个问题。而在本案发生之前，司法者也未曾考虑过这个问题。可见，对"盗窃金融机构罪"的理解是要结合个案事实来进行的。所以，法律解释是一种实践导向的文字活动。

3. 法律解释在结构上受制于"解释学循环"。法律解释具有三个要素：一是解释的主体即人，二是解释的对象即法律文本，三是解释的参照系即案件事实。解释活动脱离了这三个要素中的任何一个都是不行的，而是它们之间形成循环结构、达至均衡的过程。具体来说，要形成三种解释学循环：①文本内部的循环。具体是指法律文本的整体和部分之间存在相互释明的关系，要理解整体，当然首先得从部分开始。就像读一本章回体小说，要知道它说的是个什么故事，首先就得一个个章节去阅读。但是反过来，在有了整体的观念之后，再回过头来阅读各个部分，就会有更准确的理解。这就是"书读百遍、其义自见"的道理。整体与部分之间的循环要合乎融贯性假定。②人与文本之间的循环。准确地说，是人所拥有的"前理解"与文本之间的循环。解释者并不是像一张白纸那样去接触法律文本，在观念中去对法律文本进行简单的复制和反射。假设如此，就不会存在解释的争议了。恰恰相反，每个解释者都会有某种前理解，也就是对法律文本的预判断。这种前理解和预判断来自于所谓的"法感"，这是经由文化背景、知识储备和实践经验等诸多要素所共同孕育的。但是，前理解毕竟不是理解本身，它会在对本文逐步深入把握的过程中被修正，最终达到均衡。前理解与文本之间的循环要合乎反思均衡的假定。③文本与事实之间的循环。或者说，是法律规范与案件事实之间的循环。法律解释要结合法律规范和案件事实来进行，案件事实借由法律规范获得其法律意义，而法律规范借由案件事实精确化其内涵，解释者要在同时照顾到规范与事实的过程中达成充分协调。文本与事实之间的循环要合乎充分性假定。这三种循环是同时发生的，可绘简图如图 15-1 所示：

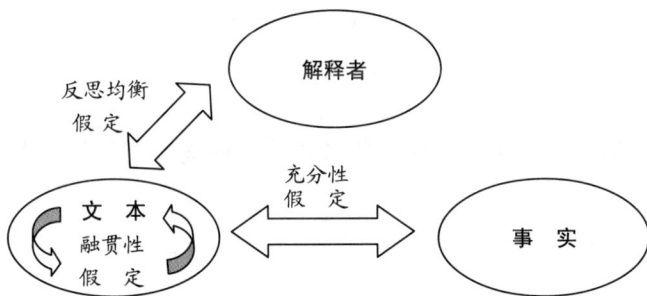

图 15-1 解释学循环

三、法律解释的分类

法律解释可分为正式解释与非正式解释两类。

1. 正式解释，又称法定解释或有权解释，是指由特定的国家机关或官员对法律作出的具有法律约束力的解答和说明。这种解释是以国家机关的名义发布的，一般都有规范性文件的表现形式。根据解释的主体不同，又可分为立法解释、司法解释与执法解释。唯要注意的是，在我国，司法解释权集中于最高司法机关，即最高人民法院与最高人民检察院，而立法解释权与执法解释权则是在中央和省级地方之间分配的。

1981 年《全国人民代表大会常务委员会关于加强法律解释工作的决议》对法律解释问题规定如下：

（1）凡关于法律、法令条文本身需要进一步明确界限或作补充规定的，由全国人民代表大会常务委员会进行解释或用法令加以规定。

（2）凡属于法院审判工作中具体应用法律、法令的问题，由最高人民法院进行解释。凡属于检察院检察工作中具体应用法律、法令的问题，由最高人民检察院进行解释。最高人民法院和最高人民检察院的解释如果有原则性的分歧，报请全国人民代表大会常务委员会解释或决定。

（3）不属于审判和检察工作中的其他法律、法令如何具体应用的问题，由国务院及主管部门进行解释。

（4）凡属于地方性法规条文本身需要进一步明确界限或作补充规定的，由制定法规的省、自治区、直辖市人民代表大会常务委员会进行解释或作出规定。凡属于地方性法规如何具体应用的问题，由省、自治区、直辖市人民政府主管部门进行解释。

《立法法》第 45 条第 2 款进一步规定："法律有以下情况之一的，由全国人民代表大会常务委员会解释：①法律的规定需要进一步明确具体含义的；②法律制定后出现新的情况，需要明确适用法律依据的。"

可见，我国的正式法律解释体制实行的是一种"职能分工负责制"，遵循两个原则：一是"谁制定，谁解释"。法律解释权本属于全国人大常委会，其他机关的解释权是全国人大常委会赋予的。全国人大常委会的解释权是原生性的，而其他机关的解释权是派生性的。原生性的解释权大于派生性的解释权，全国人大常委会的法律解释与法律具有同等效力，其他国家机关的解释不得与立法解释相抵触。二是"谁的工作范畴，谁负责解释"。也就是说，在法律实施过程中，谁是具体实施工作的负责机关，谁就有权解释。可绘简图如图15-2 所示：

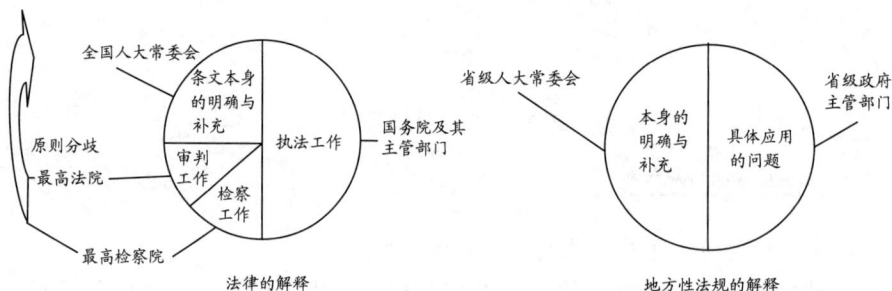

图 15-2 解释权的分配

2. 非正式解释，又称无权解释，是指由特定的国家机关或官员之外的其他主体对法律作出的不具有法律约束力的解答和说明。它又包括两类：一类是学理解释，是指由学者或学术机构对法律规定所作出的学术性和常识性解释。另一类是任意解释，是指司法活动中的当事人（原被告）、代理人（律师等）、公民个人在日常生活中对法律所作的解释。在我国，正式解释一定是以机关的名义作出的，凡是以个人的名义作出的，无论是谁（如审判案件的法官在司法裁判过程中所作的解释），都属于无权解释。

第二节 法律解释的目标

一、主观说与客观说

法律解释是一种寻求法律文本之意义的人类活动，具有目标指向。长久以来，关于法律解释的目标是什么一直存在争议。论者们的立场大体可被归为两个阵营，一个是主观说，另一个是客观说。主观说又称"原意说"（original meaning），该说认为法律解释的目标是探究历史上立法者的事实意愿。客观说又称"文本说"（meaning of text），该说认为法律解释的目标是探究内在于法律本身的理性、正确与恰当的意思。之所以称前者为"主观说"，是因为它旨在探寻立法者的主观意思；之所以称后者为"客观说"，是因为法律文本本身是一个客观存在。这里要注意的是，主观说的取向是立法者的"事实"意愿，强调这一点是因为有时客观说会以貌似主观说的面目出现。例如，德国联邦法院在历次判决中曾多次宣称自己所采纳的解释是"当代立法者"或者"（假如）活在当下的立法者"所会同意的解释，但这显然只是一种修辞。所以，真正坚持主观说者一定是探求立法者事实上可被察知之意思的。此外，这里所界定的主观说和客观说只是处于对立的两个"理想型"，并不排除实际上可能会有人主张这两者之间的某种立场。

二、支持与反对主观说的理由

（一）支持主观说的理由

支持主观说的理由主要有两个：

1. 法律文本由立法者创设。任何文本都有创作者，任何文本在被创作出来时无意中都有创作者的意图被灌输其中。法律文本的创作者就是立法者，立法都有立法目的，立法者意图通过特定的法律文本来对社会起到某些作用。所以，在解释法律文本时，首先去揭示出立法者在创作法律文本时所灌输的意图，具有毫无疑问的正当性。我们有时会指责某些解释者"扭曲"了立法意图，其实就是说他们偏离了立法者的计划或考虑。《德国基本法》第 20 条第 3 款规定，司法要受制定法与法的拘束。这里的"制定法"通常被理解为不仅包括制定法文本，而且包括制定法文本背后的立法意图。

2. 权力分立原则。权力分立原则是现代政治运作的基本原理，尤其是欧洲大陆国家长期以来就有"法制定"与"法适用"相区分的传统。在启蒙思想时代，这一区分被确立并得到明确强调，尤其是代表法适用的司法权绝对不能逾越界限、侵害代表法制定的立法权。最经典的论述来自孟德斯鸠和韦伯，在他们看来，法院应当就像一架自动售货机，一边将法条和事实吃进去，另一边将判决吐出来，纯粹属于机械式操作的工种。拿破仑在主持制定《法国民法典》之后，甚至下令禁止法学家解释它。今天，这种对法院的苛求无疑是不切实际的，因为凡是适用法律之处都难以避免解释。但是，权力分立思想的深远影响依然要求法官在解释法律时要取向于立法意图，因为无论是立法活动还是解释活动，都是在确立行为的标准，而确立行为标准的权力应当首先属于立法机关，只有主观说才能最大限度地保持对立法的尊重。

（二）反对主观说的理由

对于主观说也存在强有力的反对理由：

1. 在主体上，谁是立法者有时并不清楚。主观说致力于探求历史上立法者的事实意愿，这就要求首先来界定清楚某个法律文本的立法者是谁。这个问题并不像一眼看上去那么简单：一国的法律本身会规定某些形式之法律文本的法定立法者，例如，我国《立法法》就明确规定，"法律"的立法者是全国人大和全国人大常委会。但是在实际立法的过程中，参与立法的主体往往是多元而复杂的。例如，根据我国《立法法》第 14 条，全国人民代表大会主席团、全国人民代表大会常务委员会、国务院、中央军事委员会、最高人民法院、最高人民检察院、全国人民代表大会各专门委员会都有提案权，这些主体在提案时可能会附上供审议的草案。在审议草案的过程中，全国人大一般要通过三读程序，其中可能交由相关的专门委员会讨论，最后要由宪法和法律委员会进行统一审议。在由国务院提出议案和草案的情况下，实际上可能是由国务院的某个主管部门通过国务院提出的。有些重要的法律，惯例上首先要交由中共中央政治局审议。某些法律可能会进行公众听证，甚至网络听证。在这些过程中，有大量或明或暗的"立法者"参与其中，有时难以确定。更何况，现代社会的立法者都不是个人，而是由众多个人（代表或议员）组成的机关，这些个人在投下赞成票、反对票或弃权票时想法各异，如何探求他们的"事实"意愿？

2. 在途径上，有时无法获得立法原意。要探求立法者事实上的意愿，就需要借助于能反映或推断这类意愿的材料，我们统称为立法材料，包括立法理由书、内部讨论纪要和其他材料。但是这些材料对于审理案件的法官（尤其是基层法院的法官）来说很难获得。当然，现在全国人大有专门的网站，有的立法材料会传到网站上，从而可以公开获得。但是依然有大量的材料（如内部讨论纪要）是不对外公开的，从而斩断了获得立法原意的途径。并且，即便可以查得相关立法材料，也有可能材料中对待解释之相关条款根本就没有揭明原意，或者所用表述同样模糊不清，需要再次解释。所以，立法原意有时难以查明。还有可能的是，法官要面对的情形是在立法当时不存在的，根本就不存在什么立法原意（如上面提到的许霆案）。

3. 在评价上，立法原意的分量并没有那么重。即便可以确定立法者和立法原意，还有一个评价问题：立法者原意的分量真的是压倒一切的吗？任何立法都有自己的时代背景，立法者在创制法律文本时的意图只是特定时代背景下的东西；但法律文本是要用来解决当下的问题的，如果拘泥于立法者当时的想法就会作茧自缚，产生不公正的后果。尤其是，某些立法年代久远却一直存续至今，仅仅去追求和固守立法原意显然是不足凭的。

三、支持与反对客观说的理由

（一）支持客观说的理由

客观说同样存在支持的理由：

1. 法律文本与立法者的分离。作品具有相对独立性，文本可以与创作者相分离，这在文学领域体现得很明显。一部文学作品的生命力不在于作者，而在于读者，在于这部作品被一代又一代的后来者反复阅读和诠释，赋予其不同的时代意义。就像《红楼梦》之所以堪称经典，不是因为曹雪芹想通过它干什么，而在于它的开放性，在于不同时代的读者从中读出的各个意义层面：爱情故事、政治斗争、社会风俗史等。所以，作者可以决定作品的出生，却决定不了作品的生命长度。法律作品同样如此。此外，与其他作品不同的是，法律文本以颁布生效为原则。也就是说，只有向社会公开颁布的法律文本才具有拘束力。显然，尽管立法意图与法律文本之间具有某种联系，但向社会颁布的只有法律文本，而没有立法意图。没有颁布的东西在法律上是没有拘束力的，如果以解释之名用没有颁布的立法意图去拘束当事人，就可能有违反法的安定性和可预测性之嫌。

2. 法律对社会生活变化的适应性。主观说的缺点正是客观说的优点，与拘泥于前人（立法者）的见解不同，客观说可以在一定程度上保持法律文本本身不变，同时适应社会生活的变化。法律不能朝令夕改，需要有一定的稳定性，但是社会生活总是在变化。尤其是正处于转型社会的中国，社会变迁的程度尤为剧烈。如何在变与不变之间保持适度均衡？客观解释不失为一种途径，它可以在保持法律字面不变的同时赋予法律文本以新的、与时俱进的意义，从而自我调适，跟上社会变化的节奏。当然，这里说"一定程度上"，是因为法律解释总是有限度的，它只能以法律文本的文义为限，超出这个范围就只能修法了。但无论如何，客观说的这种灵活性是很多人支持它的一个有力理由。

（二）反对客观说的理由

但同样也存在很多反对客观说的理由：

1. 在主体上，法律文本不存在"自己的"意思。法律文本是人造物，我们说人（立法者）在立法时有自己的意思是很正常的事。但当我们说，法律文本有自己的意思时，这意味着什么呢？很显然，当我说某种意思就是法律文本自己的意思时，难以避免被指责为这其实是"我"（也就是有别于立法者的解释者）放入文本中的意思。所以，对客观说的一个常见批评在于，客观说是在以文本之名行解释者意思之实，是一种法官造法的修辞术。

2. 在途径上，不存在得出法律文本客观意思的"理性手段"。与主观说可以凭借立法材料来获得原意（尽管并不总是能够成功）不同，客观说反而缺乏得出法律文本自己的所谓"理性、恰当、客观的意思"的手段。这种意思的得出完全依靠解释者的论证。但很显然，法律解释的对象，即法律文本，是一种具有评价性的对象，因而法官的论证并非客观的说明，难以避免价值导向，而价值导向的相对性可能会使得不同的法官对同一个文本得出不同的"客观"意思。在某种意义上，"主观说"反而更客观，而"客观说"反而更主观。

3. 在评价上，客观说可能会造成对"法律约束"之要求的实质背弃。禁止事后法是法治的基本要求之一。相比明确的事后立法，客观解释实质上是一种以回溯性评价为方式的隐蔽的事后立法，危害性不亚于、甚至更甚于明确的事后立法。这是因为，客观解释名义上只是一种以法律文本为对象的解释活动，法律文本本身在从案件发生当时直到法院进行裁判的过程中并没有发生改变，这在表面上并没有违反"禁止事后法"的原则及其背后的价值，即法的安定性与可预测性。但实质上，所谓法律文本的"理性、恰当、客观的意思"，往往是法官在进行裁判时才确定的，也就是说，这种意思可能不可为案件发生当时（行为当时）的当事人所预测，这就相当于在事后以一种实质上"新的"规范标准去回溯性地要求已经发生的行为，而且法官还能以形式上的规范标准（法律文本）在行为前已然确立为由反驳这种批评。所以，它有可能会造成对"法律拘束"这一要求的实质背弃。就像美国的休斯大法官曾说过的，法官必须在宪法和法律之下，但宪法和法律是什么却由法官说了算。客观说有可能造成这种潜在地瓦解基本司法准则的后果。

第三节　法律解释的方法

一、法律解释的方法

法律解释的方法，又称法律解释的标准或准则（canons），是指用来支持或反对某个法律解释的论证形式。典型的法律解释方法包括文义解释、发生学解释、历史解释、体系解释、比较解释、客观目的解释等。法律解释的方法告诉我们如何得出一个解释，但没有告诉我们为什么要采取这样或那样的解释。它们只是论证的形式，代替不了论证中的实质论据与价值判断，但能够帮助法官实现法律论证的理性化。

（一）文义解释

文义解释，又称语法解释、文法解释、文理解释，是指从法律文本所运用的语言的含义来说明法律规定的内容。文义解释的主要途径有两个：一是通过日常语言文字的含义来确定内容。法律文本所使用的语言大多是日常语言，而日常语言文字因习惯性的使用往往会形成固定的意义内核，因而文义解释最通常的途径就是查询相对固定的意义内核，如查《新华字典》。二是通过法律专业的特殊要求来确定内容。有一些法律用语是法律专业所独有的，被称为法律术语。对于法律术语只能通过专业书籍（如法律专业词典、教科书等）来确定其含义。例如，我国民法教材通说认为，"物指的是有体物（动产与不动产），也包括人力可以支配的自然力（电、热、声、光）"。此外，有时法律或司法解释等规范性文件本身也会明文规定某些法律概念的含义。例如，《民法典》第1134条规定，自书遗嘱是"由遗嘱人亲笔书写，签名，注明年、月、日"的遗嘱。再如，《最高人民法院关于适用〈中华人民共和国民法典〉有关担保制度的解释》第7条第3款规定，善意是指"相对人在订立担保合同时不知道且不应当知道法定代表人超越权限"。

文义解释按照解释尺度的不同，又可分为：①字面解释，即严格按照字面含义去解释法律（平义解释）。②限制解释，即作出比字面含义窄的解释。例如，我国《民法典》第26条规定："父母对未成年子女负有抚养、教育和保护的义务。成年子女对父母负有赡养、扶助和保护的义务。"在此，"成年子女"理应被理解为"有独立生活能力的子女"。假如子女虽已成年，但却没有或丧失了独立生活能力（如变成了植物人），自然对于父母也就没有了赡养、扶助和保护的义务。显然，这种含义要比"成年子女"的字面含义来得窄，因为成年子女的通常含义既包含有独立生活能力的、也包括没有（或丧失）独立生活能力的成年子女。③扩大解释，即作出比字面含义宽的解释。例如，我国《宪法》规定，公民在法律面前一律平等。这里的"法律"不仅包括全国人大及其常委会制定的规范性文件，而且包括其他属于我国正式法源的规范性文件。

文义解释具有两方面的功能：一方面，文义解释构成了其他解释的起点，它是任何解释活动一开始都要考虑的方法。另一方面，文义也划定了法律解释的范围，因为逾越或违反法律文义的"解释"，不属于原本意义的"解释"，而是进入了法的续造的领域。只有在文义范围内的活动才属于解释活动，而文义就需要通过文义解释来确定。例如，根据《最高人民法院关于确定民事侵权精神损害赔偿责任若干问题的解释》第3条的规定，自然人死亡后，其近亲属因侵权人以诽谤的方式侵害死者名誉而遭受精神痛苦的，可以主张精神损害赔偿。在一例中，死者的未婚妻主张某人侵犯了其已死之未婚夫的名誉，主张赔偿，法院应否支持？根据《民法典》第1045条的规定，民法上的近亲属包括：配偶、父母、子女、兄弟姐妹、祖父母、外祖父母、孙子女、外孙子女。显然，未婚妻不在这个范围内，也就是说，"未婚妻"不能被"解释"为民法上的"近亲属"。即便法院最终支持了该未婚妻的诉讼请求，那也是进行法的续造（类推适用），而非解释的结果。解释与续造的论证负担是不一样的。

文义解释有自己的局限性。当法律概念的文义具有不确定性，允许多种可能的解释时，或者说，单凭文义无法决定应否将某种情形包含抑或排除于法律概念的外延之中时，单凭文义解释就无法决定采取何种解释，而需要引入其他解释方法。例如，自己用电脑打字并亲笔签名是否属于《民法典》第1134条所说的"亲笔书写"？再如，在美国近年来发生的一场旷日持久的版权大战中，谷歌公司的安卓软件复制甲骨文的 Java 代码作为应用程序编程接口（API）代码的元素，是否构成著作权法上的"合理使用"？都无法仅凭文义解释来决定，而需要借助于其他解释方法。

（二）发生学解释

发生学解释，是指以立法者制定规范时所注入的理解或者其欲实现的立法目的作为依据的解释方法。发生学解释需要借助立法材料来证明或推断。立法资料的范围包括法律提案的说明、审议法律草案的说明、关于讨论、通过法律草案的记录和其他历史性文献。

有时人们可以通过立法材料来直接证明立法者制定规范时的意图（立法原意）是什么，这就是主观语义解释。主观语义解释具有如下论证形式：

·对法律规范采取解释 I 符合立法者的意思；

·因此，应该采取解释 I。

有时人们可以通过立法材料中载明的立法者制定规范时所欲实现的目的（立法目的）来间接推断出符合此目的之解释是什么，这就是主观目的解释。主观目的解释具有如下论证形式：

·（1）E 是立法者制定法律规范 N 所要追求的目的；

·（2）如果不对规范 N 采取解释 I，就无法达到目的 E；

·因此，应该采取解释 I。

发生学解释的一个例子发生在 20 世纪 90 年代：山西太原铁路局在所管辖线路的列车上实现有偿供水，一杯白开水 2 毛钱。其依据为《中华人民共和国铁路法》（以下简称《铁路法》）第 13 条，铁路运输企业应当采取有效措施做好旅客运输服务工作，"提供饮用开水"。该条款并没有说"无偿提供开水"，所以按照山西太原铁路局的观点，有偿提供开水也在该条的文义范围之内。该案在社会上引起了很大的争议。后来有人指出，《铁路法》是由铁道部负责起草的，通过查找草案记录和讨论纪要表明，起草人在第 13 条中写下"提供饮用开水"时，指的就是无偿提供，中间经过反复修改、审议，直到最后通过，从来就没有考虑过有偿提供，这就是立法原意。

发生学解释与法律解释的主观说具有密切联系，因此，后者的局限性也是前者的局限性。具体而言：其一，并非总是能通过立法资料来求得立法原意或立法目的。立法材料的可得性构成了对发生学解释的现实限制。其二，社会生活变迁造成立法当时无法预见的案件。前面提到，自己用电脑打字并亲笔签名是否属于《民法典》第 1134 条所说的"自书"？这个问题就无法通过发生学解释来解决，因为该条继受自《中华人民共和国继承法》（以下简称《继承法》）第 17 条，而《继承法》是 1985 年制定的，当时电脑还属于十分罕见的事物，所以立法者根本就没有考虑过用电脑立遗嘱的可能，也就不存在什么立法原意。其三，即使可获得立法原意或立法目的，但由于年代久远，发生学解释也可能造成"食古不化"的风险。对于立法时的背景与当下差距较远的法律而言，以"古人"的意志或目的来约束"今人"的行为，这种做法本身的正当性就存疑。

（三）历史解释

历史解释，是指以某个法律规定的历史沿革为依据进行的解释。它具有如下论证形式：

· 法律规范 N 在历史上被曾理解为 I；

· 因此，应当采取解释 I。

例如，我国台湾地区"民法"第 164 条规定了"悬赏广告"，但未对悬赏广告的性质加以规定（单方行为还是契约）。我们知道，将悬赏广告定性为单方行为或契约的法律后果是不一样的：如果是单方行为，那么广告本身就具有自我拘束的效果；但如果是契约，那么广告就相当于要约或要约邀请，有待对方的承诺或要约（再行承诺）才能发生拘束力。后来有学者指出，从历史沿革看，我国台湾地区"民法"第 164 条仿自清末起草的《大清民律草案》第 879 条。《大清民律草案》每个条文下均附有立法说明，第 879 条下指出，关于悬赏广告的性质存有分歧，一种认为广告是要约，而完成其指定行为为默示承诺；另一种认为广告是单方行为，草案采后一种，即认为悬赏广告为广告人之单方行为。这就是历史解释。

历史解释也并非总能解决问题：其一，并非总是能弄清楚一个法律规定的历史继承关系。有时候一个法律规定的历史继承关系是复杂的，专攻此道的法律学者都不一定能搞清楚，更何况处理个案的法官。要求多数情况下作为法律解释主体的法官去进行历史解释，无疑是一项很高的要求，有时是不切实际的。其二，法律传统的不稳定性造成"无历史"的状态。历史解释的前提之一在于法律规定须在相对稳定的法律传统中沿革下来，而没有发生大的改变。但如果法律传统并不稳定，那么求助于历史解释无异于缘木求鱼。其三，即使可以弄清楚一个法律规定的历史沿革，但由于社会的剧烈变迁，以历史为依据可能并不恰当。历史解释的前提之二在于法律所处的社会环境应当大体稳定。因为即便存在历史沿革，如果法律之历史源头的社会环境与当下的社会环境相距过大，用当时的理解去应对当下的问题很有可能会产生南辕北辙的效果。所以，稳定的法律传统与社会环境是恰当运用历史解释的两个条件。英国社会就比较符合这两个条件，因而运用历史解释比较多。而我国大陆地区运用历史解释就比较少。

（四）体系解释

体系解释，是指将被解释的法律条文放在整部法律之中乃至整个法律体系之中，联系此法条与其他法条的相互关系来解释法律。德国法学家斯塔姆勒曾说："一旦法官要适用某个法律条文，他就是在适用整个法典。"法律条文并不是孤立的存在，要理解法律文本，就要将法条视为一个整体（德国法学谓之"规整"），对于法律规定的含义作体系性把握。体系解释与诠释学循环联系最为紧密，它包括两种方式：

1. 在解释个别法律规定时，注意其在法律文件中的位置，根据其位置对它作正确理解。立法者根据章、节、条、款、项、目的顺序来编排法条是有整体性的考虑的，个别法律规定在法律文件（尤其是法典）中的位置安排往往有助于我们来理解它的含义。例如，《民法典》第1247条规定："禁止饲养的烈性犬等危险动物造成他人损害的，动物饲养人或者管理人应当承担侵权责任。"问题在于：这里应承担的是过错责任还是无过错责任？如果去查看编章安排，可以发现，这个条款被规定在第九章"饲养动物损害责任"之中。而《民法典》侵权责任编第一章"一般规定"第1165条第1款规定："行为人因过错侵害他人民事权益造成损害的，应当承担侵权责任。"第1166条规定："行为人造成他人民事权益损害，不论行为人有无过错，法律规定应当承担侵权责任的，依照其规定。"由此可知，侵权责任以过错责任为原则，以法律特别加以规定的无过错责任为例外，而《民法典》第1247条正是后者所指的一种情形，故饲养危险动物致人损害为无过错责任。

2. 在解释个别法律规定时，要联系同一法律文件或法律体系中的其他规定来理解。

（1）一种情形是联系个别法律规定与同一法律文件中的其他规定来理解。最典型的情形是联系一部法典的总则条款来理解分则条款。例如，《刑法》第400条规定，司法工作人员私放在押的犯罪嫌疑人、被告人或者罪犯的，处5年以下有期徒刑或者拘役。拘留所的工作人员是否属于这里说的"司法工作人员"呢？此时可以联系《刑法》总则部分第94条："本法所称司法工作人员，是指有侦查、检察、审判、监管职责的工作人员。"拘留所的工作人员属于其中的"有监管职责的工作人员"，因而属于《刑法》第400条规定的司法工作人员。

（2）另一种情形是联系个别法律规定与同一法律体系中的其他规定来理解。有时，体系性的观念要求适用者超越一部法律文件的限制，从法律体系的其他法律文件中寻求体系性的支持。其背后的原理是：同一个法律体系的不同部分应当保持一致。例如，我国台湾地区"刑法"第310条第1款规定了诽谤罪，同时在第3款规定，对于所诽谤之事，能证明其为真实者，不罚。但涉于私德而与公共利益无关者，不在此限。这里的"能证明其为真实者"应作何理解？一种理解是：行为人必须自行证明其言论内容确属真实，才能免于诽谤罪的刑罚（解释1）。而另一种理解是：只要依行为所提供的证据，认为行为人有理由确信其为真实，就可以免于诽谤罪的刑罚（解释2）。显然，这两种理解的证明强度和对行为人的负担是不一样的。我国台湾地区大法官认为（释字第509号），此时要联系我国台湾地区对于言论自由及新闻自由的保障条款来理解。为了尽可能地保护言论自由及新闻自由，就要对"刑法"上的"能证明其为真实者"作宽松的理解，即采纳解释 2，以免使得基本权利落空。

可见，体系解释的具体要求有两个：一个是要避免采取会和其他法律规定相矛盾的解释，另一个是要尽量采取和其他法律规定在价值上相容乃至相互支持的解释。前者是连贯性的要求，后者是融贯性的要求。连贯性的论证形式为：

· 对法律规范 N_1 采取 I 的解释，会导致与另一法律规范 N2 相矛盾的结果。

· 因此，不应该采取解释 I。

例如，在前述"司法工作人员"的例子中，如果将拘留所的工作人员排除在司法工作人员之外，就会产生与《刑法》第 94 条相矛盾的结果，所以就不能将其排除出去。融贯性的论证形式为：

· （1）对法律规范 N_1 有两种可能的解释 I_1，I_2。

· （2）对法律规范采取解释 I_1，将比 I_2 更能够和另一法律规范 N_2 产生相互支持的效果。

· 因此，应该采取解释 I_1。

例如，在前述诽谤罪的例子中，对我国台湾地区"刑法"第 310 条第 3 款采取解释 2 比解释 1 更符合基本权利保障条款的价值取向，因此应当采取解释 2。[1]

连贯性要求是一种逻辑上的要求，而融贯性要求是一种价值上的要求。它涉及对法律体系本身的理解。现代方法论认为，法律体系由两个层面构成，即由概念和规定组成的外部体系以及由价值和原则组成的内部体系。体系解释应当尽可能同时致力于实现连贯的外部体系与融贯的内部体系，达成逻辑与价值的统一。例如，我国台湾地区发生的一个例子中，甲向车商乙购车，已约定车种及价格，只是对于交车地点与时间，双方仍未达成合意，请问乙能否向甲请求支付车款？我国台湾地区"民法"第 345 条第 2 款规定，当事人就标的物及价金互相同意时，买卖契约即为成立。这里的"即为成立"如何理解？是"立即成立"还是"推定成立"？前者意味着契约不可推翻，后者意味着契约可以推翻。此时就可以从体系论的观点入手：就外部体系而言，应解释为"推定成立"与债总之契约成立规定（第 153 条第 3 款）更相一致。因为我国台湾地区"民法"第 153 条第 3 款规定，当事人对于必要之点，意思一致，对于非必要之点，未经意思表示，推定契约成立。就内部体系而言，

---

〔1〕 这个例子也说明，某些著作中的所谓"合宪性解释"其实是体系解释的一个特例。由于宪法规范既构成了最高效力层级，也构成了法律体系根本性的客观价值秩序（在承认宪法第三人效力的前提下），所以合乎体系性的最后要求就是合乎宪法及宪法价值秩序。当然，由于宪法的客观价值秩序亦被认为是法律体系的客观目的，故而也可认为合宪性论证是一种体系解释和目的解释的混合体。类似观点，请参见张翔：《宪法释义学：原理·技术·实践》，法律出版社 2013 年版，第 90 页。

第 345 条第 2 款可能剥夺当事人进一步就非必要之点进行协商以决定是否缔结契约的自由，为贯彻作为契约法价值基础的契约自由原则，也宜解释为"推定成立"。所以，根据外部体系与内部体系相统一的视角，解释为"推定成立"能同时满足连贯性与融贯性的要求。

（五）比较解释

比较解释，是指以国外或其他地区对相同或类似的法律规定的理解为依据所作的解释。比较解释的论证形式为：

· 法律规范 N 在国外或其他地区被理解为 I。

· 因此，规范 N 应采取解释 I。

在一个例子中，甲于 6 月 2 日与乙约定出卖其收藏之名贵古董瓷瓶，交付前夕，甲发现该古董瓷瓶已于 6 月 1 日被其子出卖给丙，并转移了所有权，问甲乙之间的买卖合同是否有效？我国台湾地区"民法"第 246 条第 1 款规定，以不能之给付为契约标的者，其契约为无效。甲的情况是否符合该条款的规定，从而判断契约无效，甲可以免于责任？这就涉及该条款的"不能"是客观不能还是主观不能的问题。我国台湾地区法院在此借鉴了德国学界及实务界的理解，而依据德国相关法条立法理由及学界通说，当事人可以自由地通过契约来订立债权债务关系的内容，但其契约以可能为其必要，故以客观不能之给付为其标的的契约，终归无效，这是为了防止无意义的争议；但如果不能指的是主观不能的话，其契约仍旧应该被认为有效，以使得债务人负担损害赔偿的责任。所以，甲的情况不符合该条款的规定，甲仍需承担违约责任。

比较解释同样有局限：其一，比较解释的材料并非总是可得的。因为这要求解释者有能力去寻得其他国家或地区的相关著述或实务材料。其二，有的独特的法律规定，并无比较的对象。有时候一个国家的法律规定是具有本国特色的，其他国家并无相对应的规定及其解释，此时就无法借由比较解释获得理解。其三，如果比较的双方不处于同一个历史传统和法律传统之内，比较解释就可能"张冠李戴"。有时候，尽管本国法律与其他国家或地区的法律中都使用了相同的语词，但由于历史和法律传统大相径庭，相同的语词所蕴含的意义和价值是不同的，也即存在词与物不对应的现象，强行使用比较解释会产生荒谬的结果。一般而言，只有在有移植关系的国家与地区之间，或属于同一法系的国家和地区之间，比较解释才是合适的。例如，澳大利亚运用英国的材料进行比较解释；日本运用德国的材料进行比较解释；等等。如果要跨传统或跨法系进行比较解释，就尤其要小心。

（六）客观目的解释

客观目的解释，是指以法律本身客观的规范目的（法律规定所欲实现的价值或社会功能）作为依据的解释方法。客观目的解释的论证形式为：

· （1）Z 是法律规范 N 所欲实现之目的。

· （2）若不对规范 N 采取解释 I，就无法达到目的 Z。

·因此，应采取解释 I。

客观目的解释与发生学解释中的主观目的解释的形式其实是一样的，只不过两处的"目的"不同：在主观目的解释那里，是依据立法材料求得的立法意图（主观目的），而在客观目的解释这里，是法官通过实质论证来证立的价值或功能（客观目的）。

在德国联邦最高法院所处理的一个例子中，被告人与其子发生争吵，恼羞成怒下其放出一条狗去驱赶儿子。这条狗得到主人的指令后扑向受害人，受害人抬起左臂抵挡，结果被严重咬伤。被告人的行为构成了德国刑法上的身体伤害罪，这一点没有疑问。但问题是，《德国刑法典》同时在第 224 条第 1 款规定，借助武器，尤其是刀或者其他危险工具实施伤害行为的，构成严重身体伤害罪。那么，父亲的行为是否同时满足了身体伤害罪的加重情节或者说"严重身体伤害罪"呢？很显然，争议点在于：父亲驱使狗去咬伤儿子的行为是否属于"借助武器，尤其是其他危险工具实施伤害行为"？法官首先使用了文义解释的方法，发现现有的语言使用方法并没有明确界定狗是否属于武器或其他危险工具。然后又使用了发生学解释，查找了制定《德国刑法典》时的帝国议会记录，里面提及了其他危险工具的典型情形，如铜制的大门钥匙、铁制的连环指套等，但也没有明确涉及动物。在运用历史解释的过程中，法官发现，无论是武器还是危险工具都是开放的概念，都处于变动之中，例如，武器就从原先的冷兵器发展为热兵器，又到后来的生化武器。其他解释方法也没有帮助法官得出明确的结论，最终他运用了客观目的解释的方法。基本论证思路为：首先，《德国刑法典》第 224 条第 1 款的规范目的在于，针对更具危险性的行为（使用武器和危险工具）施加更严厉的惩罚。就此而言，行为人无论使用何种手段，只要行为的可谴责性程度与侵害的危险程度相当，就不应当被区别对待。作为手段，我们无需区分，行为人是借助于无生命的对象用自己的力量实施侵害行为，还是通过操纵一个凭其特性或经过训练能攻击人的动物来贯彻自己伤害他人的意志。其次，在本案中，狗虽然有生命，但它没有自己的自由意志判断，行为人正是将狗当作无生命的工具来使用的。如果不将狗解释为"危险工具"，就无法贯彻上述目的。因此，必须将《德国刑法典》第 224 条第 1 款的"危险工具"解释为包含本案情形中的狗在内。

客观目的解释最关键的问题有两个：其一，如何探知法律规范背后所欲实现的客观目的、功能或原则？其二，如果法律规范 N 被赋予多个相冲突的目的 Z_1，Z_2……Zn，而每个目的又各自要求对 N 作不同的解释时，该如何解决？例如，前面提及的《民法典》第 1134 条要求遗嘱人自书遗嘱的目的是什么？是为了尊重遗嘱人之意思自治，还是确保遗嘱的真实性？如果是前者，那么立遗嘱人用电脑打字再亲笔签名似乎并不违背意思自治的原则，而在确保遗嘱的真实性上似乎有所欠缺，因为用电脑打字的方式会使得伪造遗嘱的可能性增加。如果该条款同时追求这两个目的，那么它们对于是否允许用电脑打字再亲笔签名来立遗嘱就有可能得出不一样的结论。无论如何，法律的规范目的其实是通过建构性诠释所作的一种规范性假设，它必须能合理地说明为什么会去制定有待解释的法律规范，同时也能尽可能地证立其他法律规范。

二、解释方法的顺序

在进行法律解释时，应尽可能地考虑所有相关的解释方法，并尽可能地求得一致的解释结论。但实际上在运用各种解释方法去解释特定法律规定时，可能会产生四种结果：①所有的解释方法都会产生结论且这些结论是一致的；②所有解释方法都会产生结论但这些结论并不一致；③只有部分解释方法会产生结论（其他解释方法因各自的原因无法使用）且这些结论是一致的；④只有部分解释方法会产生结论但这些结论并不一致。在情形①③中不会产生问题，但在情形②④中却会产生这样的问题：应当以哪种或哪几种方法的解释为准？这就涉及解释方法的顺序问题。

解释方法本身无法回答这一"元方法"的问题，法学方法论的主流见解也认为，各种解释方法之间没有绝对的、一成不变的优先次序。但这并不意味着就要放任解释者的主观判断，因为假设如此，那么有方法等于没方法，解释者完全可以先行任意确定他想要的解释，然后再去随便套用某个方法来作包装。解释方法的顺序与解释的正确性说到底是个法哲学与政治哲学的问题。大体上可以将诸种解释方法分为三组：第一组是文义解释、发生学解释、历史解释与比较解释。之所以要采取这些解释方法，是出于尊重权威的考虑，即法官应受到权威性指令的约束。法官应受制定法文义的约束，不得任意偏离之，这就是文义解释；法官解释法律时，应尊重立法者的意思，这就是发生学解释；法官解释法律时，应尊重传统观念，这就是历史解释；法官解释法律时，应尊重通行的理解，这就是比较解释。"权威性约束"这一要求的背后是一系列的价值或原则，包括民主原则、权力分立、法的安定性等。这些原则都体现了形式法治的价值，也就是关于"应该如何决定？由谁来决定？"的原则。第二组是客观目的解释。之所以采取这一解释方法，是因为法律也要追求某些实质正义，即权利/义务、利益/负担、机会/资源如何分配的原则，它们都体现了实质法治的价值，或者说关于"什么样的决定才是公正的或合理的？"的原则。法律解释应尽可能符合法律所欲追求的实质正义原则。第三组是体系解释。体系解释实际上是一种中间类型，因为它既追求形式上的一致（外在体系），也追求实质上的融贯（内在体系）。

显然，解释方法的顺序问题涉及的是形式价值与实质价值之间的优先性问题，问题的解决取决于我们如何来理解"法治"或"合法性"的内涵。一般而言，法学方法论认为形式价值初步优先于实质价值，因此基本排序为：文义解释→发生学解释→历史解释→比较解释→客观目的解释。至于体系解释的位置，是有争议的（有的学者认为应紧跟文义解释、在发生学解释之前，有的学者则认为应在发生学解释与历史解释之间）。在这个排序中，文义解释所带来的法的安定性和可预测性最强，而客观目的解释最弱；文义解释赋予法官的自由裁量权最小，而客观目的解释最大。同时，之所以称之为"初步优先"，是因为这是一种柔性的顺序，因而不是绝对的：当具备更强理由时，可逆转优先次序。因此，解释方法只能提供帮助法官进行法律论证的形式，它们能辅助而不能取代实质论证。司法裁判结论的正当性最终取决于个案论证体现出的实质判断及其可接受性。

本章知识梗概

1. 法律解释是指对法律文本意义的理解与选择，它总是具有"论辩"的性质。

2. 法律解释以法律规范为前提，它具有实践性，在结构上受制于"解释学循环"。

3. 法律解释可分为正式解释与非正式解释两类，前者是指由特定的国家机关或官员对法律作出的具有法律约束力的解答和说明，分为立法解释、司法解释与行政解释，我国的法律解释权分配因中央和省级层次的不同而不同；后者是指由特定的国家机关或官员之外的其他主体对法律作出的不具有法律约束力的解答和说明，又包括学理解释与任意解释。

4. 长久以来，关于法律解释的目标一直存在主观说与客观说的对立。主观说认为法律解释的目标是探究历史上立法者的事实意愿，客观说认为法律解释的目标是探究内在于法律本身的理性、正确与恰当的意思。两种学说各有各的支持与反对的理由。

5. 法律解释的方法是指用来支持或反对某个法律解释的论证形式。典型的法律解释方法包括文义解释、发生学解释、历史解释、体系解释、比较解释、客观目的解释。它们体现了法治的形式价值或实质价值，具有初步的先后使用顺序。

6. 解释方法只能提供帮助法官进行法律论证的形式，它们能辅助而不能取代实质论证。

相关参考文献

1. ［德］罗伯特·阿列克西："法律解释"，载［德］罗伯特·阿列克西：《法·理性·商谈：法哲学研究》，朱光、雷磊译，中国法制出版社 2011 年版。

2. 雷磊："再论法律解释的目标——德国主/客观说之争的剖析与整合"，载《环球法律评论》2010 年第 6 期。

3. 王夏昊："论法律解释方法的规范性质及功能"，载《现代法学》2017 年第 6 期。

4. 周升乾："法学方法论中的体系思维"，载舒国滢主编：《法学方法论论丛》（第 1 卷），中国法制出版社 2012 年版。

5. 黄舒芃："比较法作为法学方法——以宪法领域之法比较为例"，载黄舒芃：《变迁社会中的法学方法》，元照出版有限公司 2009 年版。

第十五章 拓展阅读

第十六章

法的续造

✉导　语

　　有的时候，仅仅依靠法律解释无法帮助我们进行恰当的论证活动。这里又包括两种情形：一种情形是，在既有法源的范围内，找不到可直接适用的法律规范（哪怕经过了解释）来作为裁判的基础。此时我们会说法律存在漏洞。另一种情形是，尽管可以找到可适用的法律规范，但它的适用在个案中会产生明显不公正的后果。此时就需要在个案中对法律进行修正。在本章中，我们将首先来了解法的续造的概念与可容许性问题（第一节），然后依次来对法律漏洞及其填补（第二节）和法律修正的方法（第三节）进行阐述。

☛ 第一节　法的续造概述

一、法的续造的概念

　　法的续造，是指法官在适用法律的过程中对于法律规范内容的赓续和填补。法的续造有广义和狭义之别。广义上的法的续造是指每一个法律适用的活动。由于立法者制定的抽象法律规范永远无法与个案事实直接对接起来，总是需要结合个案被具体化，而在这一具体化的过程中，总是需要法官往里填补更具体和个别的内容，以形成适用于个案的规范，所以，无论是法律解释还是别的论证活动，都有"法官造法"的空间存在，都属于广义上的续造活动。与此不同，狭义上的法的续造是一个与法律解释相对的概念，指的是逾越或违反法律文义的适用活动。前已述及，概念的对象领域可以被分为肯定域、否定域与中立域。[1] 将某个对象归入某个法律概念的肯定域和中立域的活动都属于法律解释。例如，将"小汽车"（属于肯定域）和"电动自行车"（属于中立域）认定为"机动车"都属于法律解释。但是，如果将某个法律规则适用于明显不属于这一规则所包含之概念外延的对象（即属于否定域），或者将明显属于某个概念外延（即属于肯定域）的对象排除于包含这一

―――――――――

[1] 参见本书第十一章第一节。

概念的法律规则适用之外，就属于法的续造。前者如将"公园里禁止驶入机动车"这一规则适用于"脚踏自行车"，后者如将"救护车"排除于"公园里禁止驶入机动车"的适用之外。因此，法律解释与狭义上法的续造之间的界分标准在于法律概念之文义界限。本书采用的是狭义上的法的续造概念。

所以，法的续造包括两种类型：一种是法律漏洞的填补，即当出现法（法律规则）无明文规定的情形时，以某一法律规范为依据创设出裁判依据加以填补；另一种是法律修正，即当将法律规则适用于有明文规定的情形会产生不恰当的后果时，限缩规则的适用范围，将此情形排除在外。

二、法的续造的可容许性

造法原本属于立法者的任务，而法的续造指的是当立法的产物（即制定法）出现某些不能应对个案的情形时，法官接续造法的任务，自行承担起了补充立法的责任。这就产生了法的续造的可容许性的问题。这一问题有两个层面：①方法论层面上的问题在于，在什么样的条件下，法官可以为了贯彻某些实质正义原则，而作出逾越或违背制定法文义的判决？②宪法上的问题在于，法官进行法之续造是否违反了权力分立（法官须受立法者所制定之法律的拘束）的要求？

法的续造的难题，本质上是权威与理性的两难困境。对于裁判案件的法官而言，他究竟是应以尊重立法者的权威（民主原则，权力分立与法安定性原则的要求）为根本依循，还是应以作出合理正确的判决（实质正义与平等原则的要求）为根本追求？通常情况下我们认为，如果法的续造的根据是制定法文本背后的立法目的，尚不算违背"法律拘束"的要求。因为法律不仅是文义的体系，也是目的的体系，它是立法者用以调整特定社会现实的手段。故而法律拘束既意味着法官受法律文义之拘束，也意味着法官受立法者意思之拘束，此时法的续造被视为实现立法目的之手段。但如果法的续造的根据是其他因素，如所谓的客观目的，那么须有重大理由方能为之。法官不仅需要找到规范基础（如一般法律原则），而且需要承担较重的论证负担。

☞ 第二节 法律漏洞的填补

一、法律漏洞的概念与类型

（一）法律漏洞的概念

所谓漏洞，指的是违反计划的不圆满性。相应地，法律漏洞指的就是违反立法计划或立法目的的不圆满性。换言之，也就是关于某个法律问题，法律依其规范目的应有所规定，却未设规定。

漏洞不是简单的缺失状态，而必须是不合目的的，或者说依其目的被评价为不好的缺失状态。例如，花瓶和花盆上可能都存在着洞，但花盆有洞是合乎目的的，而花瓶有洞却是不合乎目的的，只有后者才被认为是"漏洞"。同理，法律规范的缺失可能是合乎目的的，也可能不是合乎目的的。合乎目的的缺失被称为"法外空间"，也就是原本就不应由法律来调整的领域。任何社会，即使是法治社会，都存在着一些法律不能调整、无需调整或不宜调整的社会关系或领域，如友谊和爱情。对于这些社会关系，法律一般让位于道德、习惯或其他社会规范去处理。法律的这种不圆满状态并不违反立法计划，因为立法者原本就没有对这些事项予以规定的意图或计划，因而不属于漏洞。只有在不属于法外空间的事项上法律没有规定时，才有漏洞可言。[1] 所以，是否存在法律漏洞并不是简单的事实判断，毋宁说是需要评价性的认定。关键即在于确定立法计划或规范目的，而这需要使用发生学解释和客观目的解释的方法来求得。

不属于法律漏洞的情形包括：

1. 不被认为是不圆满的情形：

（1）立法政策或技术上的缺失。例如，《民法典》第 658 条规定，赠与人在赠与财产的权利转移之前可以撤销赠与。这里的"撤销"一词系属误用，应为"解除"。但我们不认为这里是一种漏洞，而是要将"撤销"理解为"解除"。

（2）所谓"法内漏洞"，又包括两种情形：一种是需予以补充的法律概念，也就是不确定法律概念。于此，法官需要自行填补判断标准或评价。[2] 另一种是授权式类推适用，包括：①为避免繁琐的重复规定的"准用"性条款。[3] ②为避免挂一漏万而使用的示例性规定。例如，我国台湾地区"民法"第 69 条规定："称法定孳息者，谓利息、租金及其他因法律关系所得之收益。"这里的"其他因法律关系所得之收益"就需要法官在个案中认定和填补，但须在性质上与利息、租金一致，即"由原物所得"。③空白规定（授权立法）。这里的授权可以是一般授权，例如，《民法典》第 10 条规定："处理民事纠纷，应当依照法律；法律没有规定的，可以适用习惯，但是不得违背公序良俗。""可以适用习惯"就是对法官的一般授权，让法官在个案中去个别地认定具体习惯来处理民事纠纷。授权也可以是特别授权，例如，《民法典》第 510 条规定："合同生效后，当事人就质量、价款或者报酬、履行地点等内容没有约定或者约定不明确的，可以协议补充；不能达成补充协议的，按照合同相关条款或者交易习惯确定。"这里的"交易习惯"就仅限于合同交易中的习惯。

2. 不被认为是违反计划性的情形，即法外空间或者说表见漏洞。典型的情形包括：①非人际关系（如个人喜好行为）；②某些不适合法律调整的人际

---

〔1〕 参见［德］卡尔·拉伦茨：《法学方法论》，陈爱娥译，商务印书馆 2003 年版，第 250 页。

〔2〕 参见本书第十一章第一节。

〔3〕 参见本书第十一章第二节。

关系（如友谊关系）。当然，"法内空间"和"法外空间"之间的界限并非总是清楚、确定的，它们之间的界限也可能发生变动。

（二）法律漏洞的类型

对于法律漏洞，可以从不同的角度进行分类。

1. 全部漏洞和部分漏洞。这是根据法律对于某个事项是否完全没有规定进行的分类。如果被判断为有被规范之需要的问题根本就未被法律规范，那就出现了全部漏洞。相反，如果被判断为有被规范之需要的问题虽已为法律所规范但并不完全，则为部分漏洞。[1] 全部漏洞也可称为"立法空白"。对于某个事项，究竟是出现了部分漏洞还是全部漏洞，需要从法律体系出发作整体性判断。某个法律事实是否有法律上的依据来加以调整，并不能从单个法条或规范出发作出判断，因为其通常是由一群法条或规范所交织起来的体系所规定的。假如从体系出发对某个应该调整的事项缺乏任何调整，则为全部漏洞；如果体系的不同部分已对此事项规定了部分调整要素，只是不完整，则为部分漏洞。从这个角度看，漏洞属于法律体系的残缺（残缺式体系违反），全部漏洞属于全部残缺式体系违反，而部分漏洞属于部分残缺式体系违反。[2]

2. 自始漏洞和嗣后漏洞。这是根据漏洞产生的时间进行的分类。自始漏洞是指法律漏洞在法律制定时即已存在。嗣后漏洞是指在法律制定和实施后，因社会客观形势的变化发展而产生了新问题，但这些新问题在法律制定时并未为立法者所预见，以致没有被纳入法律的调控范围，由此而形成法律漏洞。以立法者在立法时对法律规定的欠缺是否已有认知为标准，又可将自始漏洞分为明知漏洞与不明知漏洞。明知漏洞是指立法者在制定法律时，已意识到法律的规定存在不完善或缺漏，但却有意不作规定，而将这一问题保留给其他机关或部门来决定。这么做或是出于立法时的政治、经济和社会情势，或是出于立法技术之考量。由于这种有意的沉默属于立法政策上的考量，因此也可被称为"法政策漏洞"。例如，《行政处罚法》在行政处罚的决定程序中，对立案程序、听证如何召集和由谁主持等具体问题未作规定，而交由司法解释或行政处罚法的实施细则等予以规定。不明知漏洞是立法者在制定法律时，或是因疏忽或认知能力的限制而没有意识到法律规定存在欠缺，或是对应予规定的事项误认为已予规范而致形成法律漏洞。

二、法律漏洞的填补方法

（一）类推适用

类推适用，是指基于两类案件在事实特征上的相似性，将适用于其中一类案件的法律规则也适用于另一类案件的推理方式。这里所谓的"另一类案

---

〔1〕 黄茂荣：《法学方法与现代民法》，法律出版社 2007 年版，第 338 页。

〔2〕 黄茂荣：《法学方法与现代民法》，法律出版社 2007 年版，第 323~327 页。

件"在文义上处于法律规则之外，因而无法通过解释（哪怕是扩张解释）直接将该规则适用于它。类推适用相当于扩张了法律规则的适用范围，形成了一条以两类案件为构成要件的新规则。类推适用的论证结构为：

- （1）案件类型 T_1 与案件类型 T_2 相类似。
- （2）法律对 T_1 规定有法律后果 R，对 T_2 则没有规定。
- （3）基于 T_1 与 T_2 之相似性，将法律后果 R 转用于 T_2。

在德国发生的一个例子中，某甲向某乙购买位于礁溪之房屋一栋，乙知甲平常素喜泡汤，遂谎称标的物为温泉豪宅（乙并无保证之意思，甲乙亦未在买卖契约中对此有所约定），甲一听大喜，即购买之。搬入后却发现实际上浴室水龙头所流出的为自来水，问甲能否适用《德国民法典》第 463 条第 2 款之规定向乙请求不履行之损害赔偿？该条规定，出卖人故意不告知物之瑕疵，买受人得请求不履行损害赔偿。很显然，本案事实与该条规定的案件类型是不同的：本案事实是出卖人乙故意向甲宣称标的物具有不存在之优点，而本条规定的案件类型却是出卖人故意不告知买受人物之瑕疵，二者的行为形态不同。如果要适用该条的法律后果，则需要证明这两种案件类型是相似的，以便将《德国民法典》第 463 条第 2 款对于"出卖人故意不告知瑕疵"所课予的"买受人得请求不履行损害赔偿"的法律后果也适用于"故意告知不存在优点的出卖人"。

很显然，类推适用的关键在于证明两种案件类型之间具有相似性。这里的"相似性"并不限于列举出单纯事实特征上的相同点，而必须证明这种相似性具有法律上的相关性，即相关相似性。换言之，必须证明两类案件的相似之处与立法课予其中一类案件的法律后果是相关的，才能赋予另一类案件以这种后果。而这种相关相似性的判断，离不开对法律规则背后立法目的的确定。故而类推适用的重点在于：

- （1）找出既有法律规则 $T_1 \rightarrow R$ 背后的立法目的 Z。
- （2）从立法目的 Z 来判断 T_1 与 T_2 之间的相同点。
- （3）根据平等原则（相同情形相同对待），应赋予 T_2 相同的法律后果 R。
- 结论：得出一条新的规范 $T_1 \vee T_2 \rightarrow R$。

在上述例子中，类推适用的重点就可以被表述为：

（1）《德国民法典》第 463 条第 2 款的立法目的是保护买受人，避免出卖人利用买受人对标的物品质效用的认知错误来误导买受人缔结契约。

（2）"故意不告知瑕疵"属不作为（隐藏为真的负面信息），"故意宣称实际上不存在之优点"则属作为（告知为假的正面信息）；但从立法目的来看，二者都会使得买受人关于标的物的质量效用的认知错误，从而误导买受人缔结契约。

（3）为了贯彻上述规范目的，二者应作相同评价，对于出卖人故意宣称标的物具有实际上不存在之优点的案型，应类推适用《德国民法典》第 463

条第 2 款之规定，令其负不履行之损害赔偿责任。

结论：出卖人故意不告知物之瑕疵或故意告知标的物具有实际上不存在之优点，买受人得请求不履行之损害赔偿。

（二）目的性扩张

目的性扩张，是指法律规则的文义未能涵盖某类案件，但依据其立法目的应该将相同的法律后果赋予它，因而扩张该规则的适用范围，以将它包含进来。换言之，法律规则 N：T→R 依其文义范围并不包括特定案件类型 T′，案件类型 T 与 T′ 之间也不具有相似性，但依据 N 的立法目的，也应当赋予 T′ 以法律后果 R，为避免不适用 N 违背或失去其立法目的，而对 N 的适用范围进行扩张，将案型 T′ 包含于 N 的适用范围之内。

目的论扩张面对的是法律之"潜在包含"的情形，也就是法律文义所指的范围窄于立法目的所指的范围，或者说立法者"词不达意"的情形。它的意旨在于将原本不为法律规则文义所涵盖的案件类型包含进该规则的适用范围之内，或者说逾越语义，将该规则的法律后果扩张适用于规则明文规定的案件类型之外。法官在进行目的论扩张时，必须做到两个方面：一是提出理性论据来证立待扩张适用之法律规则的立法目的为何；二是必须证明逾越文义的某类案件与法律规则文义已包含的案件类型可以为同一个立法目的所涵盖，或者赋予逾越文义之案件以相同法律后果为此一立法目的所必需。具体而言，目的性扩张的重点在于：

- （1）找出规范 T→R 背后的目的 Z。
- （2）指出规范目的 Z 也应当涵盖与 T 并不类似的案件 T′。
- （3）也应当赋予 T′ 法律效果 R，即将 T′ 包含于规范的适用范围之内。
- 结论：得出一条新的规范 T∨T′→R 。

在一个案件中，一个男青年得了精神病，并被父母送到被告医院住院治疗。这是一家普通医院，没有精神病患者的独立病房。病人父母再三要求允许家属陪床，说病人已经数次想要自杀。但医院不同意，理由是医院制度严格，护士 24 小时陪护，不可能发生意外。但病人不久后趁上厕所的机会上吊自杀。家属起诉法院要求赔偿。问题在于：医院能否减轻赔偿责任？相关的法律规则是《民法典》第 1173 条："被侵权人对同一损害的发生或者扩大有过错的，可以减轻侵权人的责任。"此即所谓有过错的规定。本案的情形与《民法典》第 1173 条规定的案件类型并不相似，因为本案中的被侵权人是精神病人，精神病人丧失意思能力，不可能存在过错（而监护人将其托付给医院，并不在场，也无过错）。但被侵权人一心求死，并且他自杀的地点是医院的男厕所。在女护士不方便在场的情况下，他将衣服撕成条，把自己吊死在里面了。这是导致其死亡的一个原因（直接原因），也是自己方面的原因。《民法典》第 1173 条的立法目的在于，使当事人各自承担自己方面的原因导致的损害，使双方的利害关系达到公平合理的状态，因而不以文义中所写明的"过错"为限。所以，根据《民法典》第 1173 条的立法目的，应当将这条法律规定适用于本案。

事实上，类推适用与目的性扩张并无严格区分，二者只具有程度的差别：类推适用的案件类型 T2 与法律规则直接规定的案件类型 T1 之间具有较高程度的相似性，而目的性扩张中的案件类型 T′与法律规则规定的案件类型 T 之间的相似性不如类推那般高。

此外，学理上也有将所谓"当然推理"列为填补漏洞之方式者。当然推理，指的是法律规则 N 的文义虽然不包括案件类型 T′，但从立法目的 Z 来看，T′比文义包含的案件类型 T 更有适用法律后果 R 的理由，因此将 N 适用于 T′。所谓"举重以明轻、举轻以明重"是也。但事实上，当然推理只是目的性扩张的一种特殊情形。例如，在德国发生的一起案件中，拍卖师报高价，某人见他的一位朋友进门举手示意，结果拍卖师一锤定音。《德国民法典》第 118 条规定，非真实的意思表示无效（比如老师开玩笑说学生按时毕业就送他一辆汽车）。举手打招呼甚至谈不上意思表示，只是社交行为，要比非真实的意思表示轻得多。根据"举重以明轻"，举手打招呼这类非意思表示行为当然无效。

总之，无论是类推适用、目的性扩张，还是当然推理，最关键的都是找出规范 N 背后的立法目的 Z，而类似性的判断也正是在 Z 的关照下进行的。

（三）创制性的补充

创制性补充，是指依据一般法律原则而对法律所为之补充。也就是说，当出现法律规则未明文规定的情形，又无法通过对相关法律规则进行类推适用或目的性扩张来加以填补时，法官可以通过对一般法律原则，如缔约过失原则、诚实信用原则、善良风俗原则等的具体化来填补漏洞。这是因为，一般法律原则的适用范围往往是开放且十分宽泛的。如果将法律体系比作一个水瓶，将法律规则视为投入瓶中的石块，那么就可以将一般法律原则当作溢满石块缝隙的水。当然，在将一般法律原则适用于个案时，必须结合个案进行具体化。这就涉及法律原则的适用问题。[1]

☞ 第三节　法律修正

一、目的性限缩

目的论限缩，是指虽然法律规则的文义涵盖了某类案件，但依据其立法目的不应该赋予它与文义所涵盖的其他情形相同的法律后果，因而限缩该规则的适用范围，以将它排除出去。换言之，对于某特定案件类型 T，法律已规定法律后果 R，亦即设有规则 N：T→ R，在特殊情形 M 时，为避免适用 N 违背或失去其立法目的，而对其附加限制性的条件，将案件类型 M 排除在 N

---

〔1〕　对此参见本书第三章第三节。

的适用范围之外。

目的论限缩面对的是法律之"过度包含"的情形，也就是法律文义所指的范围宽于规则目的所指的范围，或者说立法者"言过其实"的情形。目的论限缩的基本法理，在于非相类似之事件，应作不同之处理，可将不符合规则目的之部分排除在外，使得剩余的法律意义更为准确。它的意旨在于将原为法律文义所涵盖的案件类型剔除其不合规则目的的部分，使之不在该法律适用范围之内。法官在进行目的论限缩时，要完成两方面的任务：一是提出理性论据来证立待限缩适用之法律规则的立法目的为何；二是必须证明规则文义已包含的某类案件类型与其余案件类型不为同一立法目的所涵盖，或者法律规则的目的与其文义所包含的某类案件并不兼容。具体而言，目的性限缩的论证重点在于：

· （1）找出规范 T→R 背后的目的 Z。

· （2）从规范目的 Z 来指出 T 与 M 之间的差异性。

· （3）根据平等原则（不同情形不同对待），不能赋予 M 法律效果 R，应将 M 排除于规范的适用范围之外。

· 结论：得出一条新的规范 T∧¬M→R。

例如，《德国民法典》第 181 条规定，除代理人另外得到许可外，代理人不得以被代理人的名义和自己的名义跟自己实施法律行为，但法律行为专门在于债务的履行的除外。在一例中，某甲赠与 5 岁的儿子乙一栋房屋并进行了登记，该赠与行为是否有效？本案的事实在文义上无疑可以为《德国民法典》第 181 条所涵盖。因为儿子尚未成年，其父为当然的法定代理人，在本案中，父亲以被代理人即儿子的名义和自己实施了赠与房屋和登记的法律行为。但是，法官并没有僵化地适用该条文。因为《德国民法典》第 181 条的立法目的在于避免代理人与本人之间的利害冲突，保护本人的利益。换言之，如当事人之一方，得为他方之代理人且与自身为法律行为，则利益冲突，代理人绝不能完全尽其义务，自为法律所不许。但在本案中，甲从事的是纯使乙获益的行为，因而甲与乙之间的法律行为并无利害冲突之虞。从这个目的来看，使本人纯获法律上利益的自己代理与一般的自己代理有所不同。因此，应将使本人纯获法律上利益的自己代理排除于《德国民法典》第 181 条的适用范围之外，从而修正《德国民法典》第 181 条的表述，调整为：除代理人另外得到许可外，代理人不得以被代理人的名义和自己的名义跟自己实施法律行为，但法律行为专门在于债务的履行或使本人纯获法律上之利益者的除外。

二、基于一般法律原则的法律修正

基于一般法律原则的法律修正，是指依据一般法律原则对法律所为之修正或者说对法律规则所作的限缩。这种法律修正与目的性限缩的区别在于，修正的依据并非某个法律规则背后的立法目的，而是有别于这一规则的一般法律原则，但其效果却是对该规则适用范围的限缩。

我国台湾地区大法官会议（释字第 362 号）就对我国台湾地区"民法"第 988 条第 2 款进行了这种修正。在该例中，陈周丰与蔡玉凤于 1973 年结婚，起初感情融洽，但育有子女后经常争吵，感情日渐恶劣，蔡遂携子女前往美国，陈于蔡旅居美国期间，以蔡违背同居义务、恶意遗弃为由，提起离婚之诉，经一审辩论而由高雄地方法院于 1988 年 5 月 4 日判准离婚胜诉确定后，陈周丰于 1988 年 7 月 4 日与善意信赖其前婚姻关系已因确定判决消灭的许辰月结婚。嗣后蔡玉凤以陈周丰知其住所竟指其所在不明而起诉，认为陈所取得之离婚确定判决有再审原因，提起再审之诉，请求废弃原确定判决，获得胜诉后，再以陈许之婚姻违反我国台湾地区"民法"（修正前）第 988 条第 2 款及第 985 条第 1 项之规定，提请确认婚姻无效之诉，业经法院 1992 年台上字 1621 号判决确认许与陈之婚姻无效，许辰月遂以该判决适用我国台湾地区"民法"（修正前）第 988 条第 2 款之规定侵害其婚姻自由权为由，声请大法官解释。这里提及的我国台湾地区"民法"第 988 条第 2 款和第 985 条合起来规定的是，有配偶而重婚者，其后婚姻无效。本案的争议点在于：当前婚姻关系已因确定判决（如本案之离婚判决）而消灭，而善意无过失之第三人因信赖该判决而与前婚姻之一方相婚，嗣后该判决又经法定程序（如再审）而变更，导致后婚姻成为重婚时，是否仍应适用我国台湾地区"民法"第 988 条第 2 款之规定，认为该后婚姻无效？大法官会议最终予以否定。

大法官解释认为，我国台湾地区"民法"第 988 条第 2 款关于重婚无效之规定，乃为维持一夫一妻婚姻制度之社会秩序，就一般情形而言，与宪法尚无抵触。惟如前婚姻关系已因确定判决而消灭，第三人本于善意且无过失，信赖该判决而与前婚姻之一方相婚者，虽该判决嗣后又经变更，致后婚姻成为重婚，究与一般重婚之情形有异，依信赖保护原则，该后婚姻之效力，仍应予以维持。首开规定未兼顾类此之特殊情况，与保障人民结婚自由权利之意旨未尽相符，应予检讨修正。在修正前，上开规定对于前述因信赖确定判决而缔结之婚姻部分，应停止适用。如因而致前后婚姻关系同时存在，则重婚者之他方，自得依法请求离婚，并予指明。可见，大法官认为，一方面是支持重婚无效的我国台湾地区"民法"第 988 条第 2 款（及其背后的"一夫一妻制的社会秩序"原则），另一方面是支持本案中的在后婚姻并不当然无效的两个一般法律规则，即"信赖保护"原则和"婚姻自由"的基本权利原则。经过权衡后，大法官认为，在本案的情形中，后两者的重要性要高于"一夫一妻制的社会秩序"。但是，该论证只考虑到了我国台湾地区"民法"第 988 条第 2 款背后的实质理由，却没有考虑到形式理由。[1] 因为该规则的拘束力不仅来自于它是实现"一夫一妻制的社会秩序"的途径，也来自于它是立法者意志的明确表述。与目的性限缩不同，如果要依据一般法律原则对

---

[1] 对此参见本书第三章第三节。

该规则进行限缩和修正，就要突破"法律拘束"的要求。在该个案中，大法官不仅要论证"信赖保护"和"婚姻自由"原则的实质重要性高于"一夫一妻制的社会秩序"，还要论证这两个原则的重要性是如此之大，以至于即便偏离立法者的明确意志表述也在所不惜，以便实现个案正义。只有论证具备这样的"更强理由"，才能对我国台湾地区"民法"第 988 条第 2 款重婚无效之规定设立这个新例外："若第三人因善意无过失信赖前婚姻已因确定判决消灭，而与前婚姻之一方相婚，而该判决嗣后又经变更导致后婚姻成为重婚者，不在此限。"

综上，基于一般法律原则的法律修正的特征为：①修正的依据为同一法律体系中的一般法律原则而非法律规则背后的立法目的；②论证负担更重，需要证立修正具备更强的理由。

◎ 本章知识梗概

1. 狭义上的法的续造是指逾越或违反法律文义的适用活动，是与法律解释相对的概念。它包括两种类型，即法律漏洞的填补和法律修正。

2. 法的续造的难题本质上是权威与理性的两难困境，即对于裁判案件的法官而言，究竟是应以尊重立法者的权威为根本依循，还是应以作出合理正确的判决为根本追求。

3. 法律漏洞指的是违反立法计划或立法目的的不圆满性。它并不是简单的缺失状态，不是简单的事实判断，毋宁说是需要评价性的认定。

4. 法律漏洞可以进行不同分类，如全部漏洞和部分漏洞，自始漏洞和嗣后漏洞。

5. 法律漏洞的填补方法包括类推适用、目的性扩张和创制性的补充。

6. 法律修正的方法包括目的性限缩和基于一般法律原则的法律修正。

◎ 相关参考文献

1. 纪海龙："法律漏洞类型化及其补充——以物权相邻关系为例"，载《法律科学（西北政法大学学报）》2014 年第 4 期。

2. 陈景辉："规则的普遍性与类比推理"，载《求是学刊》2008 年第 1 期。

3. 王鹏翔："目的性限缩之论证结构"，载王文杰主编：《月旦民商法研究 4：法学方法论》，清华大学出版社 2004 年版。

4. 雷磊："论依据一般法律原则的法律修正——以台湾地区'司法院大法官会议'释字 362 号为例"，载《华东政法大学学报》2014 年第 6 期。

第十六章 拓展阅读

第四编

法伦理学

　　法律伦理学的核心问题是法律正义（legal justice）。法律正义是一般正义的特殊情形，它既具有自己的特定内涵，又要符合正义的一般关系结构（第十七章）。作为应用伦理学的一种，它首先要探求规范伦理学的问题，即关于对错的一般标准是什么。对此存在着几种主要的进路（第十八章）。当下关于法律伦理学的讨论聚焦于几个经典主题，它们构成了测试伦理立场的试金石（第十九章）。作为一种政治—伦理理想，法治标志着人们对正义统治的最高追求，它有别于法制，但其内部也纷争不休（第二十章）。

第十七章

法的基本价值

✉ 导 语

伦理学的核心范畴是价值。在法伦理学领域，"价值"可以用宽泛意义上的"正义"来替换。因此，法伦理学的首要任务就是弄清楚正义意味着什么。根据通说，宽泛意义上的正义包括三种法的基本价值（第一节）。同时，正义具有关系性，在主体之间可以形成四种正义关系，并拓展出三种扩展模式（第二节）。

☞ 第一节 正义诸内涵

法的最高价值是正义。但正义是一个统辖式的概念，它包含了狭义上的正义、合目的性与法的安定性。三者构成了法的基本价值，或者说法理念或法目的。

一、狭义上的正义

狭义上的正义指的是平等和人权。

1. 平等。正义意味着平等，它包括分配正义与矫正正义，其中，分配正义是正义的原型。分配正义指的是"同样的事物同样对待，不同的事物不同对待"。这意味着，平等并非指对所有人和所有情形都平等对待，而只是对待标准的平等，依照不同的人和不同情形不同对待，不是绝对平等对待，而是比例性的平等对待。这种标准并没有回答出这样两个重要的问题：一是哪些事物是平等的、哪些事物又是不平等的；二是如何区分平等与不平等。[1] 平等具有相对性和一般性的特征。平等的相对性意味着对于同样或不同的事物、同样或不同对象的判断标准会因政治、文化、社会背景的不同而不同，因而使得平等的具体体现具有"场域的依赖性"。这种具体的标准涉及各个社会合目的性的判断。平等的相对性也意味着它自身的一般性。这种一般性同样为

---

[1] Vgl. Gustav Radbruch, *Rechtsphilosophie* (*Studienausgabe*), hrsg. von Ralf Dreier und Stanley Paulson, Heidelberg: Müller 2003, S. 54.

法所分享，因为法就是基于一般性规范的解决冲突的办法。只有当人们将法视为解决冲突的办法时，才能将它区分于纯粹的官员指令；只有当人们承认它具有一般性时，它才能区分为判决和行政行为。

"法律面前人人平等"体现的就是这种一般性。换言之，只要主体在法律上的地位相同，就适用同一个法律规范，其行为或状态就发生相同的法律后果。因此，这种法律上的平等或法的一般性意味着法律适用上的平等，而非立法上的平等。也就是说，它并不意味着不同的阶层和群体在法律权利和义务的分配上是绝对均等的，而只是意味着有可能不平等的立法条款在适用的过程中一视同仁，无所差别。这就像阿纳托尔·法朗士所说的那样，"法律以其高贵的平等性禁止富人与穷人一样沿街乞讨、露宿桥头和盗窃面包"。虽然法律具有阶级性，但只要它是法，它就具有一般性和平等性的形式，而无论其是在多么有限的范围内。而这对于被压迫阶级和少数群体、对于弱势者和个人来说并非没有价值。所以，法的形式使得统治者只有通常在自己也承担负担时，才能将此负担强加于被统治者；相反，法的形式也使得他们只有在愿意确保被统治者的利益时，才能主张自己的利益。法律上的平等虽然只是一种形式要求，但也具有积极的意义。

2. 人权。人权是指人之为人而应享有的权利，它的基本特征在于道义性和普适性。人权的道义性指的是它首先是一种道德权利，是从人的道德主体地位中所引申出来的属性，因而其不属于实在法上的概念。马里旦曾言："人权的哲学基础是自然法。"人权最初是以自然权利的形式被近代自然法学家和启蒙思想家们宣扬的。近代自然法的基本思路是：自然权利优于自然法，而自然法又优于实在法。也就是说，自然权利根植于人的理性，而自然法是为了保障自然权利或者说人权而存在的理性法则，实在法则是对这些理性法则的实证化，即以国家予以政治上的保障。当西欧各国纷纷进入法典化的时代之后，人权就被落实为宪法上的基本权利。最初的体现就是法国的《人权和公民权利宣言》被吸收为法国宪法的序言部分，随后各国宪法又在正文部分予以了规定。

人权的普适性指的是，人权作为道德观念虽然起源于西方，但经过几个世纪的传播和发展，已为世界上多数文明国家所接受，成为判断法律善恶的普遍标准。《世界人权宣言》提出："人人生而自由，在尊严和权利上一律平等；人人都有资格享受本宣言所载的一切权利和自由，不论其种族、肤色、性别、语言、财产、宗教、政治或其他见解、国籍或其他出身、身份。"通常来说，人权被划分为两大类：一类是公民权利和政治权利；另一类是经济、社会、文化权利。前者是指一些涉及个人的生命、财产、人身自由的权利以及个人作为国家成员能够自由、平等地参与政治生活方面的权利；后者是指个人作为社会劳动者参与社会、经济、文化生活方面的权利，如就业、劳动条件、劳动报酬、社会保障、文化教育等权利。《公民权利和政治权利国际公约》和《经济、社会及文化权利国际公约》分别对这两方面人权予以了确认。

应当看到：一方面，由于社会发展的不平衡性和道德规范的多样性，得到某种共同体认可的权利，未必有足够的理由被认为也同样适用于其他共同体；但另一方面，无论社会发展和道德规范存在多么大的差异，一些最低限度的人权必须得到所有共同体的一致拥护。这就是"作为最低限度标准的人权"。这样的人权标准是最低的，所以才能成为普遍的；因为是普遍的，所以也只能是最低的。违反最低限度人权标准的法律无疑是恶法，不具有道德上的可辩护性。

二、合目的性

任何法律都有合目的性考量。法除了要保障平等和最低限度的人权，也必然服务于公共福祉。但对于什么是公共福祉，不同的世界观、国家观和政党纲领却存在争议。人们可以从社会的角度出发，将公共福祉理解为：所有人或尽可能多之个人的福祉、多数人的福祉、大众的福祉。由此涉及三种不同的道德利益：个人人格、总体人格和文化作品。依据这三组价值类型的排序，可以区分出三种价值体系：个人主义的价值体系将个人人格价值视为最高利益；超个人主义的价值体系将总体人格价值视为最高利益；而超人格主义的价值体系将文化作品视为最高利益。与这三组价值相应的共同生活形式为个人主义的"社会"、超个人主义的"总体"以及超人格的"共同体"。这三种人类共同生活的社会形式可以用关键词表达为：自由、权力、文化。[1]

不同的价值体系将导致不同的国家观：[2]

1. 个人主义的国家观。自由主义、民主、社会个人主义等意识形态都可被归入这一阵营。根据这一国家观，个体处于法目的的顶端。法应当使个体德行具有可能并促生个体外在的自由。个体和国家之间的关系可以从两个方面加以描述：一方面是个体对国家的参与；另一方面是个体自由排除国家的干涉。这样的个体既是一种孤立的个体，又是抽象的个体。就前一种个体而言，它同其他个体发生联系，只能通过法律的纽带。因而法的任务就在于，以一种最低限度理性的法律关系体系取代自然生成的各种交织在一起的社会联系。后一种个体是自由的，也是平等的，要通过民主来处理彼此的关系。所以，个人主义国家关注的个体的是自由主义和民主意识形态中的个体，只有这种个体才可成为法与国家的目的。

2. 超个人主义的国家观。保守主义属于这一阵营。个人主义意识形态追求的是理性，而超个人主义意识形态追求的则是历史的和宗教。由此产生出两类不同的国家和人民的形象：对于个人主义而言，国家和人民就如同一个由个人组成的机器；而在超个人主义观念内部，人民是作为一个整体而存在的，不仅包括当下的，还包括所有过去和未来的成员。概言之，个人主义法

---

〔1〕　参见［德］古斯塔夫·拉德布鲁赫：《法哲学入门》，雷磊译，商务印书馆2019年版，第32页。
〔2〕　参见张龑："拉德布鲁赫法哲学上的政党学说批判"，载《清华法学》2013年第2期。

哲学是以个体以及个体的总和为出发点，而超个人主义则以个体性以及个体性的整体性为出发点。保守主义并不完全否认个体，但认为个体不再是孤立的个体，而是一个有机整体的组成部分。所以，虽然个体在这种国家观中占有一席之地，但是它只被视为服务于总体性的工具。总体性变成了民族的职责和人类生活的最高任务。

3. 超人格的国家观。超人格主义既不关注人类自身，也不关注个体或集体人格中寻找人类生活的最高任务，而是聚焦于作品和作品的总体性，即文化。在这种观点之下，每个个体都不再是个人主义意识形态下的抽象的个体，但也不是完全现实的个体，而是具体文化的承载者。跨人格主义就是一种以文化为纽带的共同体。

三、法的安定性

在合目的性的三种价值体系中，没有一种价值体系可以绝对地优先于其他价值体系，它们一方面相互促进，另一方面又相互竞争。为了克服这一困难，就有必要引入法律权威，即通过权威来确定执行哪个价值体系。而法的权威性扎根于法的实证化，由此，法的安定性就成为第三种基本价值。

广义上的法的安定性既包括通过法实现的安定性，也包括法自身的安定性。前者指的是保护免遭谋杀、杀害、盗窃等，这一意义上法的安定性只是合目的性或公共福祉的一个要素。并且，它与法自身的安定性有着紧密联系，因为通过法实现的安定性以法本身具有安定性为前提。

狭义上的法的安定性指的就是法自身的安定性。它提出了四方面的要求：

1. 法具有实证性，即是制定法。

2. 实在法本身是安定的，即立基于事实，而非通过例如像"诚实信用""善良风俗"这类一般条款指示法官去顾及自身关于个案的价值判断。

3. 尽可能无错误地来确认立法的事实。为此许多时候必须容忍立法的粗糙性，例如用外部特征来替代原本所考虑的事实：如不用个人内心的成熟程度，而用对于所有人都相同的法定成年年龄来判断是否具有行为能力。

4. 实在法不得被随意变更。这并不是说实在法绝对不可被修正，而是说实在法要免于毫无滞碍地、随时随地可变更，因此要设立某些阻碍性的立法机制来加大变更的难度。从这一立场来看，权力分立学说中的"分权制衡"、议会立法的滞后性、修宪程序的复杂性都是对法的安定性的保障。[1]

法的安定性需求会带来诸多法律上的效果：

1. 它导致了司法裁判的既判力，也就是一次性地终止争议，即使裁判是错误的。

2. 它有时会导致纯粹的事实状态转化为法律状态。如国际法中的现状（status quo）和民法中的占有。

---

〔1〕 参见［德］古斯塔夫·拉德布鲁赫：《法哲学入门》，雷磊译，商务印书馆 2019 年版，第 35 页。

3. 它有时会导致从不法中产生法。例如，时效取得和诉讼时效就意味着，经过特定的时间，某个不合法的状态转变为合法的状态。它使得一开始违反制定法的习惯会变成法，继而甚或能排除与之相对之制定法的效力。再如，革命在成功前是叛乱（犯罪），但成功之后它就变成了新法律的基础。一个革命政府以此来获得自我正当化：它有能力证明自身能维系安宁与秩序。故而在革命成功之后，每个革命政府都习惯于宣告它将保障（因自身的叛乱而干扰了的）安宁与秩序。因而法的安定性思想导致在权力与法之间存在极度矛盾的关系：权力并不优先于法，但获胜的权力却能创设一种新的法律状态。[1]

第二节 正义关系

一、正义的关系性

对人类行动最宽泛的伦理评价是"好"或"不好"，而对法律的伦理评价通常采纳的是"正义"或"不正义"的判断。"正义"是比"好"更狭隘的概念。人类行动、规范和制度的其他属性可以是不涉及他人的。人们可以在根本上只涉及自己的情境中，以好的方式来采取行动。例如，我可能强忍病痛完成自己的作品，可以面对突如其来的雪崩采取睿智的躲避行为，我们可以有效的方式去修理好一件坏了的工具，但这些都难以被称为正义的行动。与此不同，正义在概念上必然涉及他人，这意味着涉及值得给予道德和伦理考量的其他人格。因此，正义是一种相对于他人之行动、规范或制度的属性，即一种关系性的属性。

共同体的行动总是要求涉及他人，因而要求一种关系性的属性，作为共同体行为准则的法同样如此。有的法律规定看上去不涉及他人，如涉及如何操作机器（技术法规）或利用和保护自然资源的条款，但其实同样涉及潜在的他人。正义具有关系性，也就意味着正义是主体之间的关系，根本性的正义关系在于：甲拥有的性格属性、实施的行动或制定的规范，相对于乙要被评价为正义的，乙相对于甲而言也应如此，以至于存在这样一种行动上的相互关系。这被称为"一般正义"或"普遍正义"。

但是，正义不仅涉及他人，而且通常涉及的是彼此间的相互关系。如果甲毫无理由地侵犯了乙，那么就可以说甲对乙实施了不道德的行为，但一般不说甲对乙实施了不正义的行为。甲与乙之间的各种关系可以彼此比较。故而人们不仅可以孤立地追问，甲是否正确地对待了乙或乙是否正确地对待了甲，同样也可以追问，甲和乙的相互对待是否满足了平等的理念。就此而言，

---

[1] 参见［德］古斯塔夫·拉德布鲁赫：《法哲学入门》，雷磊译，商务印书馆 2019 年版，第 35~36 页。

各自孤立开来的甲对于乙和乙对于甲的做法在伦理上可能并无问题，但如果它们被评价为不平等，那么就是不正义的。例如，甲可能在商业往来中特别友好地对待乙，而乙只是以通常的方式对待甲。将二者孤立开来看，双方彼此对于对方的行动在伦理上都是被允许的。但乙只是以合乎义务的方式来做事，而甲却以某种超义务的方式来行动。所以，鉴于平等的理念，双方行动之间的关系可能会被评价为不正义的。乙通过甲对他的特别友好的行动获得了好处。

二、诸种正义关系[1]

基于彼此对待的正义关系具有如下类型：

1. 交换正义。正义不仅涉及甲和乙之间的相互关系，而且通常要求甲对于乙和乙对于甲的行动是相互关联的。假如两个行动之间没有关系，也不能将之视为是不正义的。例如，女儿对父亲特别孝顺，但父亲却没有将遗产留给女儿，这不能被视为不正义的行为。如果两个行动彼此关涉，那么就会出现一种相互交换关系。甲行动是因为乙行动，反之亦然。假如如此，那么就会产生对平等的期待，因为没有人可以毫无理由地从这种交换关系中获得额外的好处。所以，如果甲和乙有意交换某种东西，那么他们就通常会提出对平等对待的正当期待。[2] 交换可以涉及一切可能的行动和利益。两个人之间的狭义上的正义的这种基本形式就是交换正义，契约这种法律形式意图实现的就是这种正义类型。

2. 贡献正义。在主体甲和乙之外，可能还有与行动相关的第三方。这个第三方可能是第三人丙，也可能是甲和乙组成的共同体（这个共同体可以是社团、公司、村镇乃至国家）。在这种三角关系中，三方主体两两间都存在相互关系。也就是说，并不只是丙针对甲和乙存在关系，还可以在其他情境中存在由甲针对乙和丙，或由乙针对甲和丙的关系。比较有意义的是第三方由甲和乙组成的共同体的情形：此时甲和乙相对于共同体的关系不同于纯粹的交换正义，它是一种具有三方的社会正义或政治正义：甲和乙可以对他们的共同体作出同等或不同的贡献。这就是所谓的贡献正义，如不同人对某个共同体付税的情形就涉及这种类型的正义。

3. 分配正义。正义关系不仅可以由甲或乙指向共同体，也可以由共同体指向甲或乙。正义不仅要求甲或乙平等地向共同体作出贡献，而且要求共同体从根本上平等对待甲和乙。这是所谓的分配正义。如依据教育法分配入校名额，或基于特定发展计划分发奖学金，还包括个人对共同体或政治决策的

---

[1]　本部分内容参见 ［德］迪特玛尔·冯·德尔·普佛尔滕：《法哲学导论》，雷磊译，中国政法大学出版社2017年版，第131~144页。

[2]　要注意的是，现代社会出于自由和效率的考虑创设出了经济交往的领域，在其中交换关系中对平等的要求被放松了。现代私法通过个人自治和契约自由的原则来保障这一点。例如，某人以高于市场价的价格从另一人手中买了辆二手车，虽然从客观的角度看来，这对其中一方不利，但只要不存在错误、欺诈、胁迫、背俗、违反诚信等情形，契约也具有拘束力。

参与机会等，都属于这种类型的正义。

4. 矫正正义。当共同体的行动直接指涉甲和乙之间的关系（无论它是交换关系还是一般的伦理关系）时，这种类型的正义相对于初始的正义关系可被称为矫正正义。

这四种正义关系构成了正义的基本模式。人们可以借助正义的这四种结构中的一种来对具体冲突作出决定。当然，在这一过程中，必须将形式性的正义关系在内容上或质料上进行具体化。综合起来，人和人之间的正义关系可以被表示如图 17-1：

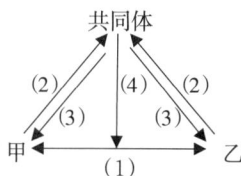

说明：（1）交换正义 （2）贡献正义 （3）分配正义 （4）矫正正义

图 17-1 正义的基本模式

三、正义关系的扩展

在现实中，尤其在政治领域，存在大量共同体。这些共同体可以通过两种根本上存在区别的方式彼此联系，一种是通过如共同体间的简单关系彼此联系，另一种是作为一个更大的共同体的一部分。此外，这种更大共同体也可能与作为其组成部分之共同体内的个体发生直接联系。这就形成了正义关系的三种扩展模式：

1. 水平扩展模式。这种模式是对纯粹交换正义关系的重复运用。例如，在承认民族国家的多元论的前提下，简单的国家间交换正义的关系就是一例，它具有如图 17-2 所示的形式：

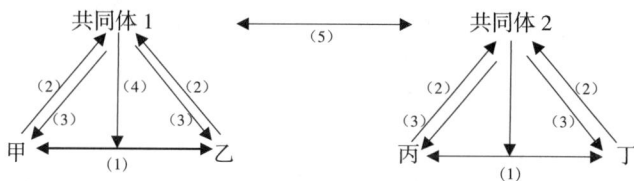

图 17-2 正义的水平扩展模式[1]

2. 垂直扩展模式。这种模式是同时对贡献正义、分配正义和矫正正义的重复运用。例如，以市镇共同体为成员的地区共同体；再如，以国家共同体

―――――――――

〔1〕 图中的（5）表示共同体 1 与共同体 2 之间的交换正义。

为成员的国际共同体。共同体的这种联结在理论上通常可以被随意重复，故而有可能形成一种共同体的阶梯，例如从乡镇、县市、省、国家乃至联合国这种全球性机构这一日益复杂的多个层次的体系的发展，它的简单形式如图17-3 所示：

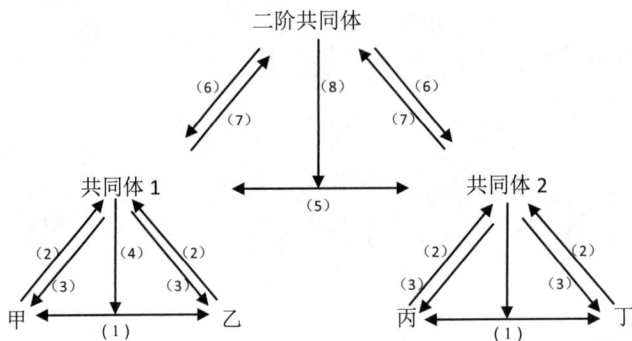

图 17-3　正义的垂直扩展模式[1]

3. 额外扩展模式。不同的共同体层面是可以穿透的。如图17-4 所示，个人通常不仅要面对第一阶层的共同体，也要面对与贡献正义、分配正义和矫正正义拥有直接关系的第二阶层的共同体，也即形成个人与不同层面之共同体的直接关系。例如，现今作为更高阶层之共同体的全球性机构，不仅调整国家间的关系，也调整具体国家及其公民间的关系。如联合国、国际刑事法院、欧洲人权法院、国际投资争端解决中心等国际性机构均是如此。

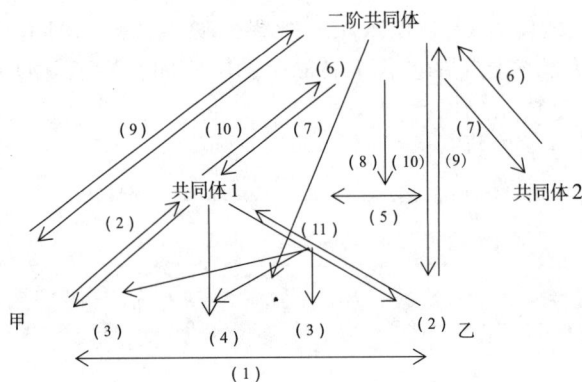

图 17-4　正义的额外扩展模式[2]

---

[1]　图中的（5）（6）（7）（8）分别表示二阶共同体中的交换正义、分配正义、贡献正义与矫正正义。
[2]　图中（1）—（8）的含义与图 17-1，图 17-2，图 17-3 中的含义相同，（9）（10）（11）分别表示贡献正义、分配正义与矫正正义。

本章知识梗概

1. 法的最高价值是正义，它包含了狭义上的正义、合目的性与法的安定性这三种法的基本价值。

2. 狭义上的正义指的是平等和人权。平等指的是"同样的事物同样对待、不同的事物不同对待"，它具有相对性和一般性；人权是指人之为人而应享有的权利，它的基本特征在于道义性和普适性。

3. 任何法律都有合目的性考量，必然服务于公共福祉。根据所涉及的道德利益及其排序不同，可以区分出个人主义的、超个人主义的和超人格的价值体系，它们对应于不同的共同生活形式、社会形式和国家观。

4. 法的安定性要求法具有实证性、实在法本身立基于事实、尽可能无错误地来确认立法的事实，以及实在法不得被随意变更。法的安定性需求会带来诸多法律上的效果。

5. 正义具有关系的属性，必然涉及主体之间的相互关系。它包括交换正义、贡献正义、分配正义与矫正正义四种类型。这些关系模式可以进行水平扩展、垂直扩展和额外扩展。

相关参考文献

1. ［德］古斯塔夫·拉德布鲁赫："法的目的"，载［德］古斯塔夫·拉德布鲁赫：《法哲学入门》，雷磊译，商务印书馆 2019 年版。

2. ［德］罗伯特·阿列克西："法的安定性与正确性"，宋旭光译，载《东方法学》2017 年第 3 期。

3. ［德］罗伯特·阿列克西："论人权的存在"，蔡琳译，载《南京大学法律评论》2013 年第 2 期。

4. 胡玉鸿："平等概念的法理思考"，载《求是学刊》2008 年第 3 期。

5. ［德］迪特玛尔·冯·德尔·普佛尔滕：《法哲学导论》，雷磊译，中国政法大学出版社 2017 年版。

第十七章 拓展阅读

第十八章

规范伦理学的主要进路

✉ 导 语

法伦理学是对法律制度本身的道德思考。道德思考的核心问题是：一个人应该做什么样的行为，不应该做什么样的行为？什么是"对"或"错"的行为？这里涉及的首要问题在于："对"和"错"的一般性标准是什么？只有在此基础上，才能理性地回答具体情境中的对错问题。这一问题被称为"规范伦理学"的问题。根据提供这一标准的理论进路或者界定标准的方式不同，可以区分出义务论和后果论伦理学（第一节）、契约论和商谈论伦理学（第二节）、美德伦理学（第三节）等诸多进路。

☞ 第一节 义务论与后果论

一、义务论

义务论认为，一个行为的对错，取决于行为主体是否出于遵守义务的动机而做出某个符合可普遍化的道德法则的行为，而不能取决于该行为是否会带来某些好处。据此，如果符合以下两个条件，一个行为就是对的：

1. 符合某个可普遍化的道德法则。可普遍化的道德法则具有"绝对命令"（即无条件的命令）的特性，如"不得杀人""不准说谎"，它适用于任何情境、任何人。义务论的最大代表康德（Kant）提出了绝对命令的两个版本："个人应当按照所有理性主体都愿意其成为普遍法则的道德规范而行动"，"应当始终把人（不论自己或他人）视为目的，而非当作手段"。[1] 因为目的论式的、条件式的命令（假言命令）容许存在例外，而这最终会瓦解普遍的道德准则本身，使得道德准则变成实现目的的手段。例如，"应该诚实"是可普遍化的道德法则，但在前面加上"如果要赚钱"这一条件，则将构成条件式的命令——"如果要赚钱，就应该诚实"。这就相当于将"诚实"作为

---

[1] Vgl. Immanuel Kant, *Grundlegung zur Metaphysik der Sitten*, hrsg. v. Wilhelm Weischedel, Frankfurt a. M.: Suhrkamp, 1974, S. 51, 59-60.

了"赚钱"的手段，于此，真正重要的是作为目的的"赚钱"而不是作为手段的"诚实"。为了实现同一个目的，手段是可以替换的，假如在某种情形下，撒谎反而更能赚钱，"应该诚实"的要求就会被放弃。同理，"不得杀人"是一种可普遍化的道德法则，但如果加上条件，变为"在能保全自己性命时，不得杀人"（也就是说，"为了保命，可以杀人"），就会面临这样的情况：你主张这一法则去杀别人，而别人为了保命同样适用这个法则来杀你，你反而不能保住自己性命。如果此时你要求他人不可杀你，就将与你的主张自相矛盾。所以，义务论认为，真正的道德法则一定是不附条件的，即便它对于主张者不利。

2. 行为人是出于遵守义务的动机而作出这个行为。有时候，虽然行为人的行为符合普遍道德准则的要求，但是行为的动机却是出于遵守义务之外的其他心理。例如，某人见义勇为救了一个落水孩童的性命，其行为无疑符合"帮助身处困境中的他人"这一道德要求。但有可能他是因为看到水边围观的人很多，包括有电视台的记者，他跳入水中救人是为了一举成名。在义务论看来，此时救人者的行为依然是不道德的。甚至行为人出于恻隐之心来实施符合普遍道德法则的行为也不能被认为是道德的。只有当且仅当行为人纯粹出于遵守义务的动机来实施这类行为才属于合乎道德的行为。

二、后果论

后果论认为，一个行为的对错与否，取决于这个行为所带来的结果，例如，是否降低伤害或坏处，或增加利益或好处。后果论可以追溯到亚里士多德（Aristotle）著名的目的论思想。这种思想主张，"什么是'好的'（good，"善"）可独立并且优先于"什么样的行为是'对的'（right）"来加以定义，而当且仅当一个行为能够达到"好"的最大化，这个行为才是"对的"或"应该去做的"。基于对"好的"理解不同，后果论伦理学又分为享乐主义、功利主义以及至善论。

1. 享乐主义。享乐主义认为，行为的对错，取决于它能否满足个人的欲望或快乐。它可以追溯到古希腊爱利亚学派的伊壁鸠鲁（Epicurean）。伊壁鸠鲁的伦理学说认为，"纯粹的"享乐是最高的目的，是天生的最高的善。但是，应当区分不同的快乐。解除对神灵和死亡的恐惧，节制欲望，远离政事，审慎地计量和取舍快乐与痛苦的事物，达到身体的健康和心灵的平静，这是生活的目的。他强调，在我们考量一个行动是否有趣时，我们必须同时考虑它所带来的副作用。在追求短暂快乐的同时，也必须考虑是否可能获得更大、更持久、更强烈的快乐。

2. 功利主义。功利主义认为，行为的对错，与它们增进幸福或造成不幸的倾向成正比。当且仅当一个行为能够使社会整体的效益最大化，这个行为才是对的或应该去做的。用边沁（Bentham）的表述来说，能实现"最大多数人的最大幸福"的行为就是对的。[1] 这种理论的后果是：①即便每个人的欲望或偏好都是等值的，但如果牺牲一个人的欲望或偏好能够让大多数人的欲望或偏好都获得满足，则社会整体效益仍然增加。②不平等或不公正的行为是可能被允许的，只要此一行为的后果能够最大化整体效益。

3. 至善主义。至善主义认为，行为的对错，要看它能否增进个人幸福或促进德行的实现。其中最著名的是阿奎那（Aquinas）的双效原则，它认为：道德的基本原则是求善避恶，但同一行为通常兼有善恶两种效果。在特定条件下，一个善的行为，虽然兼有恶的结果，也是可以允许的，哪怕这恶的结果在通常情形下是必须避免的。这些特定条件包括：①该行为本身在道德上必须是善的，或至少是中性的。②行为人不能主观希望恶果的发生，但可以允许其发生。如果能避免恶果而同样达成善的效果，他应当这样做。③善果与行为本身的关系，其直接程度必须等同或高于善果与恶果之间的关系。换言之，善的结果必须是由该行为直接造成的，而不是通过恶果间接造成的。④善果之可取，必须足以弥补恶果之恶。[2]

☞ 第二节 契约论与商谈论

与义务论或后果论不同，契约论和商谈论并没有提出关于行为对错的实质标准，而是提出了行为判断对错的机制或程序方面的相关标准。

一、契约论

契约论将假想的契约作为规范伦理学的核心，因而作为对义务和评价进行辩护的来源。契约论又被称为同意论，因为其核心想法在于以参加者都能参加的假想契约作为判断他们行为对错的准则。霍布斯（Hobbes）、洛克（Locke）、卢梭（Rousseau）、罗尔斯（Rawls）和斯坎伦（Scanlon）等人都是这一进路的代表。契约论的出发点在于个人，这些个人最终被拟制为缔结契约的主体。但契约论者在这些方面观点有所差异：应当如何理解个人。他们身上的哪些属性应当是决定性的，以及如何来解释缔约的过程。

霍布斯、洛克和卢梭作为古典自然法学的代表，都从理性的个体和自然状态的假设出发，论证通过契约建立政治国家的必要性。因而政治国家中公民的行为标准一部分来自于自然状态中原本就有的自然法（理性），另一部分来自于通过契约所展现出的同意。罗尔斯继承和发展了这种想法，他通过"原初境况"和"无知之幕"的假设，相信在所有公民的一种初始、虚构之

---

[1] 参见［英］杰里米·边沁：《道德与立法原理导论》，时殷弘译，商务印书馆 2000 年版，第 59 页。

[2] 转引自参见［美］托马斯·卡斯卡特：《电车难题：该不该把胖子推下桥》，朱沉之译，北京大学出版社 2014 年版，第 92~93 页。

选择的框架内，契约原则能证立最佳原则。他将其表述为正义的两个原则：第一，每个人对与其他人所拥有的最广泛的基本自由体系相容的类似自由体系都应有一种平等的权利；第二，社会和经济的不平等应这样安排，使它们①被合理地期望适合于每一个人的利益；并且②依系于地位和职务向所有人开放。[1] 前者被称为自由优先原则，后者是机会平等原则和差别原则的结合。两条原则的地位并不一样，第一条原则高于第二条原则；在第二条原则中，机会平等原则高于差别原则。斯坎伦提出了契约原则的一个现代版本：当且仅当在特定情形中实施某个行动被调整行为的任何一些原则所禁止，且无人能够以理性的方式来反驳这些作为基于知情、无强制和普遍同意之基础的原则时，这个行动在伦理上就是错误的。[2]

二、商谈论

如果说契约论是通过契约这种机制来建构起行为的标准，其核心在于参与者的同意或者说共识的话，那么商谈论延续了这种核心想法，却把重点放在了达成同意或共识的程序方面。换言之，商谈论认为，当且仅当行为是依据作为某个理性实践商谈之可能结果的规范来作出时，它就是对的。哈贝马斯（Habermas）曾提出这样一个商谈原则："每个有效的规范都必须获得所有相关者的同意，如果这些相关者只会参加一场实践商谈的话。"同时，他还引入了一个普遍化原则作为"论证规则"："每个有效的规范都必须满足这一条件，即出于满足每个人的利益而对它的普遍遵守所产生之可预见的结果和副作用，可以被所有相关者无强制地接受。"

要注意的是，这里的商谈指的是一种理想化的言谈情境，而非现实的商谈活动；商谈论的重点在于达成共识的程序性条件和规则，而非作为事实的共识本身。所以，商谈论的关键在于建构出一套理性论证的程序性规则，遵守此一程序规则所达成之共识的行为即为正确。它至少包括这样三组规则：

1. 理性商谈规则。①论证参与者不能提出自我矛盾的主张；②论证参与者的主张必须具有一贯性；③论证参与者的主张必须具有真诚性（不能主张自己所不相信之事）。

2. 论证程序公正性规则。①任何具有言说能力者都可参加论证（普遍性）；②论证参与者的地位是平等的，他在论证中可以提出任何主张，唯一能分出其主张高下的是其所提出理由的优劣（平等性）；③任何论证参与者都不能因强制力而被剥夺参与论证的权利（无强制性）。

3. 论证负担规则。①论证者于他人提出质疑时，必须提出理由来证立自己的主张；②已提出理由者，论证责任转移至质疑的一方；③欲将两个人作

---

〔1〕［美］约翰·罗尔斯：《正义论》，何怀宏、何包钢、廖申白译，中国社会科学出版社2009年版，第47页。

〔2〕Thomas Scanlon, *What We Owe to Each Other*, Cambridge：Cambrige University Press, 1998, S. 153.

不相同对待者，负有论证的责任（论证平等性的要求）；④欲偏离既有的共识或既有的制度规定者，负有论证责任（惯性原则）；⑤诉诸既有的共识或既有的制度规定者，无须再提出额外的理由。

☞ 第三节 美德伦理学

美德伦理学与规范伦理学的其他进路都有所不同，它以行为能否促进行动者的美德作为判断其对错的标准。因此，它首要关注的是行为主体的性格。"美德"一词源于希腊文 arete，英文中常将其译为 virtue 或 excellence。在古希腊人的理解中，其最初的意思是指能够表现一个事物本性的特长和功能。当它用以指表现人的本性的特长和功能时，它事实上指的是人的相对稳定的、习惯性的心理结构，一种好的、值得称赞的、应当如此的习性或品质。其反面则是恶习，是坏的、遭到谴责的、不应当如此的习性或品质。

美德伦理学与其他进路的区别主要在于：其一，美德伦理学所采用的具体的美德概念所评价的对象主要是行为主体（品质和动机），它是以行为主体为基础的伦理学；而传统规范伦理学所采用的"对"或"错"等概念所评价的主要是人的行为，故而是以行为为基础的伦理学。其二，美德伦理学将美德概念看成是道德评价中第一性的概念，对行为对错的道德评价都是源自具体的美德概念；而传统规范伦理学则以义务（规范）、行为后果、机制或程序作为道德评价中第一性的概念。假定一个人需要并且应当获得帮助，为什么应当帮助他？功利主义者会说，因为这样做的后果可以最大限度地增加社会的幸福；义务论者会说，因为这样做符合"己所不欲，勿施于人"的道德规范；契约论或商谈论者会说，这符合人们之间假设的同意或共识；而美德伦理学家则会说，因为这样做是慈善的或是具有爱心的。当然，其他规范伦理学进路也不否认美德的重要性，但美德伦理学家认为它们都不是真正意义上的美德伦理学，因为它们并没有将美德当成伦理学根本的或核心的概念，而是将它们看成是遵守道德法则、义务或遵守契约的习性。美德伦理学主要包括幸福主义和情感主义两种。

1. 幸福主义。幸福主义认为，任何品质都不能算作美德，除非它能增加或提升美德拥有者总体的和长远的幸福。占主流地位的幸福主义是新亚里士多德主义，主要代表人物有富特（Foot）、赫斯特豪斯（Hursthouse）、麦金太尔（Macintyre）等。幸福主义坚信伦理学的理想和要求根植于理性和实践智慧之中，它以共同体为背景，以个人在共同体中"各得其所"为原则，用幸福或至善来解释美德。

2. 情感主义。情感主义将重心放在具有美德的个体及其内在秉性、性情和动机上，强调伦理学的理想和要求根植于人的情感之中，主张人类情感至少是和人类的推理能力以及实践智慧一样重要的反应能力和美德。斯洛特（Sloate）以"移情心"作为道德研究的基础和出发点，认为美德以及我们对道德规则的理解都依赖于移情心或其他类似的人类情感。而吉利根（Gilligan）和诺丁斯（Noddings）则将"关爱"作为伦理学研究的核心概念，认为关爱是一种根植于与他人关系之中的情感态度，其他的道德要求都可从这一概念中推出。比如，一个正义的社会就可从一个关爱的社会中推出。

本章知识梗概

1. 法伦理学是对法律制度本身的道德思考，道德思考的核心问题是行为的对错。规范伦理学要处理的是行为对错的一般标准。

2. 义务论认为，一个行为的对错，取决于行为主体是否出于遵守义务的动机而做出某个符合可普遍化的道德法则的行为。

3. 后果论认为，一个行为的对错与否，取决于这个行为所带来的结果。它包括享乐主义、功利主义和至善主义等进路。

4. 契约论和商谈论的核心原则都在于同意（或共识）。契约论的核心想法在于以参加者都能参加的假想契约作为判断他们行为对错的准则；而商谈论把重点放在了达成同意或共识的程序性方面，力图建构出一套理性论证的程序性规则。

5. 美德伦理学以行为能否促进行动者的美德作为判断其对错的标准，主要包括幸福主义和情感主义两种。

相关参考文献

1. ［美］唐纳德·帕尔玛：《为什么做个好人很难？——伦理学导论》，黄少婷译，上海社会科学院出版社 2010 年版。

2. ［美］斯图亚特·雷切尔斯、詹姆斯·雷切尔斯：《道德的理由》，杨宗元译，中国人民大学出版社 2009 年版。

3. ［美］托马斯·卡斯卡特：《电车难题：该不该把胖子推下桥》，朱沉之译，北京大学出版社 2014 年版。

4. 方熹："规则与德性：规范伦理学的发展之路探寻"，载《湖北大学学报（哲学社会科学版）》2014 年第 5 期。

第十八章　拓展阅读

第十九章

法伦理学的经典主题

✉ 导　语

　　法伦理学在本质上属于应用伦理学，它总是要面对与法律相关的各种问题。在当代法理学的讨论中，形成了一些被持续讨论且争议较大的经典主题。本章选取了其中最重要的三个，即道德的法律强制问题（第一节）、守法义务及其来源问题（第二节）、以对所谓"拉德布鲁赫公式"的讨论为焦点呈现出的法律义务与道德义务之间的关系问题（第三节）。无论在哪个主题上，均存在着立场与阵营的对立。

☞ 第一节　道德的法律强制

　　道德的法律强制问题，是指国家是否可以正当地运用强制手段（主要是刑罚）来惩罚那些不道德的行为。其核心在于刑法的道德化或刑法的道德界限问题。在这一问题上，大体可以分为两种立场，即自由主义与法律道德主义。

一、自由主义

　　自由主义主张将道德判断的问题尽可能交由个人来处理，而国家对不同的道德主张要保持中立的姿态，主张对国家运用强制手段（刑罚）进行限制。自由主义立场可分为先后相续的一些主张：

　　1. 传统自由主义（伤害原则）。传统自由主义在道德的法律强制问题上最经典的表述来自密尔（Mill）的"伤害原则"。伤害原则认为，政府和社会对个人行动进行限制的唯一正当理由是他们的行为对别人造成了权利或利益上的伤害，除此之外的限制都是不正当的。[1] 这就是说，一个人的行为只要不妨害他人，就应该拥有充分自由，即便他的行为是不道德的；但是若他的行为妨害了他人，侵犯了他人的利益，那么社会就有权对这个人的行为进行

---

[1]　John Stuart Mill, *On Liberty*, ed. by David Bromwich and George Kateb, Newhaven: Yale University Press, 2003, p. 80.

必要的干涉。在他看来，任何人的行为，只有涉及他人的那部分才须对社会负责。在仅涉及本人的那部分，他的独立性在权利上则是绝对的。对于本人自己，对于他的身和心，个人乃是最高主权者。为了贯彻这一原则，要进行三个步骤，即厘清个人自由的范围、厘清伤害的性质和厘清干涉的限度。

2. 现代自由主义。哈特在伤害原则的基础上，进行了两组道德的区分：一是区分个人道德与社会道德。前者不影响他人，而后者涉及社会其他成员。在个人道德方面的背离行为不应该被视为必然的反社会行为。例如，成年人之间自愿的、私下进行的同性恋性行为并不必然威胁到社会的存续。道德观念的适度变化并不必然会导致社会的崩溃，除非所谓的社会维系是指固守此时此刻的道德观念而不允许丝毫改变。所以，对道德的维系与对道德改变的阻止并不相同。二是区分实在的道德与批判的道德。前者是实践中一种为特定的社会群体所接受和共享的道德，后者则是用以批评现行社会制度并且包括实在道德在内的一般性道德原则。[1] 国家用强制手段去惩罚"不道德"的行为时，通常诉诸所谓理智健全而富有正义感的普通人，找到一种情感和主观上认可的社会流行的道德。但是，这其实忽略了这些人的癖好、偏见或其他因素对道德判断带来的非理性影响，仅凭这种对不道德行为的不容忍、义愤和憎恶的结合，至多只是社会一般人的道德倾向，它有可能是反理性且十分局限、不精确的。所以，道德的法律强制是一种"道德民粹主义"的表现，其本质是用一种含糊的社会道德的立场对个人私生活自由进行粗暴地侵犯。

3. 政治中立主义。德沃金（Dworkin）认为，人性尊严存在着两个基本面向：①内在价值原则，即每个人的生命都有一种特别的客观价值，这个价值关于一个人生命中的潜能；②个人责任原则，即人有实现成功人生的个人责任，这样的责任包括自行判断何种人生对自己而言是成功的人生。道德理论和政治制度是在这两个原则的基础上建立起来的。从这两个原则中可以提炼出人的基本价值，即自主。内在价值的实现依赖于社会创造出一个资源充足和机遇平等的环境，让每个人的潜能得以充分地发挥。而个人责任的实现则要求一个消极的环境，这个原则"赋予每个人一项责任，那就是自己接触与选择道德价值，而非屈从于他人的强制性选择"。[2] 刑法的道德化其实是主张公民个人生活的价值或良善，仅仅是他生活于其中的共同体的价值或良善的反映。但实际上，共同体是由个体的实践有机地塑造出来的，它只能把个体那些与此目标有关的实践和意图包括进来。因而共同体生活有其严格的界限，它只是一种政治生活，只应将与政治有关的行为与道德包含进来，而不应当将与一个人有关的所有行为与道德（如性道德）包含进来。共同体对那些与政治道德无关的行为应当保持中立。

---

〔1〕 参见［英］H. L. A. 哈特：《法律、自由与道德》，支振锋译，法律出版社 2006 年版，第 22 页。

〔2〕 参见［美］Ronald Dworkin：《人权与民主生活》，司马学文译，韦伯文化国际出版有限公司 2007 年版，第 11、90 页。

二、法律道德主义

法律道德主义的基本主张是：国家可以正当地运用强制手段（主要是刑罚）惩罚那些不道德的行为，无论这些行为是否会带来伤害或冒犯他人。法律道德主义也可以被细分为一些不尽相同的主张：

1. 极端道德主义。斯蒂芬（Steven）认为，一方面，社会是一个有机的组成部分，社会中人与人之间联系得非常紧密，因此不可能对涉己行为和涉他行为作出明确而清晰的区分。个人的行为或多或少、或直接或间接地都会对周围的其他人产生影响，纯粹涉及他本人的那部分行为是不存在的。另一方面，社会中个人的性格和观念存在差别，这种差别会在人们之间产生并且必定产生持续不断的冲突。因此，社会中需要"道德不宽容"的力量，用以维系社会善良的习俗和积极的道德体系。此外，自由具有历史性，各个历史时期的自由观受到社会道德、舆论及各种复杂的社会状况的制约，脱离了历史和社会风俗习惯而单纯地去分析抽象的自由是无意义的。因此，立法者为了维护道德、习俗和制度，使得社会免于毁灭性影响，而对个体的行为施加法律上的限制，这样做是正当的。强制不是为了防止伤害，而是为了实现美好的目标，即确立、维护并授权于立法者所认定的良好道德体系或标准。[1]刑法作为一种强制手段，也是为了抑恶扬善。在遵循一些限制原则的基础之下，可以对个人的不道德行为进行刑法惩罚，并且惩罚的目标是有益的。尽管要付出很大的代价，比如给罪犯造成的伤害，但是相较于对公共道德标准的保护，这些代价是可以忍受的。

2. 温和道德主义。温和道德主义的代表是德夫林（Devlin）的社会崩溃命题。德夫林认为，首先，社会稳定的基础在于某种共同的观点、共同的道德和共同的信仰，密尔的"伤害原则"在某种程度上会削弱社会统一性的基础。其次，社会要对不道德行为保持一定的容忍，但如果不道德行为引起了社会民众的不能容忍、义愤与厌恶的时候，则社会有权力和手段将道德强制地贯彻下去。因为个人的某些行为虽然没有危害到他人，但却有可能危害到整个社会。例如，尽管饮酒不伤害他人，但是如果一个社会中的多数人每天都在醉生梦死的状态下生活，那么社会就会受到伤害。而一个社会的道德观念无非是一些关于对与错的情感，当社会公众对不道德行为表示出义愤和厌恶的强烈情感的时候，社会就是在实践中实施其做出道德判断的权利，而经过审慎的判断之后，社会就有权采取行动，将自己的价值观、道德准则强加给个人。最后，如果不道德行为破坏了一个社会根深蒂固的道德，危及一个社会的自我维续，为了防止社会陷入崩溃，国家有对不道德行为进行惩罚的正当权力。因为社会共享道德构成一个社会存续的基础，如果共享道德受到了

---

[1] 参见［英］詹姆斯·斯蒂芬：《自由·平等·博爱：一位法学家对约翰·密尔的批判》，冯克利、杨日鹏译，广西师范大学出版社 2007 年版，第 124 页。

破坏和侵蚀，则一个社会就走到了崩溃的边缘。与道德的法律强制本身被视为一种道德不同，温和道德主义实际上是以功利主义来论证道德之法律论证的正当性。

3. 多元论至善主义。至善主义认为，法律承担着使人们变得更加道德的辅助性角色。法律可以通过以下方式来促进人们建立和保护德性：①阻止公民进一步自甘堕落，以防他们选择沉溺于不道德行为之中；②禁止树立坏的榜样，以防其他人被诱惑而模仿这些行为；③保护道德环境，以使人们做出符合道德的选择；④进行道德对错的教化。因为国家不是道德中立的，而是可以对道德问题做出实质性的判断的；公共领域存在着道德真理，据此可以要求社会成员依据这些道德真理而行动。罗伯特·乔治（Robert George）指出，至善主义致力于建立和维护一种有机的共同体联结，通过创造基本善能得到完整维护和激励的社会环境，让每个共同体成员得到更好的机会来实现个体的康乐和满足。然而，至善主义并不是主张一个社会完全的同质化和一体化，而是主张多元化、基本自由的保护是优良的社会环境的重要组成部分，也是实现各种基本的共同善的条件。共同善是进行道德判断的基础，通过共同善，人们得以掌握人之存在的基本价值和实践推理的基本原则。刑法应该用来禁止"严重形式的道德恶行"，以使人们能实现和维持美善性格的益处，确保人们的生活与其康乐和福祉是相融贯的。共同善有利于共同体的每一个成员，甚至是那些易于犯道德过错的成员；它也可以通过公众的努力而得以维持和促进，尤其是保障人们的性格得以塑造的文化环境不受频繁而有力的恶行所侵扰。[1]

总之，法律道德主义可分为强意义和弱意义的法律道德主义。强意义的法律道德主义将行为的不道德视为对这些行为进行惩罚的充分条件。而弱意义的法律道德主义则主张特定行为的不道德性提供了认定其为非法的权衡性理由，而非决定性理由。立法者在决定是否对不符合共同善的行为进行处罚时，要将它与自由和隐私权等价值进行慎思性的权衡。

☛ 第二节 守法义务

守法义务指的是公民服从法律的义务，它在当代政治哲学中被等同于狭义上的政治义务本身。[2] 一方面，守法义务不等于法律义务。法律义务指的是法律向我们提出的要求，它的来源就在于实在法的规定（立法）本身，即道德上中立的事实。如果法律要求我们不杀人，我们就有不杀人的法律义务。而守法义务指的是服从法律的道德义务，是服从法律义务的义务，它的来源

---

〔1〕 See Robert George, *Making Men Moral*, Clarendon：Oxford University Press，1993, p. 72, 190.

〔2〕 参见毛兴贵："编者导言"，载毛兴贵编：《政治义务：证成与反驳》，江苏人民出版社 2007 年版，第 2 页。

必须要到政治—道德理论中去寻找。另一方面，守法义务与法律的正当性是两个问题。如果将守法义务与法律的正当性等同起来，那么就会得出对于正当的法律有遵守的义务，对于不正当的法律就没有遵守的义务的结论。当守法义务存在与否取决于对法律内容的判断时，义务也就不存在了。所以，守法义务的来源与法律的具体内容无关。对于守法义务，存在肯定说与否定说两个阵营，在肯定说的内部又可以区分出不同的进路。

一、肯定说

肯定说都主张存在守法义务，但对于守法义务的来源存在不同的理解。在后一个问题上，影响最大的是四种理论，即同意理论、公平游戏理论、自然责任理论与团体性义务理论，此外也存在着其他一些理解。

1. 同意理论。同意理论是最古老、最负盛名的守法义务理论，其早在柏拉图的对话录《克力同》中就得到了清晰地展现，洛克的《政府论（下篇）》则是阐述这一理论的经典文献。霍布斯说："任何人所担负的义务都是由他自己的行为中产生的，因为所有的人都同样的是生而自由的"，"所有主权者的权利从根源上说都是经过被统治者每一个人的同意而来的"。洛克也指出："人类天生都是自由、平等和独立的，如不得本人的同意，不能把任何人置于这种状态之外，使受制于另一个人的政治权力。"故而，同意理论认为，任何政治权威想要成为合法的，任何守法义务想要成为正当的，唯一的办法就是求助于被统治者的同意。同意理论最大的优势在于既符合重视个人自由的个人主义立场，又清楚而简洁地回答了守法义务的各种问题。但它面临最大的问题在于，现实中并非每个公民都曾对政府统治表示过同意。由此就出现了"默示同意"理论。根据这种理论，同意未必要通过明确说出"我同意"这类话来表示，人们的其他某些行为，如在一个国家中占有财产、居住，都可能被看作是在表达对该国统治的同意。

2. 公平游戏理论。公平游戏理论的原型是哈特提出的公平原则（相互限制原则），其认为，只要一些人根据某些规则从事一项合作事业，并限制了自己的自由，从而产生出一种利益，那么，那些得到了这种利益的人也应该受到相应的限制。但是，如果一个人因为给了我们好处就把我们置于他的统治下，那么我们的自由就太脆弱了。所以，罗尔斯将这个原则接受下来并加以修正，重新命名为"公平游戏理论"。他为哈特的原则加上了两个限制条件，即合作事业的正义性以及接受利益的主动性，并使得这个原则更为精确。克劳斯科（Klosko）则对哈特和罗尔斯的学说进行了重大修正，不再将公平原则建立在自愿主义的基础之上，而强调国家所提供的好处的特殊性质使得公民只要获得了这些好处就足以背负守法义务。

3. 自然责任理论。自然责任理论不是从公民的行为或意愿入手去说明公民的守法义务，而是借助于一些基本的道德责任，比如支持正义的责任、救助苦难的责任，这些责任和相互尊重、不伤害他人的责任一样，约束着我们所有人。自然的责任理论肇始于罗尔斯的《正义论》，它在讨论公平原则的基础上提出了正义的自然责任。威尔曼（Wellman）则提出了乐善好施的自然责任理论，其认为，国家之所以有权力违背公民的意志对他们实施强制，是因为这对于将其他公民从自然状态中解放出来是必要的，而每个公民都有乐善好施的责任使他人免遭自然状态之害。也正是出于同样的理由，如果所有其他公民都通过服从法律的方式履行了自己的乐善好施责任，那么某一公民如果不作出同样的服从，对其他人而言就是不公平的。

4. 团体性义务理论。这种理论又叫成员身份理论，它认为，我们的守法义务可以被看做是一种以我们的群体成员身份为基础的义务，或者说角色义务。这种义务类似于家庭成员的义务，是群体成员身份的题中应有之义。它处于自愿获得的义务与被迫接受的义务之间的中间地带，即非自愿性义务。德沃金将团体性义务产生的条件描述为：其一，群体成员必须将群体的义务看做是特殊的义务，唯有在群体内才有效；其二，他们必须承认这些责任是个人性的，即一个成员对其他每一个成员的责任，而不仅仅是对集体意义上整个群体的责任；其三，成员们必须把这些责任看作是源自一种更具一般性的责任，即每个人都具有的、关心群体其他成员福利的责任；其四，成员们必须认为，群体的行为不仅关心而且平等地关心所有成员。他还进一步区分了天然的共同体和真正的共同体，认为只有具有作为整全性之法律的国家才是真正的共同体，才能产生团体性义务。

5. 其他理论。

（1）功利主义理论。这一理论认为，当守法相比违法更有利于大多数人的幸福时，公民就具有守法义务。这种守法义务需要靠利益刺激、习惯引导与良心辅助才能转化为守法实践。

（2）感激理论。这一理论认为，任何从政府那里获得利益的人都应当感激政府，而感激政府最好的方式就是守法。

二、否定说

否定守法义务的观点主要来自哲学无政府主义的立场。这种主张发源于沃尔夫（Wolff）的《为无政府主义辩护》，它的基本观点是：所有的国家都是不合法的，没有道德权威，我们也无法证成普遍的守法义务。哲学无政府主义不同于传统的无政府主义（政治无政府主义）之处在于：它并不因为国家不合法就要求以种种方式取缔或推翻国家。史密斯（Smith）区分了初显义务（prima facie obligation）与最终义务（conclusive obligation），前者指的是某些义务的约束力是有条件的，有可能会被其他的义务或道德要求所推翻或压倒，从而归于无效；后者则指在考虑了所有条件的情况下的义务。他认为，即便存在着守法的初显义务，它在重要性上也是微不足道的。拉兹（Raz）区分了有理由服从法律与有义务服从法律，认为无论是服从法律的道德理由还是审慎理由，都不能建立起服从法律的普遍义务，即便是对于良法，也不存在普遍的服从义务。当法律与正义或道德的要求相一致时，服从法律的义务是多余的。服从法律的义务因人而异、因时而异，根本不存在服从法律的普遍义务。

第三节　拉德布鲁赫公式

拉德布鲁赫公式起源于德国 21 世纪著名法学家拉德布鲁赫（Radbruch）于 1946 年撰写的一篇短文《制定法的不法与超制定法的法》。这篇短文在德国法院追诉纳粹罪行以及两德统一后追诉东柏林边境士兵射杀逃亡者的行为（柏林墙射手案）时，都发挥了重要作用。它要处理的核心问题是：人们应当如何处理极端不正义的法律规范？

"拉德布鲁赫公式"的表述为："正义与法的安定性之间的冲突应当这样来解决，实在的、受到立法与权力来保障的法获有优先地位，即使其在内容上是不正义和不合目的的，除非制定法与正义间的矛盾达到如此不能容忍的地步，以至于作为'非正确法'的制定法必须向正义屈服。在制定法的不法与虽然内容不正确但仍属有效的制定法这两种情形之间划出一条截然分明的界线是不可能的，但最大限度明确地作出另一种划界还是可能的：凡是正义根本不被追求的地方，凡是构成正义之核心的平等在制定实在法时有意被否认的地方，制定法就不再仅仅是'非正确法'，毋宁说它压根就缺乏法的性质。"[1]

在这一公式中，可以区分出对待不正义之法的三个层次的态度：

1. 只是内容上不正义的法依然是有效的法。

2. 当从一种客观视角来看，法与正义的矛盾达到"不能容忍的地步"时，它就作为"不正确的法"而丧失其效力。也就是说，它一如既往地在事实上或概念上有资格成为法，但不再有效，因此不能再为法官所适用和遵守。

3. 凡是正义根本不被追求的地方，凡是当负有义务者根本没有创制正义之法的意图时，义务就从根本上缺乏法的性质。它们不仅缺乏这种制定法的效力，而且压根就不是法，而是不法、强权或暴力。

它们分别被称为"法的安定性优先公式"、"不能容忍公式"与"否认公式"。其中，在第一个公式中，（在内容违反正义未达到不能容忍地步时）法的安定性优先于正义，而在第二和第三个公式中，正义优先于法的安定性。"不能容忍公式"涉及法的效力，而"否认公式"涉及法的概念。

理论上关注的焦点在于"不能容忍公式"，核心问题在于违背正义达到"不能容忍的地步"的制定法是否应当丧失其效力。拉德布鲁赫本人持肯定的见解。前已述及，法的效力一般在三种意义上被理解，即社会学的效力概念、

---

[1]　Gustav Radbruch, Gesetzliches Unrecht und übergesetzliches Recht（1946），in: ders., *Gesamtausgabe*, Bd. 3, bearbeitet. v. Winfried Hassemer, Heidelberg: C. F. Müller Juristischer Verlag, 1990, S. 89.

伦理学的效力概念与法学的效力概念。[1] 如果一个规范或制定法在事实上被遵守，或者不遵守时会被制裁，那么它就具有社会的效力。如果一个规范或制定法在道德上是正当的，它就是道德（伦理）上有效的。如果一个规范或制定法由权威以规定的方式所制定的（或者说它属于特定法律体系的成员），那么它就是法律上有效的。社会的效力是一种实然的效力，而道德与法律的效力是一种应然的效力。拉德布鲁赫将实然的效力视为"效力的条件"，而将应然的效力视为"效力的依据"。也就是说，法具有社会的效力是谈论法的效力问题的经验前提，在这个前提之下才能来追问法为何有效或效力的依据问题。而法的效力依据，除了权威制定（法的安定性）之外，还有内容的正确性（符合正义）。法是否有效，需要权衡这两个方面。当在极端的情形中，制定法在内容上极端不正义（如侵害文明国家普遍认可的基本人权）时，法律就是无效的，无效的法律不应被遵守和适用。

与此相反，法律实证主义者，如哈特，持否定的见解。实证主义者只将社会学与法学的效力概念视为法的效力的要素。在一个大体上具有实效的法律体系之中，唯一与法律的（应然）效力相关的因素就是权威制定，因为法的效力就是法律规范作为某个法律体系的成员资格。而一个法律规范是否属于某个法律体系只是看形式上的来源标准，如合乎宪法秩序授权的立法者通过法定程序所制定，而与这个规范的内容没有关系。但是，这并不意味着我们有服从恶法的义务。因为法是否有效与人们是否应当服从是两回事。法律作为权威制定的产物可以主张它对于人们具有法律效力，即主张在法律的层面上去遵守它，但人类作为道德主体还具有不服从恶法的道德义务，道德义务高于法律义务，所以，可以在认为恶法有效的同时，从道德上否认它的拘束力。

可见，自然法学者与实证主义者（至少是以哈特为代表的部分实证主义者）之间的争议，并不在于人们在终局性的意义上是否要服从不正义的法律规范，而在于论证没有服从义务的思路。自然法学者采取的是一体性的解决思路，即将法的效力与守法义务相等同，证明极端不正义的法没有（既是法律上的，也是道德上的）拘束力。而实证主义者则采取了分离性的论证方式，即将法的效力与守法义务分割开来，证明极端不正义的法虽然具有法的效力，却没有道德上的拘束力。论证的关键在于对法的效力的理解不同，但在法伦理学上的实质效果却可能殊途同归。

本章知识梗概

1. 道德的法律强制问题，是指国家是否可以正当地运用强制手段（主要是刑罚）来惩罚那些不道德的行为。在这一问题上，大体可以分为自由主义与法律道德主义两种立场。

---

[1] 参见本书第六章第一节。

2. 自由主义主张将道德判断的问题尽可能交由个人来处理，主张对国家运用强制手段进行限制，又可分为传统自由主义（伤害原则）、现代自由主义与政治中立主义；法律道德主义主张国家可以正当地运用强制手段惩罚那些不道德的行为，无论这些行为是否会带来伤害或冒犯他人，又可分为极端道德主义、温和道德主义和多元论至善主义。

3. 守法义务指的是公民服从法律的政治—道德义务，它不等于法律义务，也不等同于法律的正当性。

4. 肯定说都主张存在守法义务，但对于守法义务的来源存在不同的理解，其中影响最大的是四种理论，即同意理论、公平游戏理论、自然责任理论与团体性义务理论；否定说主要来自哲学无政府主义的立场，它主张所有的国家都是不合法的，也无法证成普遍的守法义务。

5. 拉德布鲁赫公式处理的核心问题是：人们应当如何处理极端不正义的法律规范。自然法学者采取将法的效力与守法义务相等同的思路，而实证主义者则采取将法的效力与服从问题相分离的思路，但都可能得出公民不应服从极端不正义之法的结论。

相关参考文献

1. 程秀波："道德的法律强制探析"，载《伦理学研究》2004 年第 5 期。
2. 郑玉双："法律道德主义的立场与辩护"，载《法制与社会发展》2013 年第 1 期。
3. 汪雄："法律制裁论能证明守法义务吗"，载《政治与法律》2018 年第 2 期。
4. 骆意中："守法义务与特殊性"，载《法制与社会发展》2018 年第 5 期。
5. 雷磊："再访拉德布鲁赫公式"，载《法制与社会发展》2015 年第 1 期。

第十九章　拓展阅读

第二十章

法治理论

✉导　语

　　"法治"之所以成为法伦理学的核心议题，一方面是源于它作为政治-伦理理想的定位，另一方面则是由于它对于人类国家治理实践的重要性。但至少在中国的语境中，"法治"并不是一个自古有之的概念，它要与另一个概念"法制"区分开来（第一节）。围绕法治产生了诸种理论版本，而在这些理论版本内部又可细分为不同的主张（第二节）。在当代中国，全面依法治国方略被确立后，中国特色社会主义法治理论体系正在逐步形成，标志着"法治中国"的孕育成熟（第三节）。

👉 第一节　法制与法治

一、法制与法治的概念

　　法制与法治是中国语境下一对需要被区分的概念。"法制"包括双重含义：静态意义上的"法制"是 legal system，即法律制度；动态意义上的"法制"指的是立法、执法、司法、守法、监督等各个环节构成的系统，其核心在于"依法而治"或"以法治国"（rule by law）。我国曾有著名的法制十六字方针，也就是有法可依、有法必依、执法必严、违法必究，就是在这动态的意义上来使用的。可见，"法制"的完整含义指的就是一套法律制度的存在及其运行，是法律制度及其运行机制的总称。

　　法治是 rule of law，即法的统治，是一种关于国家治理的政治—伦理理想。《布莱克法律辞典》就指出："法治是由最高权威认可颁布的并且通常以准则或逻辑命题形式表现出来的、具有普遍适用性的法律原则。"但迄今为止，人们关于法治的内涵依然没有形成统一的见解，因为作为一种理想，法治是一个"本质上有争议的"诠释型概念。

　　关于法治最经典的表述可以追溯至古希腊学者亚里士多德的名言——

"已成立的法律获得普遍的服从，而大家所服从的法律又应该是良好的法律"。[1] 前半句可以被概括为"法律至上"，后半句可以被概括为"良法之治"，如果说前者体现了一种形式上的要求，那么后者就体现了一种实质性的要求。这就是"良法善治"的含义之始。后世的学者们仅限于法治的形式要求展开论述，要么兼及法治的实质要求，但同时又对何谓"良法"展开辩驳，从而形成了关于法治的形形色色的定义。近代以来最为知名的是英国宪法学者戴雪（Dicey）提出的法治三原则：其一，除非明确违反国家一般法院以惯常方式所确立的法律，任何人不受惩罚，其人身或财产不受侵害；其二，任何人不得凌驾于法律之上，且所有人，不论地位条件如何，都要服从国家的一般法律，服从一般法院的审判管辖权；其三，个人的权利以一般法院提起的特定案件决定之。德国《布洛克豪斯百科全书》则对"法治（国）"的要素进行了更为全面的概括："颁布在法律上限制国家权力（尤其是通过分权）的成文宪法；用基本法规来保障各种不容侵犯的民众权利；法院从法律上保护公民的公共与私人权利不受国家权力的干涉；在因征用、为公献身及渎职而造成损失的情况下，国家有赔偿的义务；法院独立，保障法官的法律地位，主张刑法有追溯效力，最后是行政机关的依法办事原则。"

二、法制与法治的关系

由于对"法治"的定义不尽相同，所以关于法制与法治间关系的理解亦有不同。这里基于最低限度的法治观念（形式合法性），阐明两者的关系如下：

1. 法制属于制度的范畴，而法治属于理想的范畴。法制指的是实在的法律制度及其运行，只要国家政权建立并实施一套法律体系，国家依据这套法律体系来治理国家，就存在法制。它本身并不包含任何价值诉求，也不追求任何普遍准则。与此不同，法治是一种政治—伦理理想，是现代法治国家的构成性内在价值，它是关于国家治理的原则和方法，内含着一系列的价值诉求和普遍准则，无论这些价值和准则有多么稀薄和形式化。当然，这一理想要在制度层面被落实为合理的权力结构形式和制约机制，甚或可能形成以限制公共权力、保护公民权利为核心的制度，也即具备特定的制度内涵。可见，法制的制度完全是中性的，而在法治理想引导下的制度不是中性的。

2. 法制与人治可以相容，而法治与人治是不相容的。法制只需法律制度的存在与运行，而没有指明法律制度在国家治理与社会生活中的地位。所以，法制与人治完全可能相容。一个实施人治的国家，完全有可能厉行法制，也即以法律作为统治的工具。因为不追求任何普遍准则的法律有可能成为君王手中控制臣民、治理国家的利器。通过法律实施人治思想最典型的代表就是中国春秋时代的法家思想。因为无论是法家还是儒家，其学说的最终目标都

〔1〕 ［古希腊］亚里士多德：《政治学》，吴寿彭译，商务印书馆 1965 年版，第 167~168 页。

是加强君主专制、增强国家的实力，属于殊途同归的人治思想。所以，商鞅会说"王子犯法，与庶民同罪"，但他决不会说"大王（国君）犯法，与庶民同罪"。因为王子虽然是国君之子，但他同样是臣，是君王统治的对象，也是法制所针对的对象。但是君王本人却是凌驾于法律之上的，或者说法律本身就是君王好恶的体现。与此不同，法治与人治是完全相对的两种治国方略，在理念上是相抵牾的。毕达格拉斯最早就提出"人治不如法治"之说。亚里士多德也认为，"凡是不凭感情治事的统治者总是比凭感情治事的人们优良，法律正是没有感情的"。因此，"谁说应该由法律来遂行其统治，这就有如说，惟独神祇和理智可以行使统治；至于谁说应该让一个个人来统治，这就是在政治中混入了兽性的因素"。法治不仅要求有一套法律制度及其运行，而且要求这套制度在国家治理和社会生活中获得至高无上的地位，任何人（包括统治者）都要一体服从于它。可以说，"人在法上"与"人在法下"构成了判断人治与法治之区别的标准，当然，这里的"人"特指国家的统治者。所以，法治其实是一种统治者通过法律制度进行自我约束的理想。

3. 法制是法治的基础与前提。法律制度的存在及其运行是实现法治的基本条件。如果不存在这套制度，哪怕国家治理得再好，也不是法治（人治时代同样有过"盛世"，尽管不可持续）。但是反过来，仅有法律制度的存在及其运行也不足以实现法治，它需要在此之外添加别的要求。所以，法制构成了法治的必要而不充分的前提：只有存在法律制度，才能厉行法治；但只存在法律制度，不足以实现法治。

第二节 法治诸理论

关于法治内涵的认识，大体可分为形式法治观与实质法治观。形式法治观主张，法治是一种严格依据事先颁布的规则进行治理的事业，本身并不包含任何特定的实质内容；而实质法治观认为，法治必然同时蕴含某种实质原则或者说实质正义的要求。[1] 简言之，两种立场的区分标准在于是否认为法治所提出的要求仅仅是形式性的：形式法治观仅限于此，而实质法治观则在形式性的要求外添加了某些实质原则。除了这两种立场外，另有一种现代以来从形式法治观中日趋分离出来的将商谈程序作为法治核心的程序法治观。

一、形式法治观

形式法治观包括将法治等同于（形式）"合法性"（legality）的主张以及同时包含民主与合法性的主张两种。

---

[1] See Antonin Scalia, "The Rule of Law as a Law of Rules", *University of Chicago Law Review* 56 (1989), pp. 1175-1181.

（一）形式合法性

形式合法性将法治的含义限于通过确立普遍、面向未来、明晰、确定的规则来指引人们行为，即树立公共行动的标准。这方面最著名的代表是富勒（Fuller）和拉兹（Raz）。

富勒将法律界定为"使人们的行为服从于规则治理的事业"，并将所谓的规则治理落实为法律八项内在道德或者合法性愿望的要求：①法律的一般性：即法律必须客观地运作，它的规则必须适用于一般性的阶层并且不能包含专门针对某些人的内容。②法律必须被颁布：除非法律的内容能够被有效地传达给那些直接受影响的人们，否则它们便根本不应该被制定出来。③法律不得溯及既往：回溯性的法律相当于今天命令某个人昨天做某事，这是荒谬的。④法律的清晰性：含糊和语无伦次的法律会使合法成为任何人都无法企及的目标，或者至少是任何人在不对法律进行未经授权的修正的情况下都无法企及的目标，而这种修正本身便损害了合法性。⑤法律不得自相矛盾：一个人如果经常性地做了被命令去做的事情而遭受惩罚，人们便不能指望他将来能够对命令做出恰当的反应。⑥法律不得要求不可能之事：要求不可能之事的法律要么会使得官员做出惩罚未做成此事之公民的严重不义之事，要么对偏离法律要求的情况视而不见，从而导致人们不再尊重法律。⑦法律的连续性：法律不应当频繁改动。⑧官方行为与公布的规则之间的一致性：防止宣布的法律与实际执行的法律之间的差异主要是法院，合法性要求法官和其他官员在适用制定法时根据适应于它们在整个法律秩序中的位置的解释原则。[1]

拉兹认为法治有广义和狭义之分。广义的法治是指人们应该服从法律并受法律的统治，但是在政治和法律理论中，法治应作狭义之理解，即政府应受法律统治并服从法律。法治意味着政府的全部行为必须有法律依据，并且能给人们的行为提供有效的指引。基于此，他提出了法治八项原则：①法不溯及既往，应公开明确；②法律应相对稳定；③特别法的制定应受公开、稳定、明确的一般规则指导；④保障司法独立；⑤遵守自然正义原则：公开审理、不得偏见司法；⑥法院应对于其他原则的执行握有审查权，即审查议会和行政立法等；⑦法院应易于接近，省时省钱；⑧预防犯罪的机构在行使裁量权时不得滥用法律。最近，拉兹又在将法治理解为法律应当拥有之美德的基础上，扩展为十一项原则：①法律应当具有合理的清晰性；②法律应当具有合理的稳定性；③法律应当公开可得；④法律应当建立一般性的规则和标准；⑤法律应当适用于未来而非回溯性地适用；⑥作出决定的理由应当向公众宣告；⑦得出结论的过程应当公平而无偏私；⑧应当同样容许有合适的机会来考量相关的论据和信息（不同程度的代表和听证应参与其中）；⑨决定应当相对于被宣告之理由保持合理；⑩假定的约定：确认政府以服务于被统治者之利益的信念来做事的论证负担是较重的；⑪法治原则及其主要蕴意应当

---

[1] 参见［美］富勒：《法律的道德性》，郑戈译，商务印书馆 2005 年版，第 55~107 页。

成为公众文化的组成部分，包含于教育和公共讨论之中，并被所有人视为显而易见和至关重要的。[1] 其中，前五个原则是传统的，而后六个原则是围绕"公共担责性"（public accountability）这一核心理念发展出来的新原则。

（二）民主与合法性

这种形式法治观与上一种的区别在于：除了形式合法性之外，还加上了法律内容的特定决定方法，即民主。民主实质上是空洞的，因为它对法律的内容必须如何明确没有作任何规定，但它是一种决策程序，规定了法律内容的决定方法。

民主合法性认为，法律只能从被统治者的同意那里获得其权威。法官、政府官员和公民必须遵守和适用人民（经由他们的代表）制定的法律。形式合法性，特别是它对法律适用的确定性与平等性要求，从民主中取得正当性并服务于民主。没有形式合法性，民主将被规避（因为政府官员能够暗中削弱法律）；没有民主，形式合法性就失去了正当性（因为法律的内容不是通过合法手段决定下来的）。当然，在现代大型社会的条件下，是无法实施像古希腊那样的直接民主的，故而民法合法性并不意指法律的内容要获得全体公民的同意，它只是提出了一种调整性理念，即法律制度应以尽力制定出所有受其影响的人们一致同意的法律设定为目标，而不是期待这一目标在实践中能完全被实现。要求直接参与和全体一致同意必然使工作陷入瘫痪，所以不得不实行代议制民主和多数规则。对每个公民的要求在于：个人同意应该根据民主机制受到管制，即就用以作出有关法律内容之决定的过程达成一致，而不是对产生的每一项法律内容达成合意。[2] 与形式合法性一样，使用民主程序决定法律内容的制度也能产生邪恶的法律，所以，在此意义上，它也属于形式法治观。

二、实质法治观

实质法治观除了形式合法性（及/或民主）的要素外，主张法治还应包含更"厚的"实质要素。根据所主张的实质要素不同，可分为个人权利法治观与社会福利法治观。

（一）个人权利法治观

最普遍的实质法治观的版本是在形式法治的要素外纳入个人权利，其代表为德沃金。个人权利法治观假定，公民彼此之间具有道德权利和义务，作为一个整体对国家享有政治权利。它坚持认为，这些道德和政治权利应当在实在法中得到确认，这样就能够在公民个人的要求下，通过法院或其他相似

---

[1] See Joseph Raz, *The Law's Own Virtue*, a revised enlarged version of Tang Prize（2018.9.30），pp.3，8-9.

[2] 参见［美］布雷恩·Z.塔玛纳哈：《论法治——历史、政治和理论》，李桂林译，武汉大学出版社2010年版，第128~129页。

类型的司法机关在可行的范围内得到施行。这种观念中的法治是依据有关个人权利的合格公众观念进行治理的理想。它在法治与实质正义之间不作区分，它要求法律规则表达和实施道德权利。[1] 这些权利不是由实在法赋予的，它们构成实在法的背景，是实在法不可或缺的组成部分。个人权利法治观甚至可能将个人权利作为民主的基础。在其看来，个人权利是维护民主的完整性所必需的，因为只有自由的人民才能行使民主的自决权。自由首先是自决（民主），但要想真正地自决，人们必须首先是自由的（个人自由）。财产、结社自由、言论自由等权利是自决的个人之实现的必要前提；而民主又是以自决的个人之实现为前提条件。

有时候，个人的权利，尤其是基本权利会被统摄在"人的尊严"这一概念之下，从而将人的尊严作为法治的固有价值，并在此之下形成权利的体系化网络。最典型的是《德国基本法》：在对纳粹的不法统治进行深刻反思后，对法治实质因素的关注成为《德国基本法》最重要的特征之一。虽然它纳入了几个广受承认的形式与程序方面，但同时也超出了对法治的纯粹的形式性理解，确定尊重和保护人的尊严是一切国家行为的指导原则。个人尊严的保护被认为是《德国基本法》所创造的宪法秩序的最高价值。它的第 1 条第 2 款确认了不可侵犯且不可剥夺的人权是每个共同体的基础，是世界和平与正义的基础，由此承认这些权利在本质上是普遍的、不受法律支配的，先于国家正式承认而存在的。[2] 德国甚至为此创设了实施这些个人权利的特殊的宪法法院。

（二）社会福利法治观

古典自由主义观念由于专注于防止政府暴政而持一种消极的政策主张，其主旨是对政府设立限制，让个人做他们乐意做的事情。在社会福利法治观中，法治对政府施加了一种积极作为的义务，它要帮助人民让他们生活得更美好，改善他们的生存条件，包括实行分配正义的措施。例如，自由权的自决被发展为对政府设立一项义务，帮助个人发展其自决能力。社会福利法治观最明显的体现，是 1959 年在印度展开的国际法学家会议通过的《德里宣言》。该宣言将法治概括为三条原则：①根据法治原则，立法机关的职能就在于创设和维护得以使每个人保持"人类尊严"的各种条件；②法治原则不仅要为制止行政权的滥用提供法律保障，而且要使政府能有效地维护法律秩序，借以保证人们具有充分的社会和经济生活条件；③司法独立和律师自由是实施法治原则必不可少的条件。在《德里宣言》中，法治变成了一种能动概念，它保证并促进个人在自由社会中的公民与政治权利，但它也关心国家所确立

---

[1] 参见［美］罗纳德·德沃金：《原则问题》，张国清译，江苏人民出版社 2005 年版，第 6 页以下。

[2] 参见［美］布雷恩·Z. 塔玛纳哈：《论法治——历史、政治和理论》，李桂林译，武汉大学出版社 2010 年版，第 139~140 页。

的个人合法愿望与尊严可能得以实现的社会、经济、教育和文化条件。所以，法治不仅要消极防范国家权力的滥用，而且要创造和维护保障个人尊严、自由的各项条件，保障人们具有充分的社会经济生活条件。由此，社会福利法治观意味着从消极法治向积极法治的迈进。

三、程序法治观

程序法治观在民主合法性的基础上，引入了审议式民主的观念，将公共行动标准视为民主商谈程序的结果。审议式民主是这样一种民主机制，它促使自由而平等的公民（及其代表）提出互相能够接受且普遍可以相信的理由来为各种决定辩护，其目的在于达成对当前全体公民具有约束力、但未来仍可接受挑战的各种结论。[1] 简单来说，审议式民主认为，为了达到人民统治的目的，必须提供一个机制，在这个机制中，自由而平等的公民们通过说理来支持或反对某个主张，这些理由在沟通的过程中接受批评与客观的判准，最后得到一个普遍被接受的理由作为决定现阶段议题的选项。它的核心在于"商谈"（discourse），商谈由三个相互关联的要素构成：其一，商谈的目的是希望通过公民（及其代表）之间的理性论辩，就价值判断即"什么是正确的公共行动标准"达成合意。其二，商谈的内容是为各自的主张提供理由。这种理由必须经得起主体间的检验，因此必须是公共理由。其三，商谈的核心要素是程序。程序是商谈最重要的构成性要素，离开了程序，理由的出示就是"无效的"，合意的达成也是"无根据的"。所以，审议式民主的核心原则在于商谈，而商谈的核心要素在于程序。

因此，程序法治观包括这样几层含义：

1. 民主商谈程序与合法性构成了法治的两个相互支持的构成性部分。民主商谈程序涉及对公共行动标准的证立，而合法性原则涉及对公共行动标准的施行。前者保证了公平的意见形成和意志形成过程，确保了法律的自主性；而后者保障这套标准得到普遍的服从与执行。

2. 在现代法治社会中，程序本身受到法律的调整，是一种建制化的程序即法律程序。因而遵循程序展开法律商谈的过程，本身亦是一个遵守和实施法律（程序法）的过程，法律程序的运行就显现出一种"通过合法性的正当性"。

3. 程序法治位于形式法治与实质法治之间。它一方面包含了形式合法性的要求与民主的机制，另一方面开启了通往实质价值的可能性。因为在以参与为核心的商谈程序的展开过程中，个人权利（自由、平等）、尊严等都会因与参与概念的联系而逐渐显现出来。但与实质法治的不同之处在于，它只是表露出了与这些实质价值的外部联系，而非必然将它们融入法治的含义之中。

---

[1] See Amy Gutmann and Dennis Thompson, *Why Delberative Democracy*?, Princeton：Princeton University Press，2004，p. 7.

所以，程序正义是一种复合型正义，商谈是程序正义的核心原则。商谈的主旨是给出理由并达成合意，结果是确立作为公共行为标准的规则，因此，程序法治是"理由之治"与"规则之治"的结合。

第三节 法治中国理论

一、全面依法治国方略的确立

我国依法治国的方略形成于对 1949 年以来我国在法治建设上所犯错误的沉痛教训的反思。在文化大革命结束不久后的 1979 年 9 月，中共中央发出了《关于坚决保证刑法、刑事诉讼法切实实施的指示》，首次提出要实行"社会主义法治"。1997 年，中共十五大提出"依法治国，建设社会主义法治国家"，并全面阐述了依法治国的含义、意义和战略地位。1999 年，"中华人民共和国实行依法治国，建设社会主义法治国家"被写入宪法，依法治国基本方略上升为宪法原则，标志着我国社会主义法治建设进入了新的发展阶段。2012 年，中共十八大作出"全面推进依法治国"的战略部署。十八大以后，习近平总书记发出"建设法治中国"的号召。2013 年，中共十八届三中全会确认了"法治中国"概念，提出"推进法治中国建设"。2014 年，中共十八届四中全会正式提出"全面依法治国"，至此实现了从依法治国到全面依法治国的概念转换。2020 年 11 月，中央全面依法治国工作会议上正式提出的"习近平法治思想"，着眼全面建设社会主义现代化国家、实现中华民族伟大复兴的奋斗目标，深刻回答了新时代全面依法治国的一系列重大问题。

习近平法治思想是全面依法治国的根本遵循和行动指南。它的核心要义可以被概括为"十一个坚持"：坚持党对全面依法治国的领导；坚持以人民为中心；坚持中国特色社会主义法治道路；坚持依宪治国、依宪执政；坚持在法治轨道上推进国家治理体系和治理能力现代化；坚持建设中国特色社会主义法治体系；坚持依法治国、依法执政、依法行政共同推进，法治国家、法治政府、法治社会一体建设；坚持全面推进科学立法、严格执法、公正司法、全民守法；坚持统筹推进国内法治和涉外法治；坚持建设德才兼备的高素质法治工作队伍；坚持抓住领导干部这个"关键少数"。

2022 年 10 月召开的党的二十大标志着全面依法治国进入新的历史节点。二十大报告在党的全会历史上第一次将"坚持全面依法治国，推进法治中国建设"列为专章，并提出了"在法治轨道上全面建设社会主义现代化国家"的时代新命题。

二、中国特色社会主义法治理论体系

中国特色社会主义法治理论围绕对"什么是中国特色社会主义法治"和"如何建设中国特色社会主义法治"这两个关键问题的回答展开，在体系上包

括法治使命论、法治指南论、法治来源论、法治功能论、法治道路论、法治体系论、法治文化论、法治建设论和法治关系论。[1]

（一）法治使命论

中国特色社会主义法治致力于实现四大使命：其一，推进中国特色社会主义事业。中国特色社会主义法治必须坚定不移走中国特色社会主义法治道路，创新发展中国特色社会主义法治理论，加快建设中国特色社会主义法治体系。其二，确保党和国家长治久安。中国特色社会主义法治必须坚持和加强党的领导，必须以人民为中心。其三，促进人民幸福安康。以高质量的立法、严格规范文明公正的执法、公正和为民的司法促进人民幸福安康。其四，促进社会公平正义。在法的创制环节和法的实施环节都要充分体现社会公平正义。

（二）法治指南论

中国特色社会主义法治具备"四种理论指南"：其一，马克思列宁主义为中国特色社会主义法治提供了科学的世界观和方法论。其二，毛泽东思想确立了独立自主的法制探索原则。其三，邓小平理论、"三个代表"重要思想、科学发展观提供了建设中国特色社会主义法治的理论指导。其四，习近平新时代中国特色社会主义思想提供了全面建设和发展中国特色社会主义法治的理论指导。

（三）法治来源论

中国特色社会主义法治思想来源于四个方面：其一，中国特色社会主义法治实践经验。中国特色社会主义法治首先是对中国特色社会主义法治实践经验的凝练。中国特色社会主义法治实践历经初步奠基、恢复创建、确立依法治国基本方略和全面推进中国特色社会主义法治四个阶段，显露出法治中国制度的显著优势。其二，中华传统文化精华。汲取中华传统文化精华对于中国特色社会主义法治具有重要借鉴作用。"民本"思想、"良法善治"、德法共治、以法治吏、法制统一等思想为法治中国提供了历史养分和血肉。其三，国外法治有益经验。适当借鉴世界各国的优秀法治文明成果有益于中国特色社会主义法治的完善。人民主权、维护宪法法律权威、以法律限制权力、程序公正、强调法律是"民族精神"的体现与社会主义法治精神相通。其四，革命根据地宝贵遗产。传承革命根据地宝贵遗产是中国特色社会主义法治历史性起源的要求。坚持党的领导、坚持依规治党、坚持群众路线、坚持"平等"、坚持民主集中制、坚持从实际出发，为法治中国建设提供了成功经验。

（四）法治功能论

中国特色社会主义法治发挥着四种功能：其一，把握方向的鲜明引领，

---

[1]　本部分内容来自 2017 年国家哲学社会科学重大委托项目"创新发展中国特色社会主义法治理论体系研究"（17@ZH014）核心课题组的最终成果《中国特色社会主义法治研究——创新和发展中国特色社会主义法治理论释证》。

即引领中华民族伟大复兴、引领执政党永保本色、引领国家发展方向、引领坚持"一国两制"和推进祖国统一、引领建设新型国际关系。其二，调节关系的合理规范，即统筹社会力量、平衡社会利益、调节社会关系、规范国家及社会行为。其三，实现发展的有力促进，即促进全面深化改革、促进社会经济发展、促进人与自然和谐共生、促进小康社会全面建成、促进文化繁荣昌盛。其四，维护稳定的坚实保障，即保障党执政兴国、保障社会和谐稳定、保障社会公平正义。

（五）法治道路论

中国特色社会主义法治道路包括三个核心要义，即坚持党的领导，坚持中国特色社会主义制度，贯彻中国特色社会主义法治理论。其一，党的领导是中国特色社会主义最本质的特征，是社会主义法治最根本的保证，法治中国必须坚持党的领导。坚持党的领导具体体现为党领导立法、保证执法、支持司法、带头守法。其二，中国特色社会主义制度是中国特色社会主义法治体系的根本制度基础，是全面推进依法治国的根本制度保障，其中人民代表大会制度是中国特色社会主义法治道路的最重要制度载体。其三，中国特色社会主义法治理论是将马克思主义法学思想和理论运用于中国法治实践而总结出来的科学理论，它是法治体系的理论指导和学理支撑，是全面推进依法治国的行动指南。[1]

二十大报告强调的"中国式现代化"为中国特色社会主义法治道路指明了历史方向，即中国式法治现代化新道路。中国式法治现代化是中国式现代化的重要组成部分，它的基本特征在于国家各方面工作法治化，主要目标在于建设良法善治的法治中国。中国式法治现代化新道路，是法治现代化的社会主义道路，是法治现代化的中国道路，也是人类法治文明的新道路。

（六）法治体系论

中国特色社会主义法治体系由五个子系统构成：一是完备的法律规范体系。中国特色社会主义法律规范体系是以宪法为统帅，以法律为主干，以行政法规、地方性法规和规章为重要组成部分的逻辑严谨、内在统一的基本结构，呈现出四个基本特征，即形成一元、两级、多层次的体系结构，体现党的主张和人民意愿的统一，承载中国特色社会主义事业的制度要求，体现社会主义核心价值观。二是高效的法治实施体系。高效的法治实施体系要求以严格执法引领法治实施、以公正司法保障法治实施、以全民守法彰显法治实施，集合执法和司法两类系统、统合公正和效率两种价值、贯通法律的实行和法律的实现两个阶段。三是严密的法治监督体系。我国法治监督体系的基本特征为全面覆盖、系统严密和注重实效，运行机理为"统一决策、一体运行"，即一方面是党统一指挥，另一方面通过监督程序规范化、监督方式系统化实现不同监督方式之间的有机贯通、相互协调，形成党内监督、国家机关

---

〔1〕 参见张文显主编：《法理学》，高等教育出版社、北京大学出版社 2018 年版，第 419~421 页。

监督、民主监督、司法监督、群众监督、舆论监督等诸多环节权威高效的监督合力。四是有力的法治保障体系。坚持中国共产党的领导和中国特色社会主义道路是根本政治保障，行政执法体制的优化、司法体制的改革、社会治理体制的形成和依法执政体制的完善是根本体制保障，马克思主义法学思想和中国特色社会主义法治理论是根本思想保障，切实提高领导干部的法治思维和依法办事能力根本能力保障，建设德才兼备的高素质法治工作队伍是根本人员保障。五是完善的党内法规体系。完善的党内法规体系既是管党治党的重要依据，也是建设社会主义法治国家的有力保障。必须在"宪法至上、党章为本"的基本原则指导下，建立健全以党章为根本、以民主集中制为核心，包括党内准则、条例、规则、规定、办法、细则在内的内容科学、程序严密、配套完备、运行有效的党内法规体系，实现党内法规与国家法律的衔接和协调。

（七）法治文化论

中国特色社会主义法治文化能为法治事业确立长远承诺，为法治事业塑造长足认同，为法治事业提供长效支持。要重点推进"四大板块建设"：一是形成中国特色社会主义法治信仰，促使公民从内心建立起对法治的信服，将法治的要求内化为自身的行为准则。二是养成中国特色社会主义法治思维，倡导规则思维、程序思维、权利义务思维，真正形成办事依法、遇事找法、解决问题用法、化解矛盾靠法的思维习惯。三是孕育中国特色社会主义法治素养，提高和加强公民，尤其是领导干部的法律知识、法治观念、法治意识、法治能力。四是营造良好的社会主义法治环境，打造科学的立法环境，严格高效的执法环境，公平公正的司法环境，以及遵法、学法、用法、护法的守法环境。要重点进行"四大培育工程"：一是加强理论指导，坚定法治文化自信。二是加强顶层设计，强化使命引领。三是压实"关键少数"责任，激发主体能动性。四是强化制度创新，提升培育效能。

（八）法治建设论

中国特色社会主义法治建设具有三种趋势：一是从平面法治到立体法治的转向。克服平面法治的碎片化、单线条、窄视域、片面化的症结，共同推进依法治国、依法执政、依法行政，一体建设法治国家、法治政府、法治社会，全面推进科学立法、严格执法、公正司法、全民守法，完整构建五大法治体系。二是从外延法治到内涵法治的提升。新时代中国特色社会主义法治已不再单纯追求立法数量增长、形式完备和外部条件的满足，而更加注重以质量优化、结构优化和效果优化为导向，以实现公平正义为价值的内涵法治。这种法治具体表征为五个方面，即彰显价值、体现民意、体系融贯、实施有效和与时俱进，核心要义就是"良法善治"。三是构建中国特色社会主义智慧法治。智慧法治是中国特色社会主义法治的未来方向。要加强党依法执政的信息化水平，推进智慧立法、完善信息化和智能化规范框架，推进智慧执法、加强政府管理创新，推进智慧监察、提高大数据反腐效能，推进智慧司法、提高检察和审判水平，推进智慧社会建设、深化社会基层治理。

（九）法治关系论

中国特色社会主义法治要重点处理好"十大关系"：

第一，党的领导与依法治国的关系。党的领导与依法治国是统一的。要把依法治国基本方略同依法执政基本方式统一起来，把党总揽全局、协调各方同人大、政府、政协、审判机关、检察机关等部门依法依章程履行职能、开展工作统一起来，把党领导人民制定和实施宪法法律同党坚持在宪法法律范围内活动统一起来。

第二，政治与法治的关系。基于本国独特的政治理论、政治逻辑、政治立场，必将产生与之相应的法治形态、法治模式、法治道路。中国特色社会主义政治主导中国特色社会主义法治，同时政治意志需要法治的承载，政治秩序需要法治的加持，政治行为需要法治的规范，政治问题需要法治的破解。

第三，民主和法治的关系。中国的人民民主与中国特色社会主义法治相互规范、相互作用、相互补充。民主是法治的基础，只有通过民主体制制定的法律，才能够体现民意，成为良法。法治是民主的保障，法治既通过确认民主制度、明确民主权利，保障民主成为现实，又通过规范民主权利的行使、规范民主的过程，保障民主活动有序展开。

第四，依法治国与依规治党的关系。依法治国与依规治党共筑执政事业。依法治国为党的执政活动和执政能力建设提供基本方略，依规治党通过确保党的先进性和提升执政行为稳定性来巩固党的执政根基。

第五，依法治国与以德治国的关系。依法治国和以德治国相结合是中国特色社会主义法治道路的鲜明特点，必须以社会主义道德来夯实社会主义法治的价值根基，以社会主义法治保障社会主义道德的贯彻力度。依法治国需要有稳固的道德根基，法治建设需要有明确的道德主线，主流道德价值需要通过法治实施来实现，道德领域突出问题需要通用过法治手段来解决。

第六，发展与法治的关系。发展和法治协调一致、同步推进是中国特色社会主义事业的内在要求。要在不断发展中厉行法治。这就要求实现发展阶段决定法治目标、发展理念主导法治方向、发展战略牵引法治战略、发展决策引导法治举措、发展效果影响法治实效。要在法治基础上促进发展，用法治眼光审视发展问题、用法治思维谋划发展思路、用法治布局优化发展结构、用法治环境激发发展活力，用法治方式破解发展难题。

第七，改革与法治的关系。改革和法治辩证统一、相互促进的，它们既相辅相成、相伴而生，又目标一致、取向相同。要在全面依法治国的轨道上推进改革，最大限度地以法治凝聚改革共识、巩固改革成果、规范改革行为、化解改革风险。要在全面深化改革的进程中完善法治，在改革中明确法治方向、在改革中提升法治理念、在改革中实现法治变革、在改革中拓展法治空间、在改革中增强法治动力。

第八，国家法治统一与地方法治特色的关系。在法治建设过程中，单纯强调国家法治统一会扼杀地方法治特色的空间，过度强调地方法治特色则会破坏国家法治统一的权威。国家法治统一是地方法治特色的基本前提。地方法治特色必须落脚于在坚持党集中统一领导和中央绝对权威的前提下，根据自身实际开展法治试验，探索地方法治建设道路。

第九，独立自主发展与借鉴域外经验的关系。适当借鉴域外法治有益经验，是中国法治建设基本规律的要求，是中国法治道路的自主性与开放性、包容性相统一的体现，是法治文明交流互鉴的结果。适当借鉴域外法治有益经验决不意味着照搬外国模式和做法，而要做到识别有据、借鉴有度。应在借鉴的基础上构建出具有中国主体性和原创性的法治道路。

第十，国内法治与国际法治的关系。中国法治与国际法治相互独立而又辩证统一，两者可以相互协调、相互包容、相互促进。国际法治对中国法治有参照和推进作用，中国法治对国际法治也有促进与贡献。要统筹推进中国法治与国际法治，高举构建人类命运共同体旗帜，秉持共商共建共享的全球治理观，依托中国的国家治理推进全球治理。

新时代中国特色社会主义法治是以马克思主义为指导、植根中国大地、具有深厚中华文化根基、深得人民拥护的制度和治理体系。它不是简单延续我国历史上法治文化的母版，不是简单套用马克思主义经典作家设想的模板，不是其他国家法治实践和法治道路的再版，也不是西方法治现代化发展的翻版。只有把科学社会主义的基本原则同本国具体实践、历史文化传统、时代要求紧密集合起来，在新时代中国特色社会主义的国家治理实践中不断归纳总结，才能实现全面依法治国、建成社会主义法治国家的目标，独立探索出一条符合中国国情、有利于建设中国特色社会主义现代化强国的法治道路。

本章知识梗概

1. "法制"包括双重含义：静态意义上指的是法律制度；动态意义上指的是立法、执法、司法、守法、监督等各个环节构成的系统，其核心在于"依法而治"。

2. 法治即法的统治，是一种关于国家治理的政治—伦理理想。它是一个"本质上有争议的"诠释型概念。

3. 法制与法治既有区别也有联系：一方面，法制属于制度的范畴，而法治属于理想的范畴，法制与人治可以相容，而法治与人治是不相容的；另一方面，法制构成了法治的必要而不充分的前提。

4. 形式法治观主张，法治是一种严格依据事先颁布的规则进行治理的事业，本身并不包含任何特定的实质内容，它包括形式合法性以及民主与合法性两种类型。

5. 实质法治观认为，法治必然同时蕴含某种实质原则或者说实质正义的要求，这些实质原则可能包括个人权利、尊严权和正义以及社会福利等。

6. 程序法治观以民主商谈程序为法治的构成性部分，以说理与合意为核心，展现出"理由之治"与"规则之治"的结合。

7. 法治中国理论以全面依法治国方略的确立为背景。中国特色社会主义法治理论体系包括法治使命论、法治指南论、法治来源论、法治功能论、法治道路论、法治体系论、法治文化论、法治建设论和法治关系论。

相关参考文献

1. 陈林林：“法治的三度：形式、实质与程序”，载《法学研究》2012 年第 6 期。

2. 陈景辉：“法治必然承诺特定价值吗？”，载《清华法学》2017 年第 1 期。

3. 庄世同：“法治与人性尊严——从实践到理论的反思”，载《法制与社会发展》2009 年第 1 期。

4. 雷磊：“法律程序为什么重要？反思现代社会中程序与法治的关系”，载《中外法学》2014 年第 2 期。

5. 李林：“新时代中国法治理论创新发展的六个向度”，载《法学研究》2019 年第 4 期。

6. 张文显：“习近平法治思想的基本精神和核心要义”，载《东方法学》2021 年第 1 期。

第二十章　拓展阅读

中国特色社会主义法治理论系列教材

书　名	作　者
法理学	雷　磊
宪法学	秦奥蕾
行政法与行政诉讼法学	林鸿潮
中国法制史	赵　晶
民法学：总论	刘智慧
民法学：物权	刘家安
民法学：合同	田士永
经济法学	刘继峰
商法总论	王　涌
民事诉讼法学（第二版）	杨秀清
刑法学总论（第二版）	罗　翔
刑法学分论	方　鹏
刑事诉讼法学	汪海燕
国际法学	李居迁
国际私法学（第二版）	霍政欣
国际经济法（2017 年版）	杨　帆
国际经济法学（2020 年版）	祁　欢
法律职业伦理（第三版）	许身健
财税法	施正文
环境法学	于文轩
劳动法与社会保障法学	娄　宇
证据法	施鹏鹏
知识产权法（第二版）	陈　健
公司法学	王　涌